한국국방안보포럼(KODEF)은 21세기 국방정론을 발전시키고 국가안보에 대한 미래 전략적 대안들을 제시하기 위해 뜻있는 군·정치·언론·법조·경제·문화·마니아 집단이 만든 사단법인입니다. 온·오프라인을 통해 국방정책을 논의하고, 국방정책에 관한 조사·연구·자문·지원 활동을 하고 있으며, 국방 관련 단체 및 기관과 공조하여 국방교육자료를 개발하고 안보의식을 고양하는 사업을 하고 있습니다. http://www.kodef.net

전쟁, 그리고

KODEF 안보총서 51

전쟁, 그리고

초판 1쇄 인쇄 2012년 4월 3일
초판 1쇄 발행 2012년 4월 9일

지은이 | 남도현
펴낸이 | 김세영

책임편집 | 이보라
편집 | 김예진
디자인 | 김승일
마케팅·제작 | 김병훈
관리 | 배은경

펴낸곳 | 도서출판 플래닛미디어
주소 | 121-839 서울 마포구 서교동 381-38 3층
전화 | 02-3143-3366
팩스 | 02-3143-3360
블로그 | http://blog.naver.com/planetmedia7
이메일 | webmaster@planetmedia.co.kr
출판등록 | 2005년 9월 12일 제313-2005-000197호

ISBN 978-89-97094-09-7   03900

KODEF
안보총서
51

전쟁, 그리고

10개 키워드로 읽는 색다른 전쟁이면사

War, And

남도현 지음

플래닛미디어
Planet Media

■ 들어가는 말

"왜 전쟁?"이냐고
묻는 이에게

원래 자신의 의사와 상관없이 의무로 해야 하는 일은 지겹고 재미가 없는 법이다. 때문에 대한민국에서 많은 이들이 군 복무를 경험했음에도 막상 주변에서 밀리터리 관련 분야를 취미로 삼는 사람을 만나기는 쉽지 않다. 밀리터리의 한 분야라고 할 수 있는 전쟁사를 취미로 연구하고 있는 필자도 주변에서 의견을 공유할 수 있는 사람을 만나기는 쉽지 않다. 내가 재미있다고 남들도 그런 것은 아니며 더더구나 강요할 성질도 아니기 때문에 굳이 이를 주제로 해서 대화를 나누지 않는다. 그것은 한 지붕 아래 살고 있는 가족도 마찬가지다.

그렇다 보니 필자의 취미를 알게 된 지인들은 상당히 의외라며 많은 질문을 던지는데, 그중 대표적인 것이 "왜 전쟁?"이냐는 질문이다. 이런 질문의 배경에는 전쟁은 악(惡)이라는 인식과 함께 총을 들고 싸우는 군인이 아니면 나와 직접적인 상관이 없다는 생각이 기저에 자리 잡고 있는데, 이는 결코 틀린 생각이 아니다. 이전에 필자가 쓴 여러 책에서도 언급했지만, 전쟁은 반드시 일어나지 말아야 할 모든 악의 총합이다. 이처럼 '모든 나쁜 것들의 총합'이라고 할 수 있는 전쟁에 관심을 갖게 된 것은 싸움 그 자체보다 전쟁을 역사의 커다란 동인(動因)으로 보았기 때문이다.

  흔히들 간과하고 있지만, 학교에서 가르치는 국사나 세계사 교과서의 상당 부분이 전쟁에 관한 내용을 다루고 있다. 그만큼 표면적인 잔인함에도 불구하고 전쟁을 제외하고는 역사를 논하거나 제대로 바라보기 힘들다. 인간 군상이 벌이는 극단적인 행위의 총체가 전쟁이다 보니 치열한 싸움 이면에 수많은 현상들이 함께 나타날 수밖에 없고 그중에는 역설적이지만 우리 삶에 영향을 끼치는, 혹은 모르는 사이에 함께하는 부분들도 있다.

이처럼 전쟁 자체가 워낙 거대한 담론이다 보니 겉으로 눈에 띄게 드러난 것들보다 의외로 그 이면에 가려진 우리가 잘 모르는 전쟁과 관련된 것이나 전쟁으로 인해 나타난 것들이 세상과 인간의 삶 속에 깊숙이 스며들어 있는 경우가 많다. 이 책은 역사의 동인으로서 전쟁이 세상과 인간의 삶에 어떤 영향을 미쳤는지를 여러 측면에서 살펴본 전쟁이면사(戰爭裏面史)라고 할 수 있다. 처음부터 그렇게 분류하고 글을 쓴 것은 아니었지만, 여러 에피소드들을 같은 키워드로 모으다 보니 문화, 올림픽, 문학, 여자, 경제, 월드컵, 스타, 과학, 크리스마스, 국가, 이 10개의 장으로 나눠서 다양한 전쟁의 모습을 바라보게 되었다.

먼저 몽골군의 야전식량에서 현대인의 패스트푸드로 재탄생한 햄버거, 습하고 추운 참호 속에서 군인들이 입던 외투에서 멋쟁이들의 머스트 아이템이 된 버버리 코트, 군인들이 입던 군복이 일반인의 패션으로 진화한 밀리터리룩 등 의식주 및 취미 등 전반적인 삶의 모습이라 할 수 있는 '문화'에도 우리가 모르고 있는 전쟁의 영향이나 그로 인한 현상들을 찾아볼 수 있다. 또 '올림픽'이나 '월드컵' 같은 스포츠 이벤트도 그 기원과 정신을 살펴보면 전쟁과 무관하지 않고 회를 거듭하면서 전쟁에 얽힌 에피소드들이 늘어났다. 대중의 사랑을 먹고 사는 대중문화나 스포츠 분야의 스타들도 예외는 아니다. 일본 신혼여행 중 기꺼이 내한해 미군 위문공연 무대에 선 진정한 스타인 마릴린 먼로, 특혜를 물리치고 남들과 똑같은 군 복무를 선택한 로큰롤의 황제 엘비스 프레슬리, 메이저리그 역사상 최고의 강타자 중 한 명으로 최고의 전성기에 제2차 세계대전과 한국전쟁에 참전해 최전선에서 맹활약한 역전의 용사 테드 윌리엄스 등 유명 스타들과 전쟁에 관련된 이야기들을 담았다.

전쟁은 '문학'에서도 많이 다루는 소재지만 의외로 그 이면에 숨은 사실에 대해서 제대로 알지 못하는 경우가 많다. 전쟁의 영향을 받은 작가와 작품 이야기, 영국의 거물 정치가로서 『제2차 세계대전』 회고록으로 노벨 문학상을 수상한 윈스턴 처칠 이야기와 제2차 세계대전 당시 나치의 분서 사건 등을 살펴보았다. 또 영화나 소설 등에서 아무리 주인공이라 하더라도 '여자'는 전쟁의 주체와 그리 관련이 없는 것으로 묘사되지만, 이는 엄청난 편견이다. 앞장서서 역사를 이끌고 때로는 전쟁이라는 수단을 이용했던 여걸들을 역사에서 찾아볼 수 있다. 포클랜드 전쟁에서 뛰어난 정치적 역량을 인정받은 철의 여인 마거릿 대처, 에스파냐 무적함대를 물리치고 해가 지지 않는 나라 대영제국의 기틀을 다진 엘리자베스 1세 등 한 국가의 지존으로서 위기 속에서 오히려 훌륭한 통치력으로 빛을 발한 여걸들의 이야기도 담았다.

'경제'나 '과학'은 어쩌면 전쟁과 가장 관련이 깊은 부분이지만 그러면서도 이들과의 연관성은 부수적인 것으로 취급하는 경향이 커서 그 이상이라는 점을 알리고 싶었다. 제2차 세계대전의 산물인 IMF, 탄도의 궤적을 계산하기 위해 만든 컴퓨터의 시초 에니악, 군용 통신망으로 개발되었다가 현대인의 삶에 없어서는 안 되는 통신망으로 발전한 인터넷 등 아이러니하게도 파괴의 과학이라고 불리는 전쟁이 만들어낸 기구나 이기(利器)들에 대한 흥미진진한 이야기들도 담았다. 그리고 문화의 한 부분으로 볼 수 있는 '크리스마스'는 어쩌면 모든 것을 파괴하는 전쟁과는 거리가 먼 것처럼 보인다. 하지만 죽고 죽이는 극한의 전쟁에서도 뜨거운 피를 가진 인간이 있기에 어김없이 인간에 대한 사랑과 평화를 갈구하는 마음은 기적을 일으킨다. 이 책에는 전쟁터에서 실제로 있었던 기적 같은 크리스마스의 이야기들도 담았다. 마지막으로 전쟁의 주체인 '국가'에 대해서도 다루었는데, 많이 알려진 강대국들의 이야기가 아니라 피동적으로 역사에 묻힐 수밖에 없는 약소국들의 이야기나 한국전쟁 당시 참전해 유엔군의 일원으로 싸웠으나 우리가 잘 모르고 있는 국가에 대한 이야기를 담았다.

사실 광범위한 여러 에피소드들을 모아서 10개의 키워드로 분류해 한 권의 책으로 내기는 쉽지 않았다. 이런 다양한 에피소드들을 모아 책으로 펴내게 된 데는 사실 개인적인 욕심이 컸다. 그동안 밀리터리에 관련된 책을 집필했고 여러 매체에도 글을 기고해왔지만, 많은 사람들이 전쟁사나 밀리터리 이야기는 어렵고 재미없다며 큰 관심을 보이지 않았다. 그래서 전쟁이 세상과 인간의 삶에 어떤 영향을 미쳤고 미치고 있는지 색다른 방식으로 독자에게 전달하고 싶었다. 이 주제를 어떻게 하면 남녀노소 모두에게 딱딱하지 않으면서 쉽게 전달할 수 있을까 고민했다.

이 책은 바로 그러한 고민의 작은 결과물이다. 이러한 다양한 에피소드들을 한 권의 책으로 펴내는 데는 당연히 많은 분들의 고마운 도움이 있었다. 항상 졸고를 마다하지 않고 활자화해주시는 도서출판

플래닛미디어 김세영 사장님을 비롯한 직원 여러분에게 항상 감사할 뿐이다. 평소 많은 도움을 주신 한국국방안보포럼 KODEF 기조실장인 유용원 님을 비롯한 많은 온라인 네티즌들에게도 고마움을 전한다. 그리고 무엇보다도 가족과 친지들이 있었기에 이 책이 나올 수 있었다. 내가 사랑하고 존경하는 모든 분들에게 감사의 인사를 드린다.

2012년 봄을 맞이하며

남도현

차례

들어가는 말 … 4

Chapter 01 — 그리고 문화 and Culture

1. 몽골군의 야전식량에서 유래한 햄버거 … 16
2. 사자도 용맹한데 왜? … 20
3. 국적 불명, 유래 불명, 그러나 … 28
4. 우승팀은 어디인가? … 32
5. 목소리로 전쟁을 한 여인 … 36
6. 눈에 띄지 말란 말이야 … 40
7. 여성에게도 사랑받은 군복 … 44
8. 참호전에서 탄생한 명품 … 50
9. 일류 디자이너가 만든 시대를 초월한 명품 군복 … 54
10. 독일군을 상징하는 아이콘 … 58

Chapter 02 — 그리고 올림픽 and Olympic

1. 신과 함께하다 … 66
2. 화약고에서 부활하다 … 70
3. 올림픽과 평화 … 74
4. 손기정의 저주 … 80
5. 투사였던 올림픽의 영웅들 … 84
6. 그가 흘린 눈물의 의미 … 90
7. 최후에 승리한 식민지인 … 94
8. 로마를 정복한 하사관 … 98
9. 나비처럼 날아 벌처럼 쏘았던 이단아 … 102
10. 한국전쟁의 아픈 흔적 … 106

11. 피로 얼룩진 평화의 제전 ⋯ **110**
12. 벽을 넘어 새 질서를 만들다 ⋯ **114**
13. 불확실한 앞으로의 미래 ⋯ **118**

Chapter 03 — 그리고 문학 and Literature

1. 나는 프랑스인이다 ⋯ **124**
2. 영웅의 부활 ⋯ **130**
3. 제발 우리를 가만히 내버려둬 ⋯ **136**
4. 독소전의 장판교 전투 ⋯ **144**
5. 너는 문화파괴자야 ⋯ **148**
6. 그가 노벨 문학상을 탔다 ⋯ **154**

Chapter 04 — 그리고 여자 and Woman

1. 미모로만 알려진 여인 ⋯ **164**
2. 제국을 수호한 여인 ⋯ **172**
3. 유일무이한 중원의 여제(女帝) ⋯ **178**
4. 제국의 기틀을 다진 여인 ⋯ **184**
5. 몰락을 함께한 고려 여인 ⋯ **188**
6. 국가와 결혼한 여인 ⋯ **194**
7. 박힌 돌을 뽑아낸 여인 ⋯ **200**
8. 천사이면서 마녀였던 여인 ⋯ **206**
9. 여제를 꿈꾸었던 여인 ⋯ **212**
10. 강철보다 냉정한 여인 ⋯ **218**

Chapter 05 — 그리고 경제 and Economy

1. 발밑에 깔고 앉았던 보물 … 226
2. 전쟁 때문에 탄생한 경제체제 … 232
3. 참 좋은 소총이었는데 말입니다 … 242
4. 경제인의 시각으로 국방을 이끌었던 인물 … 246
5. 특허권은 보호되어야 한다 … 252

Chapter 06 — 그리고 월드컵 and World Cup

1. 자존심의 경쟁장 … 260
2. 정치에 오염된 공 … 264
3. 오스트리아의 눈물 … 268
4. 눈물로 조국을 등진 영웅 … 272
5. 환희와 절망, 그리고 차별 … 276
6. 냉전의 벽을 넘어서 … 280
7. 냉전의 그림자 … 284
8. 왜 그들은 축구 전쟁을 벌였나? … 288
9. 극과 극 … 294
10. 위대한 혁명가의 못난 후손들 … 298

Chapter 07 — 그리고 스타 and Star

1. 누가 사면초가에 빠졌는가? … 304
2. 당연한 길을 자원한 황제 … 310
3. 전설로 남은 별 … 314
4. 차범근의 귀국 … 318
5. 그녀는 너무 예뻤다 … 322
6. 제인 러셀 고지를 아시나요? … 326
7. 브라이언의 전쟁 … 330
8. 거장의 눈으로 본 전쟁 … 334

Chapter 08 — 그리고 과학 and Science

1. 포탄 때문에 등장한 새로운 문명의 이기 … **342**
2. 두려움이 만들어낸 통신망 … **347**
3. 비를 내리게 하거나 혹은 막거나 … **352**
4. 전쟁의 빛과 그림자 … **357**
5. 발맞추지 말고 가 … **362**
6. 비둘기로 전쟁을 하던 시절 … **366**
7. 천사인가 악마인가 … **370**

Chapter 09 — 그리고 크리스마스 and Christmas

1. 1914년 이프르 … **376**
2. 1944년 휘르트겐 … **382**
3. 1950년 서울 … **388**
4. 1950년 흥남 … **392**
5. 1951년 어은산 … **398**

Chapter 10 — 그리고 국가 and Nation

1. 사자에게 대든 하룻강아지 … **404**
2. 이스라엘군의 이슬람 용사들 … **408**
3. 벙커의 나라 … **412**
4. 과연 그들은 바보들이었나? … **418**
5. 독립, 통일, 분열 그리고 다시 통합 … **424**
6. 인연 … **428**
7. 결코 고의가 아니었어 … **432**
8. 한순간에 사라진 슈퍼파워 … **436**
9. 결코 작지 않은 은혜 … **440**

참고문헌 … **444**

Chapter 01
and
Cult
그리고 문화

■ 보통의 사람들에게 '문화'라는 단어는 어감부터 상당히 고상하고 아무나 쉽게 다가갈 수 없는 영역이라 느끼도록 만든다. 하지만 단지 사전적 의미로만 해석한다면 문화는 하나의 사회가 공유하는 보편적 습관을 의미하는데, 영국의 인류학자인 에드워드 테일러 Edward Burnett Tylor 는 "지식, 신앙, 예술, 도덕, 법률, 관습 등 인간이 사회의 구성원으로서 획득한 능력 또는 습관의 총체"라고 정의를 내렸다. 따라서 문화는 극히 일부만 향유하고 접할 수 있는 추상적인 개념이 아니다.

■ 그럼에도 불구하고 문화는 좋은 것, 긍정적인 것, 옳은 것, 그리고 반드시 지켜야 할 것이라는 느낌을 준다. 그러다 보니 흔히 문화는 '야만'이라고 비난하는 것들과 상당히 대비되는 것으로 생각하는데, 이는 엄연히 잘못된 생각이다. 한마디로 야만이라고 하는 것을 비윤리적인 것과 동일시하기 때문이다. 야만이라는 말은 이른바 문화적으로 혹은 힘으로 앞선 세력이 그렇지 못한 자들을 폄훼하기 위해 구사하는 차별적인 개념에 가깝다. 예를 들어, 숟가락을

쓰는 사람들이 손으로 음식을 먹는 이들을 야만으로 규정하고 한 발자국 더 나아가 비윤리적인 것으로 비난하는데, 과연 이것이 맞는가? 손으로 음식을 먹는 것은 분명히 존중해야 할 또 하나의 문화이지, 나와 다르다고 비난을 받거나 옳지 않은 것으로 매도해서는 안 된다.

- 그렇다면 단지 나와 다르다고 남을 야만으로 매도하는 자들은 과연 문화의 가치를 제대로 지켰는가? 역설적이지만 문화적으로 앞서 있다고 스스로 자부하는 자들이 역사에서 야만스런 행동을 가장 많이 저질렀다. 인류사에서 가장 참혹하고 비윤리적이며 야만스런 행동의 총합이 바로 전쟁인데, 역사에 길이 남을 거대한 전쟁의 대부분은 당대의 문화를 이끌던 강자들이 선도했다. 그렇다 보니 역설적이게도 전쟁을 벌이는 과정에서 이루어진 하나의 행태가 모르는 사이에 또 하나의 문화가 되었고, 시나브로 우리 곁에 가까이 다가와 있기도 하다. 다음은 전쟁과 결코 어울릴 것 같지 않은 문화와 관련된 작은 이야기들이다.

1

몽골군
야전식량에서
유래한
햄버거

바쁜 현대인의 간편식인 햄버거는 정복자의 선봉대로 기록된 몽골 기마부대의 야전식량과 관계가 있다. 그때나 지금이나 간편하게 허기를 때울 수 있는 방법에 대한 요구는 항상 있어왔다.

■ 초원지대는 기후 조건이 농사에 부적합해 여기서 대대로 살아온 사람들은 가축을 방목하고 여기서 얻은 고기와 부산물을 주식으로 삼고 있다. 이곳에서 발흥한 국가답게 13세기 몽골이 정복 전쟁에 나섰을 때 즐겨 먹었던 음식도 대부분 고기였는데, 그중에서도 날고기는 선봉을 이끈 몽골군 기마부대의 주요 식량이었다. 한마디로 땔감도 구하기 힘들었고 고기를 익혀 먹을 시간도 부족했을 만큼 이동이 잦았다는 의미이기도 하다.

그런데 아무리 고기를 즐겨 먹는 민족이라 하더라도 날고기는 상당히 질겨서 그냥 먹기가 힘들다. 그래서 당시 몽골 기마부대는 날고기를 말안장에 깔고 다니면서 부드럽게 숙성시킨 다음 잘게 썰어서 먹곤 했다. 그것은 한마디로 휴대하기 간편한 몽골 기마부대의 최고 야전식량이었다. 이런 요리를 본 유럽인들은 이것을 타타르 스테이크Tartar Steak라고 불렀다. 반면 이와 관련해 여러 가지 다른 설들도 있는데, 몽골인들이 고기류를 날것으로 먹기보다는 장기간 보관을 위해 훈제나 육포로 만들어 먹었다는 설과 말 위에 깔고 앉았던 고기는 식용이라기보다는 말의 피부를 보호하기 위해 보호막으로 덮어주었다는 주장도 있다. 하지만 음식 명칭에서 보듯이 타타르 스테이크는 몽골에서 유래한 것이 확실하다.

얼마 지나지 않아 이 날고기 음식은 몽골에 장기간 지배를 받은 러시아, 헝가리 등을 중심으로 현지인들이 좋아하는 각종 야채를 곁들여 함께 먹는 별미 음식으로 발전했다. 이후 시간이 흘러 이 지역과 교역을 하던 독일 함부르크 지역의 한 상인이 이 요리법을 독일에 소

■ 몽골 기마부대는 날고기를 말안장에 깔고 다니면서 부드럽게 숙성시킨 다음 잘게 썰어서 먹곤 했다. 이것은 한마디로 휴대하기 간편한 몽골 기마부대의 최고 야전식량이었다.

개했는데, 막상 날고기를 먹기가 불편하자 이를 익혀 먹기 시작하면서 다시 한 번 변신이 이루어졌다. 이렇게 탄생한 음식이 흔히 햄버그스테이크(또는 함박스테이크)라고도 불리는 함부르크스테이크 Hamburg Steak 인데, 어느덧 세계인이 즐겨 먹는 음식이 되었다.

 이렇게 세월이 흐르고 환경이 바뀌면서 현지인의 입맛에 맞게 변화한 몽골의 날고기 음식은 20세기에 들어 또다시 커다란 변신을 거치게 된다. 1904년 미국의 세인트루이스 만국박람회 Expo에서 몰려든 관람객들이 너무 많아서 음식을 즉시 요리해 공급하는 데 애를 먹던 한 요리사가 함부르크스테이크를 이용한 즉석음식을 만들어 팔기 시작했다. 그는 이후 패티 patty라고 불리게 되는 작게 만든 함부르크스테이크를 빵 속에 야채와 함께 넣어 간편식을 만들었는데, 이것이 공전의 히트를 치게 된 것이었다. 이렇게 탄생한 간편식이 바로 햄버거 Hamburger 다.

　오늘날 콜라와 더불어 미국을 대표하는 음식으로 자리 잡은 햄버거는 이처럼 몽골 기마부대의 야전식량에서 유래한 것이다. 오랜 세월 변화를 거쳐 탄생한 음식답게 햄버거는 이후 종교나 문화적인 차이에 따라 패티를 달리하는 방법 등으로 계속 진화를 거듭하면서 어느덧 미국을 떠나 전 세계인이 즐겨먹는 음식이 되었다. 최근에는 건강을 먼저 생각하는 웰빙 Wellbeing 바람이 불면서 대표적인 정크 푸드 Junk Food 로 낙인찍히기도 했지만, 만들기 쉽고 먹기 간편하다는 장점 때문에 어느덧 바쁜 현대인들의 대표적인 한 끼 식사가 되었다. 단지 먹는 것만 놓고 본다면 종종 햄버거를 손에 들고 일하는 현대인들은 고기를 날로 먹으며 싸우던 전쟁터의 몽골 기마부대원만큼 치열한 삶을 살아가는 것 같다. 어쩌면 현대인의 치열한 삶 자체가 전쟁이라고 할 수도 있겠다.

2

사자도 용맹한데 왜?

제2차 세계대전 당시 최강의 전차로 평가되는 독일군 6호 전차 쾨니히스티거(Königstiger). 이처럼 호랑이로 이름이 붙은 무기가 많다. 반면 비슷한 능력을 보유했음에도 사자로 이름이 명명된 무기는 의외로 많지 않다.

■ 사람에게 이름이 있는 것처럼 무기에도 이름이 있다. 개발 당시부터 이름을 부여하는데 보통의 경우 개발자의 편의대로 이름을 지은 후 본격적으로 실전배치하면서 군 당국이 정식으로 제식명Code Name을 부여한다. 예를 들면, 제2차 세계대전 당시 독일 육군이 개발하던 비밀 무기였던 로켓의 개발 과정에서 부호 부여 순서에 의거해 A-4로 불린 로켓은 이후 실전배치되면서 V-2로 명명되었다. 공식 제식명은 대개 문자와 숫자의 조합으로 이루어지고 이와 별도로 별명Nick Name이 붙는데, 별명은 개발자가 붙일 수도 있지만 남들이 지어주는 경우도 있다. 특히, 냉전 시기에 소련 무기의 경우는 서방에서 편하게 분류하려고 자의적으로 이름을 붙였는데, 이를 흔히 나토 암호명NATO Code이라고 한다. 나토 암호명 중에는 MiG-25 폭스배트Foxbat처럼 그럴듯한 이름도 있지만, MiG-19 파머Farmer와 같이 무기의 이름으로서는 조금 황당한 것도 있다.

　무기의 이름은 그 성격상 대부분 강인한 인상을 주는 것의 이름을 따오는 경우가 많다. 그것은 토네이도Tornado처럼 자연현상일 수도 있고, 팬텀Phantom(유령)처럼 형이상학적인 것일 수도 있으며, 아이오와Iowa처럼 지명이거나 조지 워싱턴George Washington처럼 사람 이름일 수도 있다. 때로는 호넷Hornet(말벌)처럼 곤충 이름에서 따오기도 하지만, 일반적으로 가장 많이 사용하는 것은 사납고 용맹한 동물 이름이다. 구체적인 통계나 자료에 근거한 것은 아니지만, 식육목(食肉目) 고양이과(猫科) 포유류가 무기의 이름으로 흔하게 사용된다. 독수리 같은 맹금류의 이름도 많이 쓰이기는 하지만 대부분은 항공 관련 무기의 애칭으로 사용되는 반면, 맹수인 육식 포유류의 이름은 지상 무기, 해상 무기, 항공기 가릴 것 없이 중구난방으로 사용될 정도다.

식육목 고양이과 포유류 중에서 가장 용맹한 동물이라면 단연코 사자와 호랑이를 들 수 있다. 이전부터 "호랑이와 사자가 싸우면 누가 이길까?" 하는 등의 선문답이 많았지만, 사실 이 질문에 대한 정답이 있는 것은 아니다. 또한 이 두 동물이 워낙 맹수들이라 흔히 '동물의 왕자'라고 불리기는 하지만, 아프리카 코끼리와 싸운다면 사실 상대도 되지 않는다.

그런데 특이한 것은 호랑이나 호랑이에서 파생된 이름을 붙인 무기들은 많은 데 비해, 사자와 관련된 이름이 붙은 무기는 찾기 힘들다는 점이다. 호랑이Tiger가 들어가는 무기는 쉽게 찾을 수 있는데, 독일의 6호 전차 쾨니히스티거Königstiger, F-5E 타이거Tiger II, F7F 타이거캣Tigercat, 국산 K-30 자주대공포 비호(飛虎), 유로콥터 EC 665 타이거Tiger ARH 등을 예로 들 수 있다. 반면, 사자로 명명된 무기는 IAIIsrael Aerospace Industries의 크피르Kfir[영어로 Lion Cub(새끼사자)을 뜻하는 히브리어] 정도가 대표적이고 그리 흔치 않다. 왜 그럴까?

우리의 경우는 다른 나라에서나 볼 수 있는 사자보다 한때 뒷산에 살았던 호랑이가 당연히 용맹의 상징이 될 수밖에 없기 때문에 부대명이나 무기명에 호랑이가 많이 쓰였다. 하지만 우리나라가 현대식 무기를 만들게 된 지는 사실 얼마 되지 않았고 세계 무기 시장에서 차지하는 비중도 그다지 크지 않다. 대부분의 현대 무기 개발국인 유럽의 여러 나라들이나 유럽의 영향을 받은 미국의 경우는 호랑이보다

■ 상단 왼쪽부터 F7F 타이거캣(Tigercat), F-5E 타이거(Tiger) II, 유로콥터 EC 665 타이거(Tiger) ARH, 크피르(Kfir)

오히려 사자가 더 익숙한 맹수였다. 그런데도 이들 또한 호랑이를 무기의 이름으로 많이 사용했다.

막상막하의 용맹성을 지녔다고 생각되는 두 맹수 중 무기의 이름으로 유독 호랑이가 더 많이 쓰이는 이유는 어쩌면 종교적인 이유 때문인지 모른다. 유럽은 오랜 기간 기독교의 영향을 많이 받아왔다. 로마 시대에 사자를 이용한 처형 등으로 기독교인들이 박해를 당한 사실도 있지만, 기독교사에서 사자는 영험한 동물로 많이 거론된다. 예를 들어, 신약 『마가복음』의 저자인 성 마르코 Saint Mark의 상징이 사자이고 영국을 비롯한 수많은 왕가들이 사자를 문장 Coat of Arms으로 삼고 있을 정도다. 따라서 비록 용맹하기는 하지만 사자를 살상의 도구인 무기의 이름으로 사용하는 데 주저하거나 금기시했을 가능성이 크다. 반면, 서식 지역이 아시아, 시베리아 일대인 호랑이는 그러한 기독교적 금기 사항에서 상당히 자유로운 맹수라 할 수 있다. 물론 확실한 근거나 객관적인 자료가 있는 것은 아니다. 하지만 무기 개발을 선도한 서양인들이 오랫동안 가까이에서 많이 보았을 사자를 무기명에 그다지 많이 사용하지 않는 것은 이상하다.

여담으로 사자 하면 일본 애니메이션의 아버지로 추앙받는 데즈카 오사무(手塚治蟲)의 〈정글 대제(大帝)〉(한국 제목 〈밀림의 왕자 레오〉)가 유명한데, 디즈니가 제작한 〈라이온 킹 Lion King〉의 모티브가 되기도 했다. 그런데 〈정글 대제〉는 잘못된 표현이라고 한다. 왜냐하면 사자는 밀림에 살지 않고 초원(사파리)에서 살기 때문이다. 당시 아시아에서 가장 산업화되었던 일본조차 사자가 밀림에서 산다고 막연히 생각했을 만큼 아프리카는 먼 곳이었고, 사자에 대해서 제대로 알고 있지 못했다. 그만큼 생각보다 우리에게 사자는 낯선 동물이다.

3

국적 불명,
유래 불명,
그러나

로마의 군대는 상비직업군인제를 주축으로 했다. 그런데 이들의 결혼을 금지시켰기 때문에 발렌타인데이가 생겼다는 주장은 어불성설에 가깝다.

■ 한국에서 정확히 언제부터인지 모르지만 명절 아닌 명절이 되어 버린 기념일이 있다. 바로 '발렌타인데이 Saint Valentine Day'다. 그런데 인터넷을 통해 'Valentine'을 검색하면 XXX.co.jp가 붙은 사이트가 많다는 사실에서 알 수 있는 것처럼 일본에서 유래했을 가능성이 크다.  실제로 일본에서는 발렌타인데이가 여성이 남성에게 사랑을 고백하는 날뿐만 아니라 직장 동료처럼 사회에서 그동안 도움을 받은 남성들에게 초콜릿으로 감사를 표하는 날로 오래전에 정착되었다. 이 때문에 상업적 성격이 농후한 작위적인 기념일이라 할 수 있다.

우선 기독교계에서 특별히 이날을 기념하지 않는다는 점이 가장 큰 증거다. 자료를 찾아보아도 소위 발렌타인데이의 유래는 불분명하고, 더욱이 이날의 유래와 관련이 있다는 순교자 발렌타인에 대한 자료는 상당히 모호한 측면이 많다. 성인 Saint이 된다는 것은 어떠한 역사적 배경이나 종교적 행위와 관련된 뚜렷한 업적이 있어야 하는데, 정작 그러한 구체적 내용이 불분명하고 발렌타인이라는 이름을 가진 순교자가 서너 명이어서 누가 발렌타인데이와 관련이 있는지도 확실하지 않다. 따라서 발렌타인데이는 국적 불명, 유래 불명일 수밖에 없고, 인터넷 등에서는 오로지 "그랬었다고 하더라" 정도의 이야기만 난무한다. 물론 그렇다고 모든 옛이야기가 그러하듯이 이러한 주장들이 무조건 거짓이고 근거가 없다고 말할 수는 없다.

그런데 이러한 여러 가지 그럴듯한 주장들을 살펴보면 전쟁과 연관된 재미있는 내용이 상당히 많다. 만일 이러한 주장이 옳다면 발렌타인데이의 유래로 언급된 사례가 세계사에서 커다란 전환점이 된 사건과 관련이 있을 수도 있어서 상당히 흥미롭다. 다음은 인터넷에 떠도는 가장 그럴듯한 대표적인 발렌타인데이의 유래에 관한 내용이다.

"발렌타인데이는 269년경 2월 14일 순교한 로마의 성인 발렌타인과 깊은 관계가 있는 것으로 보인다. 로마시대에는 황제의 허락이 있어야 결혼할 수 있었고 전쟁터로 떠나는 병사들은 결혼하지 못하도록 법으로 금지했었는데, 발렌타인은 서로 사랑하는 연인을 황제의 허락 없이 결혼을 시켜준 죄로 순교한 사제의 이름이다."

로마 역사에서 서기 269년은 상당히 혼란한 시기였다. 흔히 팍스 로마나 PAX ROMANA로 불리는 5현제 시대(96년~180년) 후, 그동안 변방에서 제국을 방어하던 군인들이 정치에 관여해 황제를 폐하고 다른 황제를 옹립하거나 스스로 황제가 된 후 암살당하는 일이 반복되던 군인황제시대(235년~284년)의 절정기였다. 우리 역사로 말하면 고려 무신정권기와 비슷했다. 군인황제시대에는 외적과의 전쟁보다는 정권 찬탈에 따른 내전이 많았기 때문에 로마가 대외적인 팽창을 멈추었는데도 군인은 계속 필요했다. 하지만 군기 문란과 전투력 약화를 이유로 군인의 결혼을 금지했다는 것은 아무리 생각해도 미심쩍다.

왜냐하면 로마의 군대는 상비직업군인제를 근간으로 했는데, 이들의 결혼을 금지시켰다면 군인을 제대로 모병할 수 없었을 것이 분명하고, 게다가 군인황제시대는 권력자들이 무력을 절실히 필요로 하던 시기였는데, 이런 때에 군기 문란과 전투력 약화를 운운하면서 결혼을 금지시켰다면 오히려 자신의 세력을 유지하기 힘들었을 것이다. 더구나 무소불위 권력을 휘두르던 제정 시대라도 황제가 모든 사람들의 결혼에 일일이 간섭할 수 있었는지 의문이다. 따라서 군기 문란과 전투력 약화를 이유로 결혼을 금지했다는 주장은 그다지 설득력이 없다.

당시 군인황제시대의 로마는 혼란스러웠지만 여전히 제국이었고 범접할 만한 외적도 없었다. 그런데도 로마의 황제들이 가장 두려워한 적이 있었는데, 그것이 바로 기독교였다. 황제의 권능을 초월하는 유일신을 믿고 따르는 기독교에 대해 당시의 통치자들은 당연히 큰 거부감을 가졌고, 여러 차례 대규모 박해를 가해 많은 순교자들이 발생했다. 특히 군인황제시대의 마지막 황제인 디오클레티아누스Diocletianus 치세 때 박해가 절정을 이루었는데 그 목표가 '교회의 전멸'이었을 정도였다. 때문에 사자밥이나 한 줌의 재가 된 수많은 순교자 중 발렌타인이라는 인물이 있었을 가능성은 충분히 있다.

하지만 기독교 박해는 기독교 수난사만으로 짧게 기록될 수 없는 역사의 중대한 전환점이 되었다. 군인황제시대 말기에 자행된 대대적인 기독교 박해는 한편으로는 기독교 성장의 역사이기도 했기 때문이다. 그런데 이러한 충돌은 인류문명사에서 서양인의 사상적 흐름을 좌우한 두 축인 헬레니즘Hellenism과 헤브라이즘Hebraism의 격렬한 충돌이기도 했다.

그리스-로마로 이어져 내려온 헬레니즘 문화에서 신은 인간의 모습을 하고 인간처럼 감정을 표현하며 행동했다. 때문에 신들도 사랑하고 질투하고 분노하며 복수했다. 당연히 이러한 신들을 모시는 로마 사람들 역시 아주 세속적이었다. 군인황제시대의 마지막 황제인 디오클레티아누스는 본인 스스로 헤라클레스의 현신이라고 주장했을 정도였다. 그래서 인간과 같은 감정을 가진

■ 헬레니즘 문화를 대표하는 라오콘(Laokoon) 상. 로마가 기독교를 공인한 이후 르네상스 전까지 이런 자연스러운 모습은 자취를 감추고 유럽은 엄격한 종교적 도덕률이 지배하는 세상으로 바뀌었다.

자유분방한 신들이 아니라 세상을 구원하기 위해 낮은 곳으로 온 범접할 수 없는 유일신을 믿으며 사자에 물려 죽는 순간까지 주를 찬미하고 찬송하는 많은 기독교인들의 모습을 보고 로마의 집권층은 두려움을 느꼈다. 한마디로 가치관의 혼란을 느꼈던 것이다.

대대적인 탄압에도 불구하고 기독교인들의 수가 급속히 팽창하자, 결국 콘스탄티누스 1세 Constantinus I 가 313년에 기독교를 승인했다. 이것은 그동안 로마인의 일상을 지배해오던 헬레니즘 시대의 종말을 의미하는 것이기도 했다. 이로써 로마는 금욕으로 자신을 다스리며 도덕

률이 모든 가치에 우선하는 사회가 되었고, 교권이 황권 위에 존립하는 절대가치가 되었다. 여러 차례 격변을 거치며 16세기 르네상스 시대가 도래할 때까지 이어진 헤브라이즘 시대가 개막된 것이다. 오늘날에도 이란처럼 종교가 정치를 지배하는 신정일치국가들이 있는데, 이를 비판하는 서구인들이 많지만 헤브라이즘 시대에 유럽은 오늘날의 이란을 훨씬 능가할 정도로 종교가 세상을 지배하는 시대였다. 그런 경험을 가진 서구인들이 자신들의 문명이 우월하다고 남을 비판하는 것을 보면 일견 가소롭기까지 하다.

어찌되었든 근거가 희박하지만 발렌타인데이의 기원이라고 언급되는 황당한 유래가 맞는다면 세속적인 것을 좀 더 우선시하는 헬레니즘과 종교적인 절제와 엄숙함을 제일 덕목으로 여기는 헤브라이즘과의 충돌 과정에서 발렌타인데이가 비롯된 것이라고 볼 수 있고, 이러한 문명 충돌은 결국 헤브라이즘의 승리로 결판이 났다고 보아야 한다. 그런데 그렇게 성스러운 성인의 순교를 엄숙하게 기려야 할 날이 어쩌다가 오늘날 헬레니즘 시대를 능가할 정도로 세속적이고 상술로 얼룩진 날로 변질되었는지 의아스럽다. 사실 지구상의 어느 종교든 사랑과 용서, 그리고 회개를 제일 덕목으로 여기고 있다. 종교의 이념은 그대로인데 이를 자기 마음대로 해석하고 타락시킨 것은 사실 신이 아니고 인간이다. 발렌타인데이는 종교를 빙자해 인간의 욕심과 상술이 빚어낸 합작품이 아닐까?

4

우승팀은
어디인가?

벌지 전투 중 미 군복을 입고 교란작전을 벌이다가 체포되어 스파이 죄로 즉결처분되는 독일 특작부대원. 이들을 검문하는 데 이용한 방법 중 하나가 유럽인들에게 생소한 야구에 대해 질문하는 것이었다.

▪ 지난 2008년 베이징 올림픽 우승과 2009년 WBC대회 선전 이후 야구의 인기는 폭발적이라고 해도 가히 틀린 표현은 아닌 듯하다. 경기를 보려고 수많은 관객들이 야구장을 찾는데, 예전과 달리 가족 단위 관람객과 여성들이 많아진 것에서도 그러한 변화를 알 수 있다. 또한 동네 주변 놀이터에서 야구 방망이를 휘두르거나 공을 던지고 받는 아이들을 쉽게 볼 수 있다. 그런데 스포츠로서 야구는 넓은 경기장과 많은 장비, 그리고 최소한의 적정 인원이 요구되기 때문에 쉽게 즐기기 어렵다는 단점이 있다. 게다가 보기에는 쉬워 보여도 세부적으로 알아야 할 규칙이 너무 많아서 초보자가 입문하기 어려운 경기다. 그렇다 보니 문화적으로 미국의 영향을 많이 받은 나라들을 제외하고는 인기가 많지 않아서 주로 미주나 극동아시아 일부 국가에서만 성행하고 있다.

이처럼 특정 지역에서는 최고의 인기를 구가하는 스포츠이지만, 그렇지 않은 나라에서는 상당히 생소한 스포츠가 바로 야구다. 물론 전 세계인 모두가 모든 스포츠를 골고루 좋아할 수는 없다. 예를 들어, 야구가 우리나라에서는 최고 인기를 구가하지만 같은 뿌리에서 나온 것으로 보이는 크리켓이 뭐 하는 경기인지 잘 아는 사람은 가뭄에 콩 날 정도다. 그런 점에서 볼 때 축구는 전 지구적인 스포츠라 할 만하다.

그런데 어느 나라에서는 성인 남성은 물론이고 어린이와 여성들까지 엄청나게 좋아할 정도로 인기가 있는 반면, 다른 나라에서는 철저하게 무관심한 스포츠라면 유사시에 군사적 수단으로 유용하게 이용할 수 있다. 실제로 제2차 세계대전 때 야구를 좋아하는 미군이 그렇지 않은 독일군 스파이를 적발하기 위해 야구와 관련된 질문을 이용한 사례를 전사에서 찾아볼 수 있다.

  1944년 12월, 수세에 몰린 독일군은 비밀리에 전력을 집중해놓고 연합군이 전혀 예상하지 못한 대공세를 개시했다. 이른바 '히틀러의 마지막 도박' 또는 '벌지 전투 Battle of the Bulge'라고 불리는 공세였는데, 이때 미군 후방으로 침투해 교란작전을 벌이기 위해 독일군 특작부대가 전선에 투입되었다. 무장친위대의 스코르체니 Otto Skorzeny 중령이 지휘하는 제150기갑여단이 바로 그 주인공이었다. 그중 영어를 자유자재로 구사할 줄 아는 일부 대원들이 미 군복을 입고 노획한 미제 지프 9대에 나눠 타고 미군 진영에 잠입해 멀쩡한 길을 지뢰지대로 표시하기, 표지판 돌리기, 거짓 정보 흘리기 등 다양한 방법으로 미군 후방을 교란했다. 특작부대원 44명이 9개조를 이뤄 벌인 소규모 작전이었지만, 유언비어에 속아 연합군 총사령관 아이젠하워 Dwight David Eisenhower가 사령부 밖으로 나오지 못할 정도로 그 효과는 대단했다.

  이처럼 미군이 단시간 내에 급격히 혼란에 빠지게 되면서 발생한 가장 큰 문제는 서로를 믿지 못하게 되었다는 것이다. 이런 예상치 못한 문제에 봉착하자 미군은 독일군을 색출하기 위해 자신들에게는 상식이나 다름없는 것들을 검문에 사용하기 시작했다. 예를 들어,

"미키 마우스의 여자 친구는?" 같은 질문을 하는가 하면, 미국의 국기라고 할 수 있는 야구와 관련된 질문을 하기도 했다. "올해 월드시리즈 우승팀은?", "디트로이트 팀 이름은?" 같은 질문에 대한 답은 미군이라면 당연히 알겠지만 아무리 영어를 잘하더라도 독일군은 대답하기 힘들다. 그런데 전사를 살펴보면 미군들이라고 모두 야구를 좋아한 것은 아닌 것 같다. 한 장성이 시카고 컵스 Chicago Cubs 가 아메리칸 리그에 속한다고 대답해 억류된 적이 있었는데, 아마 그 장군은 복귀한 후 야구팀 이름 외우느라고 고생깨나 했을 것이다.

5

목소리로
전쟁을 한 여인

도쿄 로즈의 한 명으로 일본계 미국인이었던 이바 도쿠리. 미군에 체포된 직후인 1945년 9월 미 언론사와 인터뷰 당시의 모습이다.

▪ 간단한 수신기를 통해 원거리로부터 송출되는 소식을 접할 수 있는 라디오는 탄생과 함께 중요한 군사적 용도로도 사용되었다. 물론 직접적으로 적을 살상하는 무기는 아니고 주로 선전이나 적진 깊숙이 침투해 있는 스파이들에게 비밀리에 지령을 하달하는 좋은 수단이었다. 흔히 이러한 방송 매체를 통한 심리 교란을 선무공작(宣撫工作)이라고 하는데, 그 효과는 예상보다 컸다.

예를 들어 제2차 세계대전 중 영국에서 유럽 대륙으로 전파를 발송해 실시한 선무공작은 나치 치하에서 신음하던 많은 대륙의 유럽인들에게 항전할 수 있는 용기를 심어주었다. 우리의 사회교육방송이나 미국의 소리 VOA, Voice of America 는 폐쇄된 북한 사회에서 신음하는 많은 주민들이 외부의 소식을 듣는 창이 되고 있다. 탈북자의 상당수가 이들 방송을 자주 들었다는 조사가 나왔다고 하니 그 효과가 상상 이상으로 대단하다고 볼 수 있다.

교전이 지열할 때는 선전 방송도 더욱 활발해지는데, 이런 경우 가장 효과적인 콘텐츠는 병사들의 향수를 자극하는 것이다. 사실 상대 체제에 대한 무조건적인 비난이나 과잉 선전은 오히려 역효과를 불러올 수 있는 반면, 개개 병사들의 감성을 울리는 심리적인 방법을 사용하면 전투력을 급속히 약화시킬 수 있다. 특히 먼 곳에서 온 병사들은 그런 경향이 더 크다. 고사에 나오는 사면초가(四面楚歌)는 가장 대표적인 심리전의 예라 할 수 있다.

현대전에서 가장 유명한 선무공작의 사례라면 태평양 전쟁 당시 수많은 미군들을 무력하게 만들어버린 도쿄 로즈 Tokyo Rose를 들 수 있다.

영어를 자유롭게 구사하는 일본 여자들이 전쟁터에서 싸우는 젊은 미군 병사들을 목표로 라디오를 통해 선무공작에 나섰다. 미 본토에서 멀리 떨어진 외딴 태평양 절해고도를 떠돌며 싸우는 미군들은 향수를 부추기는 음악과 더불어 흘러나오는 나긋나긋한 동양 여자의 목소리에 점차 빨려 들어갔다. 비록 그 효과를 나타내는 정확한 기록이나 자료는 없지만 선무방송에 동원된 일본 여자들을 통틀어서 미군들이 도쿄 로즈라고 불렀을 만큼 그 위세는 대단했다. 그중에는 방송 예명을 앤Ann이라고 하면서 0시에 〈고아 애니 Orphan Ann〉라는 프로그램을 진행하던 이바 도쿠리 다키노 Iva Toguri D' Aquino 라는 여자가 있었는데, 미군 사이에서 인기가 아주 많았다. 미군 사이에서 인기가 높다는 것은 그만큼 미군 당국에게는 눈엣가시 같은 존재라는 의미였다.

종전 후 도쿄 로즈들은 체포되어 처벌을 받게 되었는데, 유독 그녀는 미국으로 압송되어 10년형이라는 중벌을 받게 되었다. 사실 방송 내용으로 본다면 다른 방송요원들과 특별히 다르지 않았지만, 유별나게 중벌을 받은 것은 그녀가 미국인이었기 때문이다. 국가를 배신하고 적국을 이롭게 하는 데 앞장선 반역행위라는 무시무시한 죄목으로 1948년에 FBI가 그녀를 기소했던 것이다. 미국은 속지주의(屬地主義)를 채택하고 있으므로 미국으로 이민 온 일본인 가정에 태어나고 현지에서 교육을 받은 그녀는 완벽한 미국인이라고 할 수 있었다.

그러한 그녀가 특수 임무에 종사하게 된 것은 순전히 우연이었다. 1941년 7월에 일본을 방문했다가 태평양 전쟁이 발발해 길이 막히자 어쩔 수 없이 현지에 잔류하게 되었고, 이때부터 그녀의 기구한 인생

이 시작되었다. 일본 군부가 생활고에 시달린 이바 도쿠리를 포섭해 선전방송에 동원했고 이때부터 그녀는 미군 병사들의 친구이자 공공의 적이 되어버린 것이다. 1945년 4월 19일 일본에서 만난 포르투갈계 혼혈인 펠리페 다키노 Felipe D' Aquino와 결혼했지만 종전과 함께 미군에 체포당하면서 여자로서 최소한의 행복도 지속할 수 없었다. 그녀는 6년을 복역한 뒤 1956년 석방되었고 고향 시카고로 돌아가 살던 중 1977년 포드 대통령으로부터 사면을 받고 2006년 90세로 생을 마감했다.

■ 0시에 〈고아 앤〉이라는 프로그램을 진행하던 이바 도쿠리는 미군 사이에서 인기가 아주 많았다. 미군 사이에서 인기가 높다는 것은 그만큼 미군 당국에게는 눈엣가시 같은 존재라는 의미였다.

그녀는 "자신의 잃어버린 세월에 대해서는 후회하지 않는다"고 했지만, 어쩌면 그렇게 그녀를 만든 것은 그녀 스스로가 아니라 전쟁이었다고 할 수 있다. 어떻게 생각하면 서로를 완벽하게 이해하기 힘들 정도로 문화적으로 상당히 달랐던 두 나라 사이에 벌어진 대규모 전쟁이 바로 태평양 전쟁이 아니었나 싶다. 일본계 미국인이었던 이바 도쿠리처럼 당시 중간자적 입장에 있을 수밖에 없었던 이들이 겪은 고통은 상당히 컸을 것이다. 결국 핏줄을 선택해 조국을 상대로 입으로 전쟁을 치른 이바 도쿠리는 전쟁이 만든 비극적인 예다.

6

눈에 띄지 말란 말이야

프랑스 공화국 수비대 기병의 행진 모습. 지금은 의장대 역할만 담당하지만 제1차 세계대전 당시에는 이런 화려한 복장으로 전선에 투입되었다.

- 전쟁 자체가 살상을 피할 수 없는 것이기는 하지만, 노력 여하에 따라서 인명 피해를 최소화할 수는 있다. 특히 전쟁을 일선에서 지휘하는 정책 당국과 지휘관들의 역할은 상당히 중요한데, 만일 이들이 아군의 피해를 최소화하려는 노력을 게을리한다면 적보다 먼저 제거해야 마땅하다.

나폴레옹 시대를 배경으로 한 영화를 보면 너무나 컬러풀한 군복으로 멋을 낸 군인들이 일렬로 도열해 진격과 방어를 하는 장면이 나오곤 한다. 이런 시대극을 볼 때마다 매번 느끼는 것이기는 하지만, 적의 눈에 잘 띄는 울긋불긋한 군복이 왠지 생소해 보인다. 왜 그렇게 울긋불긋한 군복을 입었을까? 적에게 이쪽의 전력이 세다는 것을 은연중 과시하기 위해서 그랬다는 설도 있지만, 가장 큰 이유는 당시의 통신 사정과 관련이 있다. 눈과 귀 그리고 전령의 소식으로만 정보를 얻을 수밖에 없었던 당시의 지휘관들은 작전을 원활히 구사하기 위해서 아군과 적군을 쉽게 구별할 필요가 있었다. 이런 이유 때문에 눈에 잘 띄는 군복을 입게 되었던 것이다.

더구나 여전히 칼과 창도 주무기였을 만큼 총포의 정확도가 상당히 떨어지고 사거리나 성능도 지금과는 비교할 수 없을 정도였기 때문에, 병력 배치를 한눈에 확인할 수 있을 만큼 눈에 잘 띄는 군복을 입어도 그다지 문제가 되지 않았다. 게다가 매복이나 기습보다는 정면대결을 당연한 것으로 여겼기 때문에 한마디로 노출을 시키고 싸워도 크게 문제가 되지 않는 상황이었다. 그런데 나폴레옹 전쟁 때까지는 이러한 전장의 패션쇼를 그런대로 용서(?)할 수가 있지만, 무기의 성능이 비약

■ 오늘날 우리 눈에는 나폴레옹 시대 때의 울긋불긋한 군복이 왠지 생소해 보인다. 왜 그렇게 눈에 잘 띄는 울긋불긋한 군복을 입었을까?

적으로 발달한 제1차 세계대전 당시에도 이러한 전통이 그대로 답습되어 커다란 비극을 잉태한 것은 도무지 이해가 되지 않는다.

 1870년의 프로이센-프랑스 전쟁 이후 최초로 벌어진 강대국 간의 전면전이 제1차 세계대전이었는데, 그동안 평화를 너무 오래 만끽해서 그랬는지는 몰라도 당시의 전쟁지휘부의 사고방식은 나폴레옹 시대에 그대로 머물러 있었다. 전쟁 초기 참호를 넘어 돌격하는 각국 군인들이 입고 있는 눈에 잘 띄는 울긋불긋한 컬러풀한 군복은 적들에게 "나 여기 있어! 맞혀봐라!"고 알려주는 것이나 다름없었다. 나폴레옹 전쟁 당시에는 설령 그렇게 입고 적 앞에 있어도 가까이 다가가지 않는 한 공격당하지 않았다. 하지만 이미 시대는 원거리 저격이 가능한 고성능 소총과 기관총이 일선 무기가 되어 있던 상황이었다. 결국 눈에 잘 띄는 멋있는 군복을 입은 병사들은 상대에게 좋은 표적이 되었고 전선을 무수히 많은 피로 물들였다. 제1차 세계대전이 이전의 전쟁과 비교할 수 없을 만큼 사상자가 많았던 이유는 이런 고루한 군대복식 문화 전통에 따른 군복도 한몫했다고 할 수 있다.

비록 얼마 가지 않아서 잘못을 깨닫고 허둥지둥 대책을 세우기 바빴지만, 너무나 당연한 상식을 깨닫기까지 덧없이 사라진 고귀한 생명들이 너무 많았다. 시대가 변한 것을 모르고 아무 생각 없이 군대복식 문화를 답습해 의장대에게나 어울릴 군복을 입혀 군인들을 사지로 내몬 당시의 전쟁지휘부는 지탄을 받아 마땅하다. 전쟁은 절대 멋으로 하는 것이 아니고 패션쇼 경연장도 아니다. 그런데 혹시 지금도 너무 과거의 전통에 집착해 이와 유사한 실수를 반복하고 있는 것은 없는지 모르겠다. 겪어보지 않으면 느끼기 힘든 것이 인간사이기 때문이다.

7
여성에게도
사랑받은
군복

수병용 복장으로 탄생한 세일러복은 어느덧 어린이나 여자들도 즐겨 입는 옷이 되었다.

■ 설령 군에 대해 전혀 알지 못하는 여성이라도 길거리에서 병사가 착용한 군복만 보고 어느 군 소속인지 쉽게 알 수 있는 경우가 있다. 물론 육·해·공군 공통으로 사용하는 전투복을 입었을 경우는 예외로 하고 흔히 세일러복 Sailor Suit이라고 불리는 수병용 복장을 보고 해군 병사라는 것을 모르는 사람은 아마 없을 것이다. 그중에서도 세일러복을 특징짓는 스트라이프 무늬가 들어간 네커치프 Neckerchief는 다른 군복과 세일러복을 명확히 구분 짓는다.

나라별로 색상이나 디자인은 조금씩 차이가 있지만, 이러한 특징은 만국 공통이라 해도 과언이 아니다. 세일러복의 유래에 대해서 여러 가지 말이 많은데 다음과 같은 주장이 주로 알려져 있다.

우선 세일러복의 상징인 네커치프는 배 위에서 소리가 잘 들리지 않을 때 깃을 세워 소리를 모으는 기능을 하며, 바다에 빠져 위급한 상황에서 쉽게 잡아 올릴 수 있게 하기 위해 만들었다고 한다. 하지만 현재 세일러복은 함상 근무 시에는 착용하지 않고 외출할 때만 착용하며, 장교와 부사관들처럼 간부들은 입지 않는다. 한국 해군의 경우 사병들의 동정복이 세일러복이기 때문에 병사들은 행사 참가나 외출 시에 착용한다. 과거에는 어떠했는지 모르겠지만, 배 위에서 편리성 때문에 세일러복을 착용한다는 주장은 그리 신빙성은 없는 것 같다. 주장대로라면 함정 근무 시 간부건 사병이건 모두 착용했을 테니까 말이다.

하지만 이러한 기능상의 주장은 차치하더라도 현대 해군의 상징 중 하나인 세일러복의 역사는 오래되었다. 자료에 따르면, 나폴레옹 전

쟁이 끝난 19세기 초반에 영국 해군의 수병용 복장으로 처음 선을 보였다고 기록되어 있다. 영국 해군은 16세기 엘리자베스 1세 치세 당시에 에스파냐 무적함대를 격파하고 세계 최강의 위치에 오른 이후 전 세계 해군의 바로미터가 되었다. 영국 해군의 함정이나 전술은 물론이거니와 복장 같은 해군 특유의 문화 또한 마찬가지였다. 이처럼 넘버원이 만들거나 시작한 것은 당연히 모두가 벤치마킹해야 할 부분을 넘어 점차 세계 규범이 되었다. 따라서 그 유래에 대한 근거는 미약하

• 현대 해군의 상징 중 하나인 세일러복은 나폴레옹 전쟁이 끝난 19세기 초반 영국 해군의 수병용 복장으로 처음 선을 보였다고 기록되어 있다. 영국 해군이 16세기 엘리자베스 1세 당시에 에스파냐 무적함대를 격파하고 세계 최강의 위치에 오른 후, 영국 해군의 함정이나 전술은 물론이고 복장 등을 비롯한 영국 해군 특유의 문화는 전 세계 해군의 바로미터가 되었다.

지만, 세일러복이 현재 거의 만국 공통으로 사용되는 것을 보면 오랜 기간을 거치면서 해군에게 가장 적합한 형태의 복장으로 변한 것으로 보인다.

그런데 그보다 세일러복이 일반에게도 낯설지 않은 이유는 따로 있

■ 1846년 그려진 에드워드 왕세자(이후 에드워드 7세)의 네 살 때 초상은 가장 오래된 세일러복 스타일의 아동복으로 복장사에 기록되어 있다.

는데, 그것은 여성이나 아동용 복장으로도 많이 사용되어왔기 때문이다. 1846년 그려진 에드워드 왕세자(이후 에드워드 7세 Edward VII)의 네 살 때 초상은 가장 오래된 세일러복 스타일의 아동복으로 복장사에 기록되어 있다. 이것이 최초라는 견해도 있지만, 이미 이전에 세일러복이 민간에도 널리 유행하고 있었다는 증거라는 주장도 있다. 이후 세일러복을 입은 어린이나 여자들의 초상이나 사진을 쉽게 발견할 수 있다. 1909년 3월 30일 《피츠버그 프레스 Pittsburgh Press》지에 세일러복이 여성복으로 인기를 끌고 있다는 기사에서 알 수 있듯이 세일러복은 20세기 들어 세계적으로 대중화되었다.

특히 일본으로 넘어와 여학생들의 교복이 되면서 우리나라에도 많은 영향을 끼쳤다. 일본이 영국 해군을 철저히 모방했기 때문이다. 군국주의 일본은 학교를 준군사조직 형태로 운용하면서 남학생들에게는 전투복 스타일의 교복을, 여학생들에게는 세일러복 스타일의 교복을 입게 했다. 이때부터 세일러복이 여학생 교복으로 자리 잡으면서 우리나라에서도 어느덧 여성들의 마음을 사로잡을 만큼 좋은 패션 소재로 진화했다.

군복으로 탄생하여 여학생들의 교복, 아동복이나 여성복 등으로 널리 애용될 만큼 세일러복은 변신에 변신을 거듭하여 일반인의 삶 속에 자리를 잡았다. 세일러복을 비롯해 선원, 선장 등 바다와 관련된 것을 패션에 활용한 머린룩Marine Look 역시 사람들 사이에서 꾸준한 인기를 얻고 있다. 요즘 야상(야전상의 줄인 말)이라 불리는 군복 스타일의 점퍼나 전투화에서 착안해 만든 워커walker라 불리는 신발이 젊은이들 사이에서 선풍적인 인기를 끌고 있다. 이처럼 군복이 자연스럽게 일반인의 의복 문화에 흡수되어 밀리터리룩Military Look으로서 꾸준히 사랑을 받고 있다.

8
참호전에서
탄생한
명품

우리나라에서는 바바리라고 통용되는 트렌치코트는 제1차 세계대전 당시 음습한 참호에서 싸우는 병사들을 위해 만든 군용 복장에서 비롯되었다.

■ 찬바람이 불기 시작하면 저절로 외투를 찾게 된다. 신사들과 새침데기 숙녀들 중에는 소위 바바리라고 부르는 코트로 한껏 멋을 내는 이들이 많다. 두툼한 외투에 비해 방한성은 떨어지지만 멋을 추구하는 멋쟁이들에게 바바리만큼 간절기에 멋과 보온성을 동시에 안겨주는 옷은 없다. 그런데 이렇게 사람들의 눈을 사로잡는 멋진 바바리는 종종 바바리맨으로 불리는 변태들의 도구로 사용되어 사람들의 눈살을 찌푸리게 만들기도 한다. 아무리 멋진 옷이라도 이상한 용도에 사용하면 천박해 보일 수밖에 없다. 옷이 제대로 된 주인을 만나야 빛난다는 말은 만고의 진리인 듯하다.

　바바리는 고유명사다. 원래 이런 종류의 의류는 트렌치코트Trench Coat라 하는데, 영국의 세계적인 패션업체인 버버리Burberry사가 만든 트렌치코트가 우리나라에서는 보통명사가 되어버린 것이다. 상업적 성공을 거둔 제품 중 이와 같은 사례가 많은데, 예를 들어 포크레인Forkcrane이나 호치키스Hotchkiss는 굴삭기Excavator와 스테이플러Stapler를 나타내는 보통명사가 되었다.

　그런데 하필 이처럼 멋진 코트에 뜬금없이 참호를 뜻하는 트렌치Trench라는 단어가 붙게 되었을까? 의외라고 생각할지 모르지만, 멋쟁이 현대인이 즐겨 입는 트렌치코트는 말 그대로 참호용 군복이었다. 오늘날 신사들의 정장이나 소품 중에는 의외로 군대와 관련된 것이 많은데 트렌치코트도 그러하며 다른 소품에 비해 그 역사가 그리 길지 않다.

　1914년 제1차 세계대전 초기, 독일의 진격이 프랑스의 마른Marne 강

■ 1914년 제1차 세계대전 초기, 춥고 습한 지옥 같은 참호에 머물며 전투를 벌여야 했던 군인들을 위해, 방습 및 보온성이 있는 군용 외투가 납품되었는데, 이때부터 이것을 트렌치코트라고 불렀다. 그중 영국 군들이 사용하던 것이 좋다고 입에서 입으로 소문이 나면서 영국군의 트렌치코트는 일약 세계적으로 유명한 외투가 되었다.

부근에서 멈춘 뒤 서부전선은 종전 때까지 지루한 참호전으로 일관했다. 이러한 참호전은 불과 수백 미터의 전진을 위해 수십만 군인의 어처구니없는 희생도 마다하지 않았던, 전쟁사에서 가장 잔인하고 한심한 전투의 표본으로 기록되는데 대표적으로 솜 전투 Battle of the Somme, 베르됭 전투 Battle of Verdun, 이프르 전투 Battles of Ypres 등을 들 수가 있다. 참호를 파고 대치한 양측 사이의 땅을 흔히 '무인지대 No Man's Land'라고 할 만큼 그야말로 참호전은 현실에 나타난 지옥이었다. 춥고 습한 지옥 같은 참호에 머물며 전투를 벌여야 했던 군인들을 위해 방습 및 보온성이 있는 군용 외투가 납품되었는데, 이때부터 이것을 트렌치코트라고 불렀다. 그중 영국군들이 사용하던 것이 좋다고 입에서 입으로 소문이 나면서 영국군의 트렌치코트는 일약 세계적으로 유명한 외투가 되었다.

버버리사 외에 또 다른 의류업체인 아쿠아스쿠텀Aquascutum사의 트렌치코트도 상당히 평이 좋아서 당시 영국군 납품시장을 놓고 버버리사와 치열한 경쟁을 벌였다. 국내에는 버버리가 최고 브랜드로 알려져 있지만, 영국이나 유럽에서는 아쿠아스쿠텀의 트렌치코트도 꽤나 유명하다. 어쨌든 그 기능성 때문에 종전 후에도 많은 이들이 트렌치코트를 애용하면서 오늘날까지도 사랑받는 패션 아이템이 되었다.

오늘날 세계의 멋쟁이들이 외투로 입고 다니는 트렌치코트는 말 그대로 참호전 속에서 탄생한 전쟁의 유산이라고 할 수 있다. 그리고 보니 대다수 현대인들은 참호전을 치르는 심정으로 트렌치코트를 입고 출근하는 것 같다. 특히 트렌치코트는 외부에서 활동이 많은 영업사원들이 착용하는 경우가 많은데, 이를 반추해보면 세상을 살아가는 것 자체가 참호전 못지않다는 생각이 든다.

9
일류 디자이너가 만든
시대를 초월한
명품 군복

마니아들로부터 가장 많은 찬사를 받은 제2차 세계대전 당시의 독일군 복장은 오늘날에도 세계적인 남성 패션 브랜드로 사랑받고 있는 후고보스 AG의 작품이다.

■ 밀리터리에 관심이 없는 사람이라도 척 보면 어느 나라 군대라는 것쯤은 아는 군대가 있다. 바로 제2차 세계대전 당시 독일군이다. 그 이유는 여러 가지가 있겠지만, 가장 확실한 것은 두고두고 기억에 남을 만큼 인상적인 독일군의 군복 때문이다.

비록 나치는 인류사에 용서받지 못할 범죄행위를 저질렀지만, 많은 사람들이 제2차 세계대전 당시의 독일군을 뚜렷하게 기억하는 이유는 일당백의 전투력을 발휘하던 뛰어난 작전능력과 조립식 장난감에 단골로 등장하는 각종 무기 때문이기도 하지만, 무엇보다 독특한 군복이 독일군에 대한 강한 이미지를 심어주었기 때문이다. 제2차 세계대전 당시의 독일군 군복이 지금의 군복과 비교해도 전혀 어색하지 않고 오히려 더 멋있어 보이는 이유는 나름대로 디자인에 신경을 썼기 때문이다. 그렇다고 나폴레옹 시대 이후 제1차 세계대전까지 사용된 시각적으로만 화려한 울긋불긋한 프랑스의 군복처럼 비실용적인 것도 아니었다. 한마디로 외형은 물론 기능까지도 훌륭한 시대를 초월한 명품이었다.

1923년 독일의 디자이너 겸 의류제작자인 후고 페르디난트 보스Hugo Ferdinand Boss, 1885년-1948년는 몇몇 직원들과 함께 자신의 이름을 딴 후고보스 AG Hugo Boss AG라는 조그만 의류업체를 메칭엔Metzingen에 설립했는데, 우연한 기회에 히틀러가 정권을 잡기 전부터 이미 나치의 사병이 되다시피 한 돌격대SA에게 유니폼을 공급하게 되었다. 정권을 잡은 후 베르사유 조약을 일방적으로 파기하고 재군비를 선언한 나치는 새롭게 군대를 재건하면서 독일 국민들에게는 자신감을 심어주고 잠재적

적국들에게는 강한 인상을 줄 수 있는 상징이 필요했다. 바로 이 때 후고보스 AG가 납품한 SA 유니폼에 크게 만족한 나치는 재건된 독일군의 새로운 군복을 후고보스 AG에 제작해줄 것을 의뢰했다.

단순하면서 실용적이고 인상적인 남성복 디자인에 일가견이 있던 후고보스 AG는 독일군, 친위대ss는 물론 정부기관에 각종 유니폼을 만들어 공급했다. 후고보스 AG는 전쟁 중에 어마어마하게 많은 군복을 공급하느라 수많은 유대인, 적군 포로 및 점령 지역의 외국인 등을 강제로 동원

■ 친위대 대장인 하인리히 히믈러(Heinrich Himmler)(왼쪽)와 돌격대 대장인 에른스트 룀(Ernst Rohm)(오른쪽). 후고보스는 돌격대와 친위대는 물론 독일군의 유니폼을 만들어 공급했다.

했다. 후고 보스는 종전 후 이 때문에 전범으로 기소되었다. 비록 창업자가 나치의 수혜를 많이 입은 기업인으로서 재판을 받았지만, 전쟁 발발이나 전쟁 범죄와 그다지 관련이 없다는 이유로 8만 마르크의 벌금만 내고 사면되었다. 하지만 지금도 종종 전범 기업이라는 비난을 받는 등 원죄로부터 완전히 자유로운 것은 아니다.

전쟁과 큰 관련이 있었던 벤츠Bentz, BMW, 크루프Krupp, 라인메탈

Rheinmetall 등 독일의 수많은 기업들이 현재도 세계 일류 기업으로 남아서 명성을 떨치고 있는 것처럼 후고보스 AG 또한 세계적인 패션 기업으로 존속하고 있다. 현재는 의류뿐만 아니라 시계, 향수 등 여러 패션 관련 분야에 진출했지만 그중에서도 특히 남성복 분야에서 큰 명성을 얻고 있는 것을 보면 그 유구한 전통이 살아 있는 것 같다. 기능이 최우선인 군복이 반드시 멋있어야 할 필요는 없지만, 그래도 시대를 초월한 후고보스 AG의 군복처럼 실용성과 멋을 겸비할 뿐만 아니라 군인들에게 자부심까지 느끼게 해줄 수 있는 군복이야말로 진짜 명품 군복이라고 할 수 있지 않을까?

10
독일군을
상징하는
아이콘

제1차 세계대전 발발 당시 독일군이 착용한 피켈하우베는 일종의 장식물에 가까웠던 반면, 연합군이 착용한 헬멧은 병사들을 보호하는 데 큰 도움이 되었다. 이를 뒤늦게 깨달은 독일은 실용적인 방탄모 제작에 착수했다.

■ 제2차 세계대전 당시 독일군의 인상적인 군복과 더불어 독특한 헬멧은 외형적으로 독일군을 특징짓는 뚜렷한 상징이었다. 당시 사용한 독일군의 헬멧은 뒷부분이 착용자의 귀와 관자노리를 덮는 형태로 제작되어 다른 나라의 헬멧과 쉽게 구별되었다. 흔히 이것을 프리츠 Fritz 헬멧이라고 부르곤 했는데, 사실 이것은 잘못된 명칭이다. 프리츠는 독일 남자들이 많이 사용하는 이름인 프리드리히 Friedrich 에서 유래된 것으로, 프리츠 헬멧은 적군인 독일군을 비하하기 위해 연합군이 사용하던 은어다.

독일군 공식 명칭은 슈탈헬름 Stahlhelm 인데, 말 그대로 철모 Steel Helmet 라는 단순한 뜻을 담고 있다. 독일군이 처음 착용하기 시작한 것은 제2차 세계대전이 아니라 제1차 세계대전 중반기부터였다.

■ 1914년 제1차 세계대전 발발 당시 독일군이 썼던 특이한 형태의 피켈하우베는 1842년 프로이센 왕이었던 프리드리히 빌헬름 4세의 위엄을 높이기 위한 도구로 처음 제작했다는 이야기가 전해진다. 그 유래가 어떻든 그 이후로 피켈하우베는 프로이센 군대의 표상으로 자리 잡게 되어 독일 제국군이나 경찰은 물론 이웃 나라인 스웨덴, 러시아, 노르웨이는 물론 콜롬비아, 칠레, 멕시코, 포르투갈도 사용했고, 아직까지도 일부 국가의 의장대가 사용하고 있다.

1914년 제1차 세계대전이 발발했을 당시에 독일군은 정수리 위에 창끝 모양의 장식이 돌출된 특이한 형태의 피켈하우베 Pickelhaube 라는 모자를 착용했다. 피켈하우베는 1842년 프로이센 왕이었던 프리드리히 빌헬름 4세 Friedrich Wilhelm IV 의 위엄을 높이기 위한 도구로 처음 제작했다는 이야기가 남아 있다. 그 유래가 어떻든 그 이후로 피켈하우베는 프로이센 군대의 표상으로 자리 잡게 되어 독일 제국군이나 경찰은 물론 이웃 나라인 스웨덴, 러시아, 노르웨이는 물론 콜롬비아, 칠레,

● 미국은 제1차 세계대전 당시 종종 피켈하우베를 이용해 독일군을 비하하는 대독일 선전 포스터를 만들었다.

멕시코, 포르투갈도 사용했고, 아직까지도 일부 국가의 의장대가 사용하고 있다.

하지만 피켈하우베는 단지 위엄을 돋보이게 하고자 만든 장식물일 뿐 실용성과는 거리가 멀었다. 왕이나 귀족이 사용하는 피켈하우베는 그나마 철로 만들었지만 방탄 효과가 없었고, 일반 병사들이 사용하는 피켈하우베는 천이나 가죽으로 만들어 머리 보호와는 아무런 관련이 없는 물건이었다. 1914년 독일군은 초기 진격이 마른 강에서 저지당해 참호전에 돌입했을 때 피켈하우베가 아무짝에도 쓸모없는 거추장스런 물건이라는 사실을 뼈저리게 깨닫게 되었다. 각종 화기, 특히 포탄의 파편으로부터 병사들의 머리를 보호해주지 못해 많은 사상자가 발생했던 것이다. 반면에 당시 영국군이나 프랑스군은 머리를 보호해줄 수 있는 철로 된 헬멧을 쓰고 있었다.

사실 초기 헬멧과 달리 소재나 재료가 비약적으로 발전하여 그 성능이 대폭 향상된 오늘날의 헬멧이라도 유효사거리 내에서 발사된 화기의 직사유탄으로부터 병사를 보호해주지는 못한다. 단지 포탄의 파편이나 빗맞은 총탄 등으로부터 각개 병사를 보호하는 최소한의 장비일 뿐이다. 하지만 이를 갖춘 부대와 천으로 만든 모자를 쓴 부대가 서로 충돌할 때 어느 쪽의 피해가 더 클 것인가는 굳이 따져보지 않아도 불을 보듯 뻔하다. 전선이 고착화되고 피해가 커지자, 독일군은 피켈하우베처럼 멋있는 장식을 단 모자를 쓰고 싸우는 것이 만용이라는 사실을 뼈저리게 깨닫게 되었다.

사태의 심각성을 깨달은 독일군은 연합군처럼 병사들의 머리를 보호할 수 있는 헬멧 제작에 돌입했다. 이때 당국에 제출된 여러 시안 중 하노버 공대 교수인 슈베르트Hauptmann Friedrich Schwerd의 모델을 채택하여 1915년 12월 M1916이라는 정식 제식명을 부여해 베르됭 전투 참전부대부터 보급하기 시작했고 이후 전군에 급속도로 퍼져 있으나 마나 한 피켈하우베를 대체하면서 이것을 슈탈헬름으로 불렀다.

비록 영국군이나 프랑스군에 비해 늦게 철모가 채택되었지만, 슈탈헬름의 디자인은 상당히 앞선 것이었다. 당연히 보호 대상인 두개골 부위는 물론 급소라 할 수 있는 관자놀이 부위를 보호하는 최소한의 형태를 갖춘 혁신적인 디자인이었기 때문이다. 이에 비하면 영국군이나 프랑스군의 철모는 단지 머리만 감싸는 형태에 지나지 않았다. 어쨌든 M1916으로 시작된 슈탈헬름은 이후 독일군을 상징하는 하나의 아이콘으로 자리 잡게 되었다. 특히 제2차 세계대전 당시 독일군의 제식 헬멧으로 사용된 M193X 시리즈나 M194X 시리즈 등 여러 종류의

■ 슈탈헬름은 군복과 더불어 제2차 세계대전 당시의 독일군을 상징하는 아이콘이 되었다. 이처럼 나치 독일을 연상시키는 모습이어서 거부감을 주었지만, 철모로서의 기능이 워낙 뛰어나고 디자인이 독특해 오늘날 모터사이클족 가운데 슈탈헬름 스타일 헬멧을 쓴 젊은이들을 종종 볼 수 있다.

슈탈헬름은 앞에서 언급한 것처럼 프리츠라는 비아냥으로 통칭할 만큼 독일군을 의미하는 대명사가 되었다.

전쟁 이후 서독군이나 동독군 어느 쪽도 슈탈헬름을 제식 헬멧으로 채택하지 않았는데 그 이유는 단 하나, 슈탈헬름이 비록 1916년에 탄생했다 해도 제2차 세계대전 당시 제3제국의 독일군을 대표하는 침략자의 상징물이라고 여겼기 때문이다. 하지만 슈탈헬름 스타일의 헬멧이 이러한 부정적인 역사적 사실의 덫을 벗고 다시 등장하는 데 많은 시간이 걸리지 않았다. 숟가락이 탄생한 후 아무리 기능이 변했다 하더라도 숟가락의 한계를 벗어날 수 없듯이 헬멧이 진화를 거듭해도 일단 두부의 주요 급소 부위를 보호해야 한다는 본연의 기능에 충실해야 하기 때문에 결국 기능성이 좋은 슈탈헬름 스타일의 헬멧이 다시 등장하게 된 것이다. 이제는 이를 PASGT 헬멧 또는 케블러Kevlar 헬멧 등으로 부르는데, 시간이 갈수록 많은 나라 군대의 기본 제식 물품이 될 것으로 전망된다.

한때 슈탈헬름은 침략자의 상징으로 여겨져 금기시되기도 했지만 멋진 디자인 때문에 많은 수집가들의 애장품으로 사랑을 받고 있고, 그것에 더해 기능성도 우수해 최첨단 군대의 기본 헬멧으로 변신해 재등장할 만큼 밀리터리 역사에 큰 족적을 남긴 시대를 초월한 명품이다.

■ 두개골은 물론 주요 급소인 관자놀이 부위와 후두부를 보호해주는 기능성을 강화한 슈탈헬름 스타일의 PASGT 헬멧.

Chapter 02
and 그리고 올림픽
Olym

■ 여러 차례 중요한 대규모 국제 행사를 치른 경험이 있어서인지 2018년 평창 동계 올림픽 유치가 확정되었는데도 사회적 관심도는 예전 같지 않다. 하지만 1980년대에 대한민국의 모든 길이 오로지 한곳으로 통할 만큼 올림픽이 우리 현대사를 좌우한 때도 있었다. 당시만 해도 올림픽을 치르고 나면 곧바로 선진국이 되는 줄 알았을 만큼 사람들의 기대가 컸었지만, 올림픽 이후 개개인의 삶이 그렇게 많이 변한 것은 아니었다. 하지만 올림픽이 한국 사회의 발전을 한 단계 이끄는 중요한 원동력이 된 것은 사실이다.

■ 흔히들 간과하는 사실이지만, '6·29선언(1987년 6월 29일 민주정의당 대표 노태우가 국민들의 민주화와 직선제 개헌 요구를 받아들여 발표한 특별선언)'으로 대변되는 1987년의 민주화도 1988년 개최가 예정된 서울 올림픽의 영향을 많이 받았다. 만일 우리가 올림픽을 유치한 상태가 아니었다면 열화와 같은 국민의 민주화 요구를 군부가 무력으로 억눌렀을 개연성이 컸다. 역설적이지만 당시 5공화국 정권은 누

구보다도 올림픽 성공 개최에 대한 의지가 강했다. 국민과 세계에 정권의 치적으로 인징받고자 올림픽을 대대적으로 선전해왔으므로 국제 사회로부터 지탄을 받을 수 있는 행동은 최대한 삼가야 했다. 그래서 올림픽 개최 직전인 1987년 봄에 들불처럼 일어난 국민의 요구를 힘으로 탄압할 수 없었고 결국 민주화로 나아갔던 것이다.

▪ 이처럼 우리 현대사와도 관련이 있을 만큼 올림픽은 대규모 국제 스포츠 행사라는 성격을 초월하는 영향력을 갖고 있다. 그 기원 자체가 전쟁과 연관이 있고 국제 평화와 반전이 기본 정신일 만큼 인류사에 많은 영향을 끼쳤다. 2장에서는 4년마다 열리는 지구촌 최대 제전인 올림픽이 전사(戰史)와 세계사에 어떤 영향을 미쳤는지 그에 대한 흥미진진한 사례를 소개하고자 한다.

1
신과
함께하다

신에 대한 감사의 제사에서 시작된 고대 올림픽은 트로이 전쟁 이후 운동 경기가 추가되었다. 올림픽이 열리면 폴리스 간의 전쟁도 중지했는데, 이러한 정신은 근대 올림픽의 이상이기도 했다.

■ 고대 올림픽이 BC 1580년, BC 1195년, BC 884년, BC 776년에 열리기 시작했다는 설이 분분하지만, 정확하게 언제부터 열렸는지는 확실하지 않다. 다만 대략 1200년 동안 개최되었다는 것만은 정설로 되어 있다. 올림픽은 고대 그리스인들이 4년마다 주신(主神)인 제우스신에게 바치는 제전 경기에서 비롯되었는데, 최초에 실시된 경기는 200여 미터의 경기장을 달리는 단거리 달리기였고 회를 거듭할수록 점차 종목이 늘었다고 전해진다. 당시 치러진 종목 중 육상, 권투, 레슬링 등은 현대 올림픽 운동경기로 계속 전통을 이어 내려오고 있다.

당시 올림픽은 폴리스 Polis(도시국가) 간의 분쟁을 평화적인 방법으로 조정하는 역힐도 했다. 올림픽 기간 중에는 전쟁을 멈추고 모든 폴리스들이 함께 참여했는데, 바로 이 점이 근대 올림픽이 재현하고자 하는 이념이었다. 하지만 그리스에서 로마로 이어지며 계속되던 고대 올림픽은 4세기 말에 로마 황제 테오도시우스 1세 Theodosius I 가 기독교를 국교로 정하고 다른 종교를 이단이라 하여 탄압하면서 394년 대회를 마지막으로 역사에서 사라졌다. 그 후 1500여 년이 흐른 뒤 19세기에 와서야 올림픽은 다시 태동하게 된다. 올림픽이 이렇게 극적으로 부활할 수 있었던 것은 한 사람의 집념 덕분이었다고 해

■ 올림픽은 고대 그리스인들이 4년마다 주신인 제우스신에게 바치는 제전 경기에서 비롯되었다.

■ 스포츠를 세계 평화의 도구로 삼으려 했던 쿠베르탱은 적어도 올림픽 기간만큼은 전쟁을 멈추었던 고대 올림픽 정신을 되살려 근대 올림픽을 창시했다.

도 결코 과언이 아니다.

프랑스에 훌륭한 군인이 되고 싶어 하는 한 소년이 있었다. 그러나 군사학교에 입교한 소년은 오로지 독일에 대한 적개심과 보복만을 강조하는 교육 내용에 실망하여 자신의 꿈인 군인의 길을 포기했다. 당시 프랑스는 1871년 프로이센-프랑스 전쟁에서 참패하고 굴욕적인 항복을 한 경험 때문에 복수를 지상과업으로 삼고 있었다. 이러한 프랑스와 독일 간의 골 깊은 감정은 제1차 세계대전의 원인이 되기도 했다.

그 후 청년이 된 소년은 교육 혁신에 관심을 갖고 영국에서 수학하던 중 스포츠가 교육에서 중추적인 역할을 한다는 사실을 깨닫고 자국 교육장관에게 체육을 정식 과목으로 채택해줄 것을 건의하기도 했다. 그는 이에 머무르지 않고 스포츠를 세계 평화의 도구로 삼고자 원대한 이상을 품었고 1887년 올림피아 유적지가 발굴된 것을 계기로 올림픽 부활 운동을 시작했다. 그는 고대 올림픽 기간 중 폴리스들이 전쟁을 중지했던 사실에 감명을 받았다. 공교롭게도 당시는 제국주의 국가들 간의 치열한 대립으로 전운이 감돌던 시기였다.

그는 올림픽의 부활은 평화를 가져다줄 좋은 수단이라고 생각했다. 설령 전쟁이 발발하더라도 올림픽 기간만큼은 고대 올림픽의 정신을 이어받아 온 인류가 무기를 손에서 내려놓기를 소망했다. 이러한 노력이 결실을 보아 1894년에 국제올림픽위원회 IOC, International Olympic Committee 가 창설되면서 올림픽이 부활하게 되었다. 그가 바로 근대 올림픽의 창시자이며 1896년부터 1925년까지 제2대 IOC 위원장을 지낸 피에르 드 쿠베르탱 Pierre de Coubertin 이다.

2
화약고에서
부활하다

우여곡절 끝에 제1회 올림픽이 그리스 아테네에서 개최되었다. 이때 고대 전투에서 유래된 마라톤이 정식 종목이 되었는데 초대 우승자는 그리스의 스피리돈 루이스였다. 루이스가 스타디움에 들어서자 그리스 관중들은 열광했고, 감격한 왕과 왕세자는 트랙으로 내려와 루이스와 함께 뛰었다. 이때의 여운 때문인지 아테네 올림픽 이후 그리스가 그리스 올림픽 영구 개최론을 들고 나와 IOC를 당황하게 만들기도 했다.

■ 1896년 아테네 올림픽 당시 IOC 위원들. 뒷줄 왼쪽에서부터 독일의 게브하르트Gebhardt, 보헤미아의 구트-야르코프스키Guth-Jarkovsky, 헝가리의 케메니Kemeny, 스웨덴의 발크Balck, 앞줄 왼쪽에서부터 프랑스의 쿠베르탱Coubertin, 그리스의 비켈라스Vikelas(당시 IOC 위원장), 러시아의 부토프스키Butovsky.

■ 쿠베르탱은 어렵게 부활시킨 역사적인 제1회 근대 올림픽의 개최지를 그리스의 유서 깊은 고도인 아테네로 정했다. 그 이유는 아테네가 고대 올림픽의 중심지이기도 했지만 당시는 물론이거니와 현재까지도 인종적·민족적·이념적·종교적으로 워낙 복잡하게 얽혀 있어 충돌이 끊이지 않던 세계의 화약고인 발칸 반도에 위치해 있기 때문이었다. 최초 IOC 위원들은 쿠베르탱의 노고를 인정해 그의 고향인 파리에서 제1회 근대 올림픽을 개최할 것을 권유했으나, 쿠베르탱은 가장 의미가 있는 장소에서 평화의 제전을 부활시켜야 평화에 대한

세계인의 공감대를 형성할 수 있다고 주장했다.

그는 오랜 기간 투르크의 지배를 받다가 독립한 지 얼마 되지 않아 수차례의 정변과 전쟁 등으로 말미암아 시큰둥한 반응을 보이던 그리스 정부를 설득하여 1896년 성공적으로 올림픽을 개최했다. 어렵게 부활시킨 올림픽은 쿠베르탱의 생각대로 평화를 갈구하던 세계인의 이상을 표출하는 계기가 되었다. 그런데 개최 효과가 예상보다 크자, 그리스가 올림픽이 자신들의 고유 문화이므로 영구히 자국에서 올림픽을 열겠다고 나서 IOC를 당황하게 만들었다. 쿠베르탱은 세계 여러 나라가 돌아가면서 올림픽을 개최해야 올림픽의 정신을 널리 확산시킬 수 있다고 생각하여 이를 반대했다. 결국 이후 올림픽 개막식부터 그리스에게 제일 먼저 입장하는 특혜를 주겠다고 하여 그리스를 겨우 달랠 수 있었다.

전쟁은 반대했지만 군인이 되고자 했던 쿠베르탱도 상무(尙武)정신만은 높이 평가했다. 그래서 고대 올림픽에서 참전 용사들이 무용을 뽐내던 육상, 레슬링 등의 경기 종목 이외에도 그의 주도로 전쟁과 관련이 있는 사격, 펜싱 등 몇 개 종목을 제1회 올림픽에서부터 시행했다. 그중에는 전쟁 때문에 탄생한 대표적인 종목인 마라톤도 포함되어 있었다.

잘 알다시피 올림픽의 꽃은 마라톤이다. 최근에는 올림픽의 피날레를 장식하는 경기로 치러지곤 할 만큼 올림픽의 모든 경기, 모든 종목을 통틀어 가장 비중 있는 종목이다. 마라톤은 BC 490년에 벌어진 그리스군과 페르시아군의 마라톤 전투 Battle of Marathon에서 감격적인 승리

■ 올림픽의 꽃이라 할 수 있는 마라톤은 BC 490년에 벌어진 그리스군과 페르시아군의 마라톤 전투에서 감격적인 승리 소식을 시민들에게 전하며 산화한 페이디피데스의 고사에서 탄생하게 되었다.

소식을 후방의 시민들에게 전하며 산화한 페이디피데스Pheidippides의 고사에 감명을 받은 프랑스 언어학자 미셸 브레알Michel Bréal이 쿠베르탱에게 이를 올림픽 종목으로 만들 것을 건의하면서 탄생했다. 이런 역사적 배경 때문에 당시 패전한 페르시아의 후예인 이란은 마라톤을 하지 않으며 1974년 자국에서 개최된 테헤란 아시안게임 때도 마라톤을 실시하지 않았다.

또 하나 전쟁과 관련된 대표적인 종목이 1912년 제5회 스톡홀름 올림픽부터 실시된 근대 5종 경기Modern Pentathlon다. 쿠베르탱은 용감한 군인이 갖추어야 할 자질의 표상을 전령에서 찾았다. 전령은 적과 조우 시 총을 쏘거나(사격) 검술(펜싱)로 겨루어 이를 물리치고, 말(승마)을 달려 적진을 돌파한 후 강을 건너고(수영) 들판을 달려(크로스컨트리) 목적지에 빨리 도착해야 하는데 이 점에서 착안한 종합적인 경기가 바로 근대 5종 경기다. 이와 같이 올림픽 경기 종목은 전쟁에서 유래한 종목들이 상당히 많다는 것을 알 수 있다.

3

올림픽과
평화

전운이 감돌자, IOC는 강권하다시피 해 독일의 베를린을 1916년 제6회 올림픽 개최지로 선정했다. 하지만 이러한 노력에도 불구하고 제1차 세계대전이 발발해 무려 1,000만 명이 죽어갔다.

● 평화의 제전인 올림픽이 수차례 개최되었는데도 20세기 초가 되자 제국주의 열강들의 극단적 대립이 거대한 전쟁으로 터질 것 같은 조마조마한 분위기가 유럽에 팽배했다. 그러자 쿠베르탱은 대외 팽창을 공공연히 노리던 독일에 강권하다시피 해 1916년 제6회 올림픽을 베를린에서 개최하도록 조치했다. 평화의 제전을 개최하는 나라가 적어도 전쟁을 일으키지는 않을 것이라는 믿음 때문이었다. 특히 견원지간이던 프랑스 출신인 자신이 독일에 올림픽을 권유함으로써 프로이센-프랑스 전쟁 이후 악화된 양국 관계를 개선하는 데 도움이 될지도 모른다는 일말의 희망도 갖고 있었다.

하지만 이렇게 평화를 갈망하던 사람들의 노력과는 상관없이 결국 지금까지 보지 못했던 엄청난 전화가 1914년에 전 세계를 휩쓸었다. 바로 제1차 세계대전이 발발했던 것이다. 그로 인해 계획된 제6회 근대 올림픽은 무산되었다. 이때 IOC는 본부를 중립국인 스위스의 로잔Lausanne에 설치하고 몇몇 관계자가 참석한 가운데 조촐한 기념식으로 올림픽을 대신했다. 어떻게든 평화를 지키려는 그동안의 노력이 수포로 돌아가고 올림픽 기간 중에는 휴전하던 고대 올림픽 정신을 계승하지 못하게 되자, 쿠베르탱은 회한의 눈물을 흘렸다.

이전에 경험하지 못했던 전쟁의 잔혹함에 몸서리를 쳤던 제1차 세계대전이 끝나자 평화를 갈망하는 세계인의 마음은 더욱 커졌다. IOC는 이러한 평화의 기운을 증폭시키기 위해 전후 최초의 올림픽인 1920년 제7회 올림픽을 벨기에의 안트베르펜Antwerpen에서 개최했다. 벨기에는 전쟁 전에는 중립을 주장하던 약소국이었는데 단지 프랑스로 향하는 침공로에 위치한다는 이유만으로 독일의 침략을 받아 국토가 초토화되는 참변을 겪었다.

독일은 원활한 전쟁 수행을 위해 점령지인 벨기에의 국경 지대에 고압선을 설치해 외부와의 통행을 차단했고, 이로 인해 피난을 가지도 못한 많은 벨기에인들이 전쟁 내내 고통에 시달려야 했다. 이프르Ypres 같은 곳은 전쟁 중 처음으로 독가스가 살포되어 아비규환을 연출했을 뿐만 아니라 엄청난 포격으로 옛 자취를 찾아보기 힘들 정도로 초토화되는 아픔을 겪었다. 이러한 고통을 겪은 벨기에는 자국에서 평화의 제전을 개최함으로써 다시는 이러한 아픔이 재발되지 않기를 기원했다. 하지만 평화를 갈망하는 이러한 처절한 시도에도 불구하고 악랄한 인간들이 전쟁이라는 수단을 다시 꺼내 드는 데는 그리 오랜 시간이 필요하지 않았다.

종종 올림픽 개최 도시들이 올림픽 개최 후 떠안게 된 빚으로 고생하는 뉴스가 종종 보도되는 것을 볼 수 있는데, 이것은 올림픽의 주최 단위가 도시이기 때문이다. 하지만 이제 올림픽은 유치 도시의 국가가 보증을 해주어야 하고 국가원수들이 나서서 유치 활동에 뛰어들 정도로 한 도시의 노력만으로는 개최가 어렵다. 즉, 올림픽이 형식상의 개최 단위는 도시이지만 실제로는 국가적 행사라는 의미다. 이러한 올림픽의 비대화가 시작된 것은 1936년 제11회 베를린 올림픽부터라고 할 수 있다.

처음에 독일은 올림픽을 개최하라는 IOC의 권유에 시큰둥한 반응을 보였다. 사실 IOC는 호전적인 나치 독일에 호의적이어서 그랬던

■ 1936년 베를린 올림픽은 가장 성대하게 개최되었다. 하지만 나치가 대회를 체제 선전의 장으로 이용하면서 정치적으로 오염되었다.

것이 아니라 평화의 제전을 치르게 함으로써 전쟁을 막고자 했던 것이다. 서로 달갑지 않았던 개최지 선정 과정에도 불구하고 올림픽 자체는 이전의 어떤 올림픽보다 성대하게 치러졌다. 그 이유는 나치가 올림픽을 체제 선전의 도구로 적극 이용하려 했기 때문이다. 그래서 제11회 베를린 올림픽은 정치적인 색채가 강했고 날조된 게르만 민족 우월주의를 선전하는 도구로 전락했다. 평화의 제전과는 거리가 멀었다. 하켄크로이츠가 여기저기 나부끼는 모습은 장차 세계에 드리워질 암울한 미래를 예고하는 듯했다.

나치는 극적 효과를 높이기 위해 올림피아에서 성화를 채화해 베를

■ 1936년 베를린 올림픽 당시 미국의 육상선수 제시 오웬스(왼쪽 사진)가 멀리뛰기 결승에서 두 번 파울로 실격될 위기에 처하자 경쟁자인 독일의 루츠 롱(오른쪽 사진에서 시상대 위 맨 오른쪽 인물)이 다가와 조언을 해주었고 그 조언대로 한 오웬스는 멀리뛰기에서도 금메달을 따서 4관왕이 되었다. 올림픽과 전쟁, 그리고 그 속에서 싹튼 국적과 인종을 초월한 훈훈한 우정이 감동으로 다가온다.

린까지 봉송하는 행사를 치렀는데, 아이러니하게도 이것은 이후 올림픽부터 중요한 행사가 되었다. 원래 메인스타디움의 성화대에 불을 밝히는 행사는 1928년 제9회 암스테르담 올림픽 때부터 시작되었으나 올림피아에서 채화 행사를 통해 얻은 불씨를 릴레이로 개최 도시까지 봉송하는 전통은 제11회 베를린 올림픽부터 시작되었다. 그런데 올림피아에서 베를린까지 성화를 봉송하던 경로가 이후 독일군의 침공로가 되었다는 사실은 많은 것을 생각하게 만든다.

하지만 이러한 암울한 모습 가운데에서도 국적과 인종을 초월한 우정은 있었다. 특히 전설적인 미국의 스프린터 제시 오웬스 Jesse Owens 와 멀리뛰기에서 경쟁했던 독일의 루츠 롱 Luz Long 이 미담의 주인공이다. 멀리뛰기 결승에서 오웬스가 두 번의 파울로 실격될 위기에 처하자

롱이 다가와 이렇게 말했다.

"당신은 실력이 워낙 좋으니 도약 라인 훨씬 앞에서 점프를 해도 나를 이길 수 있다."

이러한 조언을 받아들인 오웬스는 멀리뛰기에서도 금메달을 따냈다. 이후 전쟁에 참전한 롱은 1943년 전사해 생을 마감했는데, 말년에 빈곤한 삶을 살던 오웬스를 사업에서 성공한 롱의 아들이 찾아와서 도와줌으로써 둘 사이의 미담은 이후로도 계속되었다. 올림픽과 전쟁, 그리고 그 속에서 싹튼 이념을 뛰어넘는 훈훈한 우정이 감동으로 다가온다.

4
손기정의 저주

1936년 베를린 올림픽 마라톤을 제패한 손기정과 3위를 차지한 남승룡은 시상식 당시 하늘을 보지 못했다.

■ 1988년 제24회 서울 올림픽 개막식에서 성화를 들고 경기장 안으로 뛰어 들어와 기쁨에 겨워 펄쩍펄쩍 뛰던 백발이 성성한 영웅을 기억하는가? 그가 바로 우리 민족 최초의 올림픽 금메달리스트인 마라토너 손기정이다. 제11회 베를린 올림픽에서 식민지의 백성으로 망국의 한을 안고 민족차별이라는 수모의 눈물을 감춘 채 달리고 달려서 마라톤에서 1위를 했고, 친구인 남승룡 선수도 3위에 동반 입상함으로써 한민족의 기개를 세계만방에 떨쳤다.

손기정은 히틀러와 악수한 유일한 한국인이 아닌가 생각된다. 회고록에 묘사된 내용에 따르면, 우승자 접견 시 히틀러가 어디서 왔냐고 묻자 그는 코리아에서 왔다고 대답했다. 그러자 히틀러가 "우승을 축하하네, 젊은이. 그대 조국의 영광을 위해 앞으로도 열심히 노력해주기 바라네"라고 말했다고 한다. 하지만 히틀러는 손기정이 식민지 백성인 줄은 몰랐을 것이다. 왜냐하면 코리아에서 왔다고 대답했지만, 이런 경우 대부분의 서양인들은 국가보다 고향을 이야기하는 경우가 많기 때문에 당시 히틀러는 코리아를 일본의 지역명쯤으로 생각했을 가능성이 크다. 오죽하면 한국전쟁 당시 처칠 Winston Churchill 이 코리아가 어디 있는지조차 몰랐다고 했을까. 지금도 의외로 우리나라를 모르는 유럽인들이 많으니, 당시는 말할 필요조차 없다.

그런데 세계를 제패한 두 선수는 시상식에서 국기 계양 장면을 보지 않고 고개를 떨구었다. 당시를 회상하면서 남승룡은 이렇게 말했다.

"손기정이 1등 한 것보다 가슴에 단 일장기를 가릴 수 있는 올리브 나무를 갖고 있어서 부러웠다."

■ 손기정은 제11회 베를린 올림픽에서 식민지의 백성으로 망국의 한을 안고 민족차별이라는 수모의 눈물을 감춘 채 달리고 달려서 마라톤에서 1위를 차지해 한민족의 기개를 세계만방에 떨쳤다.

이 순간을 담은 베를린 올림픽 공식 기록 영화의 제작자인 베르타 리펜슈탈Bertha Riefenstahl은 다음과 같이 회상했다.

"진짜 묘한 느낌이었다. 그토록 영광스러운 순간에 승자가 어떻게 그렇게 세상에서 가장 슬픈 표정을 지을 수 있는지······."

자세한 속사정을 모르는 이방인의 눈에는 기뻐해야 할 순간에 그들이 왜 슬픈 표정을 짓고 있는지 이해가 되지 않았을 것이다.

그리고 두 선수가 세계 건각들을 제치고 메인스타디움으로 들어오는 순간 스타디움 구석에 외롭게 있다가 감격의 눈물을 흘리며 목이 터져라 그가 작곡한 노래를 부르던 또 한 명의 청년이 있었으니, 그가 바로 애국가의 작곡자 안익태였다. 그때 그가 부른 노래가 바로 〈한국 환상곡〉이었다.

여담으로 일본은 마라톤 강국이라고 할 수 있다. 지금도 수준 높은 마라톤 선수들이 많이 있어서 세계육상선수권대회나 세계적 수준의 마라톤 대회에서 우승을 차지하곤 하는데, 희한하게도 올림픽 금메달과는 인연이 없다.

• 1964년 제18회 도쿄 올림픽에서 쓰부라야 고키치(円谷幸吉)가 골인 지점 300미터 앞에서 역전당해 3위

- 1968년 제19회 멕시코시티 올림픽에서 기미하라 겐지(君原健二)가 2위
- 1988년 제24회 서울 올림픽에서 종반까지 선두를 달리던 나카야마 다케유키(中山竹通)가 4위
- 1992년 제25회 바르셀로나 올림픽에서 모리시타 고이치(森下廣一)가 황영조에게 밀려 2위

아마도 야구계에서 유명한 전설이 되어버린 보스턴 레드삭스Boston Redsox의 '밤비노의 저주Bambino's Curse'*, 시카고 컵스Chicago Culbs의 '염소의 저주'*를 능가하는 두 선수의 저주 때문이 아닐까?

밤비노의 저주

미 메이저리그의 보스턴 레드삭스가 '밤비노'라는 애칭을 가진 베이브 루스Babe Ruth를 뉴욕 양키스로 트레이드한 뒤 한 차례도 우승하지 못하자 생긴 말이다.

염소의 저주

시카고 컵스가 마지막으로 월드시리즈에 나갔던 1945년, 디트로이트와의 월드시리즈 4차전 때 홈구장인 리글리 필드Wrigley Field에 염소를 데리고 입장하려던 윌리엄 "빌리 고트" 지아니스William "Billy Goat" Sianis라는 관중이 입장을 거부당하자 "다시는 이곳에서 월드시리즈가 열리지 않으리라"고 퍼부은 독설에서 비롯되었다. 당시 결국 3승4패로 물러선 시카고 컵스는 이후 2003년 시즌까지 무려 58년 동안 월드시리즈 무대를 밟지 못했다.

5
투사였던 올림픽의 영웅들

올림픽 역사에 길이 빛날 영웅인 에밀 자토펙. 그는 조국 체코슬로바키아의 민주화를 위해 앞장선 투사이기도 했다.

■ 1938년 나치가 체코슬로바키아를 점령할 때, 침략자의 만행을 목도하고 끓어오르는 분노를 삭이던 한 구두공장 노동자가 있었다. 힘없는 나라의 국민이 얼마나 비참한가를 생생히 깨달은 그는 전쟁이 끝나자마자 해방된 조국의 군대에 자원입대했다. 단지 달리는 것이 좋아 틈틈이 완전군장 상태로 연습하던 이 청년은 제2차 세계대전 후 처음 열린 1948년 제14회 런던 올림픽에 출전해 남자 10,000미터 종목에서 당당히 우승했다.

보는 이들의 동정심을 불러일으킬 만큼 고통스러운 듯 구부정한 모습으로 혀를 내밀고 달리는 그의 역주 모습은 상당히 인상적이었다. 하지만 그의 위대함이 빛을 발한 것은 4년 후인 1952년 제15회 헬싱키 올림픽 때였다. 그는 헬싱키 올림픽에서 장거리 3종목인 5,000미터, 10,000미터, 마라톤을 석권하는 대기록을 세웠다. 단일 대회에서 장거리 3종목을 석권한 기록은 전무후무하다. 어느 누구도 저 멀리 앞서 나가는 그를 따라잡을 수 없었고, 유일한 경쟁자는 오직 그의 그림자뿐이었다. 이런 그를 사람들은 인간 기관차라고 칭송했다.

하지만 그는 스포츠 영웅뿐만이 아니었다. 그는 1968년 2천어 선언에 적극 동참해 체코의 반소민주화 운동을 위해 투쟁한 인물이기도 했다. 소련이 탱크를 앞세워 '프라하의 봄'을 짓밟고 난 뒤 체코 공산정권은 국민의 영웅인 그를 육군 육상팀 코치에서 해임시켰다. 이후 그는 유배나 다름없는 생활을 했다. 그가 다시 대중 앞에 모습을 보인 것은 그 이후 많은 세월이 흐른 뒤인 1990년 체코의 민주화 이후부터였다.

▪ 2000년 12월 6일 프라하에서 국장으로 치러진, 군인이자 민주화 투사였던 올림픽 영웅 에밀 자토펙의 장례식에서 당시 라미네 디아크 국제육상연맹 회장은 "우리가 그의 죽음을 슬퍼하는 이유는 그가 올림픽에서 금메달을 4개나 땄기 때문이 아니라 너무도 평범한 인간이었으며 개인의 자유와 존엄성을 위해 온몸을 던진 투사였기 때문이다"라고 애도했다.

2000년 12월 6일 프라하에서 국장으로 치러진 장례식에는 체코 국가와 그의 고향 민요가 울려 퍼지는 가운데 수천 명의 추모인들이 모여 애도의 눈물을 흘렸다. 당시 라미네 디아크 Lamine Diack 국제육상연맹 IAAF 회장은 "우리가 그의 죽음을 슬퍼하는 이유는 그가 올림픽에서 금메달을 4개나 땄기 때문이 아니라 너무도 평범한 인간이었으며 개인의 자유와 존엄성을 위해 온몸을 던진 투사였기 때문이다"라고 애도했다. 장례식에는 체코 수상, 후안 안토니오 사마란치 Juan Antonio Samaranch IOC 위원장을 비롯한 각계의 거물들이 대거 참석해 슬픔을 함께했다. 군인이자 민주화 투사였던 올림픽 영웅, 그가 바로 에밀 자토펙 Emil Zátopek 이다.

이른바 '프라하의 봄'이라고 불리는 1968년 국민혁명은 자유와 민주를 갈구하던 체코슬로바키아인들의 민주화 투쟁이었다. 하지만 공산주의 종주국 소련은 바르샤바 조약국의 군대와 전차를 동원해 체코슬로바키아의 민주화 열망을 한순간에 무력화시켜버렸다. 이 실패한 민주화 운동에는 체코슬로바키아의 많은 체육인들도 참여했는데, 그 중에는 앞에 소개한 자토펙은 물론이거니와 1960년, 1964년 두 차례의 올림픽에서 금메달 3개, 은메달 1개, 동메달 1개를 딴 체조요정 베라 차슬라브스카 Věra Čáslavská 도 포함되어 있었다.

이후 새롭게 정권을 잡은 친소 구스타프 후사크 Gustáv Husák 정권은 그녀를 반동으로 몰아 1968년 제19회 멕시코시티 올림픽에 출전하지 못하게 방해했다. 하지만 비열한 탄압을 일삼는 공산당의 작태에 세계

■ 베라 차슬라브스카는 올림픽 역사에 길이 빛날 체코슬로바키아의 영웅이다. 그녀는 소련의 침공으로 실의에 빠진 조국의 현실을 올림픽 무대를 통해 세계에 널리 알렸다.

여론이 분노했고 결국 그녀는 어렵게 올림픽에 출전할 수 있었다. 비록 1967년 벌어진 유럽선수권대회에서 5개의 금메달을 딸 만큼 기량은 훌륭했으나, 당시 그녀는 26세로 여자체조선수치고는 나이가 많았고 어수선한 정국과 출전 유무 문제로 훈련도 제대로 하지 못해 입상 가능성이 적었다. 그러나 올림픽을 통해 외세에 핍박받는 조국의 가련한 현실을 전 세계에 묵언으로 알리려고 올림픽에 출전했다.

그녀는 뛰어난 실력과 관중들의 열화와 같은 응원으로 개인종합을 포함한 4개 종목에서 우승하는 기적을 연출했는데, 그때마다 가장 큰 경쟁자들은 공교롭게도 소련 선수들이었다. 좌우에 소련 선수들을 거느리고 시상대 맨 위에 선 그녀는 체코슬로바키아 국기가 침략국 소련의 국기보다 더 높은 자리를 향해 올라가는 모습을 보면서 체코 국가에 맞춰 노래를 부르다가 뜨거운 눈물을 흘렸다. 이처럼 올림픽 역사에 길이 남을 만한 위업을 이룬 그녀는 귀국 후 강요된 은둔생활을 해야 했고 1990년 민주화 이후에야 복권될 수 있었다. 체코의 영웅 베라 차슬라브스카는 누구보다도 아름답고 강한 올림픽 여전사였다.

6

그가 흘린
눈물의 의미

제2차 세계대전 당시에 소련에 맞서 외롭게 싸워야 했던 핀란드는 그 어느 나라보다 평화에 대한 열망이 컸다. 그 일환으로 수차례 도전 끝에 1952년 올림픽을 개최해 그들의 의지를 세계에 표출했다. 당시 포스터의 주인공인 파보 누르미는 핀란드 육상의 전성기를 이끈 영웅으로 성화 최종 주자이기도 했다.

■ 한국 사람들에게 핀란드 하면 노키아, 자일리톨, 산타클로스 이외에 생각나는 것이 그리 많지는 않을 것이다. 하지만 핀란드는 20세기 약소국의 독립운동사에 길이 빛날 투쟁의 기록을 남긴 나라라고 해도 과언이 아니다. 핀란드는 오랜 기간 스웨덴과 러시아의 식민지로 있다가 1919년에서야 겨우 독립국가가 되었기 때문에 자주와 평화, 그리고 반전에 대한 열망이 그 어느 나라보다도 컸다. 그래서 이러한 이상을 잘 표현할 수 있는 올림픽이라는 평화의 제전을 통해 신생독립국의 의지를 전 세계에 알리고 싶어 올림픽 유치에 적극적이었다.

핀란드가 처음 유치를 시도한 올림픽은 1936년 제11회 올림픽이었으나 독일 베를린에 개최권을 빼앗겼다. 1940년 원래 예정된 제12회 도쿄 올림픽이 중일전쟁으로 일본이 개최권을 반납하자, 핀란드가 이를 가져오는 데 성공했고 즉시 준비에 나섰다. 그러나 제2차 세계대전 발발로 올림픽은 무산되었고, 평화를 갈구하던 핀란드 또한 1939년 소련의 침략을 받아 전쟁터가 되었다. 용감한 핀란드인들이 격렬히 저항했으나 결국 소련에 굴복할 수밖에 없었다. 이후 추축국 편에 가담한 핀란드는 소련과 재차 전쟁을 벌였으나 패하여 국토의 일부를 잃고 굴욕적인 강화조약을 맺는 아픔을 겪었다.

이처럼 핀란드는 외세의 침략을 받아 고초를 겪었지만, 전후에 소련에 편입되거나 위성국이 된 다른 동유럽 국가들과 달리 강인하고 극렬한 저항의지로 독립을 유지할 수 있었다. 핀란드는 전쟁이 끝난 지 10년도 되지 않은 1952년에 드디어 제15회 올림픽을 헬싱키에서 개최했다. 이때 성화를 들고 스타디움에 들어선 중년의 주자가 있었

■ 핀란드의 장거리 육상선수인 파보 누르미는 안트베르펜·파리·암스테르담 올림픽 대회 크로스컨트리 경주에서 우승하며 모두 9개의 금메달을 획득했다. 14번의 세계기록을 수립해 '달리는 인간기계'라 불렸다.

으니 살아생전에 이미 전설이 된 파보 누르미 Paavo Nurmi 였다.

육상 중장거리 부문에서 핀란드는 올림픽 역사에 찬란한 금자탑을 세운 나라다. 이미 독립 이전인 1912년 제5회 스톡홀름 올림픽 5,000미터에서 우승한 한네스 콜레흐마이넨 Hannes Kolehmainen 으로부터 시작한 그들의 위업은 독립 후에도 계속되어 여러 대회의 중장거리 종목을 연속 제패해 이른바 '하늘을 나는 핀란드인 Flying Finn'이라는 신조어를 만들어냈을 정도다. 다음은 핀란드인의 올림픽 중장거리 제패 역사다.

- 1,500미터: 누루미(1924년), 라바(1928년), 바살라(1972년)
- 5,000미터: 콜레흐마이넨(1912년), 누루미(1924년), 리톨라(1928년), 레티넨(1932년), 호커트(1936년), 비렌(1972년, 1976년)
- 10,000미터: 콜레흐마이넨(1912년), 누르미(1920년, 1928년), 리톨라(1924년), 살미넨(1936년), 비렌(1972년, 1976년)
- 마라톤: 콜레흐마이넨(1920년), 스텐누스(1924년)
- 3,000미터 허들: 리톨라(1924년, 1928년), 볼마리(1932년, 1936년)
- 3,000미터 단체: 1924년
- 크로스컨트리 개인: 콜레흐마이넨(1912년), 누르미(1920년, 1924년)

- 크로스컨트리 단체: 1920년, 1924년

누르미는 그러한 선수들 중 가장 중심에 있던 영웅으로, 성화 최종주자가 되어 감격의 눈물을 흘리며 성화대에 불을 붙였다. 과연 그 눈물의 의미는 무엇이었을까? 독립된 지 얼마 되지 않아 참화를 겪고 이를 뚝심으로 극복하여 평화를 지키려 했던 핀란드인들의 모습을 대변한 것이 아닐까? 그런데 이 올림픽부터 소련을 비롯한 동구권 국가들이 대거 올림픽에 출전하게 되었는데, 이후 올림픽은 체제 우월을 선전하려는 경쟁의 장으로 점차 바뀌어갔다. 냉전은 이처럼 평화의 제전인 올림픽에도 많은 영향을 미쳤다.

■ 핀란드의 장거리 육상선수인 한네스 콜레흐마이넨은 최초의 '위대한 핀란드 장거리 육상선수' 세대를 연 선수로, 1912년 스톡홀름 올림픽에서 3개의 금메달을 획득하며 일약 스타가 되었다. 자신의 후계자이자 핀란드 역사상 가장 위대한 육상선수인 파보 누르미를 발굴했다.

7

최후에 승리한
식민지인

알제리인 알랭 미문은 나라가 없어 프랑스 국기를 가슴에 달고 달릴 수밖에 없었다. 평생의 라이벌인 에밀 자토펙은 그의 앞을 번번이 가로막았다. 그는 세 번의 올림픽 도전 끝에 1956년 제17회 멜버른 올림픽 마라톤에서 우승했다. 그는 우승의 영광을 고향의 알제리인들에게 돌렸다.

■ 축구를 좋아하지 않는 사람이라도 프랑스 축구의 대들보였던 지네딘 지단Zinedine Zidane을 기억할 것이다. 그는 프랑스 마르세유Marseille에서 출생하고 성장했지만 부모가 알제리에서 이주했기 때문에 알제리계였다. 지중해를 가운데 두고 프랑스와 마주하고 있는 알제리는 오랫동안 프랑스의 식민지로 있다가 1954년부터 8년간 프랑스와 전쟁을 치른 끝에 1962년에 독립했다. 현재도 여러 가지 이유로 프랑스와 계속 밀접한 관계를 맺고 있다.

알제리는 1830년 프랑스에 점령당한 이후 무려 132년 동안 지배를 받았다. 그러면서도 독립을 위한 저항을 꾸준히 시도하여 프랑스 제국주의자들의 골머리를 오랫동안 아프게 만들었다. 프랑스의 식민지가 되기 전에는 여러 부족으로 나뉘어 있어서 별다른 구심점이 없었지만, 프랑스의 지배가 강화되고 수탈이 가중되자 알제리인들의 민족의식이 형성되었다. 제2차 세계대전 후 다른 프랑스 식민지는 잇따라 독립했으나, 알제리는 지리적·경제적인 이유로 프랑스의 지배를 계속 받았다. 이 때문에 프랑스인들 중 많은 이들이 알제리를 자국 고유의 영토로 인식하고 있었을 정도였다. 이에 알제리인들은 1954년 전국 각지에서 일제히 무력봉기한 뒤 8년간 독립전쟁을 펼쳤다. 결국 이러한 피를 바친 노력 끝에 1962년에서야 뒤늦게 독립을 성취하게 되었다.

장기간 프랑스의 지배를 받는 동안 알제리인들이 합법적으로 프랑스를 누를 수 있는 방법은 스포츠뿐이었다. 그래서 손기정 선수처럼 어쩔 수 없이 프랑스 국기를 달고 식민지 국민의 설움을 곱씹으며 달

- 알제리 전쟁은 1954년부터 1962년까지 프랑스와 알제리 독립 운동 세력이 벌인 독립 전쟁으로, 결국 알제리는 독립을 쟁취했다. 알제리의 탈식민지화에 기여한 이 전쟁은 게릴라전, 민간인에 대한 테러, 양측의 고문 자행, 프랑스 군대의 대테러 작전 등 복잡한 양상을 띤 전쟁이었다.

렸던 알제리 출신 운동선수들이 많았다. 뛰어난 장거리 선수였던 알랭 미문Alain Mimoun도 그러한 알제리인들 중 한 명이었다. 하지만 미문보다 항상 한발 앞서가던 뛰어난 선수가 있었으니 그가 바로 라이벌 에밀 자토펙이었다.

1948년 제14회 런던 올림픽 육상 10,000미터, 1952년 제15회 헬싱키 올림픽 육상 5,000미터와 10,000미터에서 미문은 예외 없이 자토펙에 이어 2위를 차지했다. 한마디로 미문에게 자토펙은 결코 넘을 수 없는 거대한 산이었다. 하지만 미문은 이에 좌절하지 않고 1956년 제16회 멜버른 올림픽에 출전해 세 번째 도전에 나섰는데, 그때 그가 선택한 종목은 지구력과 더불어 운영의 노련함이 요구되는 마라톤이었다. 그동안의 수모를 만회하기라도 하듯 미문은 처음부터 단독 질주를 하고 골인 직전까지 레이스 도중 계속 뒤를 돌아보았다. 그가 확인하려 했던 인물은 친구이자 적수이며 그동안 넘을 수 없었던 거대한 벽인 자토펙이었다.

막판에 항상 역전당하곤 했던 아픈 기억을 가진 그는 결승점에 도착하는 그 순간까지도 뒤를 돌아보았고 결국 꿈에 그리던 금메달을 획득했다. 우승한 미문에게 다가와 뜨거운 포옹을 한 것은 당연히 자토펙이었다. 경쟁자이면서 진한 우정을 나눈 친구였던 두 영웅의 이야기는 올림픽 역사에서 유명하다. 미문은 우승 후 이렇게 외쳤다.

"조국 알제리의 국민과 이 기쁨을 함께하겠다."

그는 프랑스기를 달고 있었지만, 알제리인이었던 것이다.

사상 최초로 남반구에서 열린 1956년 제16회 멜버른 올림픽에서는 동서독이 공동입장했다. 이후 2000년 제27회 시드니 올림픽에서는 남북한이 처음으로 공동입장했다. 공교롭게도 호주에서 열린 두 번의 올림픽은 모두 분단국과 각별한 인연이 있었다.

8

로마를 정복한 하사관

맨발로 달려 1960년 제17회 로마 올림픽 마라톤을 제패한 에티오피아의 아베베 비킬라. 공교롭게도 골인 지점인 베네치아 광장은 그가 태어나던 해에 무솔리니가 에티오피아를 병합하겠다고 울부짖던 장소였다.

■ 1932년 이탈리아 수도인 로마의 베네치아 광장Piazza Venezia에 모인 이탈리아 국민들을 향해 무솔리니Benito Mussolini가 입에 거품을 물고 에티오피아를 정복하겠다고 울부짖던 바로 그해, 에티오피아의 소도시인 자토Jato에서 한 아이가 태어났다. 무솔리니가 1935년에 실제로 에티오피아를 침공해 식민지화하자, 소년은 이탈리아의 식민지 백성으로 유년 시절을 보내게 되었다. 달리기에 천부적인 소질이 있었던 소년은 그 후 에티오피아의 국가대표 육상선수가 되어 1960년 이탈리아에서 열린 제17회 로마 올림픽에 출전했다.

유서 깊은 로마 콜로세움Colosseum을 출발한 마라톤 경주의 종착점은 30여 년 전 무솔리니가 에티오피아를 정복하겠다고 울부짖던 바로 그 베네치아 광장이었다. 바로 그곳에, 그것도 맨발로 제일 먼저 도착한 선수는 옛 이탈리아 식민지 백성이자 독립국 에티오피아의 용감한 하사관인 아베베 비킬라Abebe Bikila였다. 한마디로 아베베는 가장 극적인 모습으로 로마를 정복한 것이었다.

이것은 조국 에티오피아는 물론 아프리카 대륙이 쟁취한 최초의 올림픽 금메달이었다. 당시 아프리카는 유럽 열강의 식민지에서 막 벗어나기 시작한 상태여서 아베베의 쾌거는 전 아프리카를 감동의 도가니에 빠뜨렸다. 영웅 아베베는 최초로 올림픽 마라톤 2연패를 달성했는데, 특히 1964년 제18회 도쿄 올림픽 마라톤에서 딴 금메달은 맹장 수술을 받은 지 불과 5주 만에 이룬 놀라운 업적이었다. 이후 불의의 사고로 장애인이 된 뒤에도 시련에 굴하지 않고 장애인 올림픽에도 참가하는 등 세계 체육인의 영웅으로 칭송받다가 뇌종양으로 생을 마감했다. 그의 장례식에는 황제와 온 국민이 참석해 그의 죽음을 애도했다.

아베베의 원래 직업은 군인이다. 그는 12살 어린 나이에 황제 근위대원으로 뽑혀 일찍부터 군인의 길을 걸었다. 이탈리아의 침공으로 망국의 아픔을 겪었던 하일레 셀라시에 1세는 해방 후 근대식 군대 육성에 힘을 기울였는데, 그때 탄생한 부대가 바로 근위대였다. 근위대원은 에티오피아 젊은이들에게 선망의 대상이었다. 1950년 한반도에 전쟁이 발발하고 에티오피아가 참전을 결정하면서 근위대를 중심으로 파병부대가 조직되었다. 아베베도 파병 제2진 부대 소속으로 한국전쟁에 참전하여 파병부대장 호위병으로 근무했다.

■ 에티오피아의 하일레 셀라시에 1세는 쿠데타로 정권을 장악한 뒤 국제연맹에 가입하고 노예제도를 폐지하는 등 근대화 정책을 추진했다. 이탈리아가 침략해오자 패하여 망명했으나 다시 독립을 회복하고 근대식 군대를 육성했다.

Haile Selassie I

그는 1966년 한국에서 벌어진 마라톤 대회에 참가한 적이 있는데 당시 언론과의 인터뷰에서 이렇게 말했다.

"한국전쟁 당시에 너무 어려서 직접 전투에 참가하지 못했는데, 선임 근위병들은 용감하게 싸웠다. 나는 에티오피아군 파병군이었다는 사실에 무한한 자긍심을 갖고 있다."

아베베는 올림픽 역사에 길이 빛날 올림픽의 영웅이자, 대한민국이 가장 어려웠던 시기에 우리를 도와준 진정한 용사이기도 하다.

9

나비처럼 날아
벌처럼 쏘았던
이단아

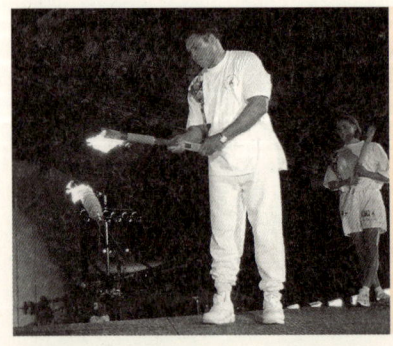

1996년 애틀랜타 올림픽 개막식에서 떨리는 몸으로 점화하는 무하마드 알리. 1960년 제17회 로마 올림픽 라이트헤비급 금메달리스트인 그는 프로 복싱 역사에 길이 빛날 챔피언이자 미국 주류 사회에 맞서 싸운 이단아로도 유명하다.

▪ 1960년 제17회 로마 올림픽에서 라이트헤비급 금메달을 획득했지만 귀향길에 들린 레스토랑에서 단지 흑인이라는 이유만으로 출입을 거절당한 18세 흑인 젊은이가 있었다. 이런 터무니없는 인종차별에 분노를 느낀 그는 그의 땀과 열정이 배어 있는 소중한 금메달을 강에 던져버리고 세상을 바꾸기 위한 도전에 나섰다.

프로로 전향한 그는 연전연승했고 1964년 흑곰 소니 리스턴 Sonny Liston을 쓰러뜨리고 헤비급 세계 챔피언의 자리에 오르면서 이름을 세상에 널리 알리기 시작했다. 더불어 노예 자손이라는 낙인이 찍힌 캐시어스 클레이 주니어 Cassius Clay Jr.라는 이름을 버리고 기독교 주류 사회에 반항하듯 이슬람교로 개종하면서 이름까지 바꿨다. 또한 베트남 전쟁 당시 징집영장이 발부되자 종교적 신념을 내세워 끝까지 징집을 거부했다. 그는 "이것은 평화의 문제가 아니라 힘의 문제다. 왜 나와 내 민족을 공격하지 않은 이들을 내가 공격해야만 하는가?"라고 주장하며 신념을 굽히지 않았다.

하지만 그가 인종차별을 타파하기 위해 애쓴 것은 맞지만, 그러한 노력의 일환으로 징집을 거부한 것은 사회로부터 동의를 얻지 못했다. 베트남 전쟁은 약소국 해방 전쟁으로서의 의의가 컸기 때문에 물론 그가 징집을 거부한 이유도 일견 타당한 측면이 있기는 했지만, 국민의 의무를 거부하는 것은 별개라는 것이 당시의 일반적인 생각이었다. 따라서 그는 미국 주류 사회로부터 의무는 저버린 비겁자라고 매도당했고 결국 선수자격 및 세계챔피언 타이틀을 박탈당하고 출국금지 조치가 내려졌다.

■ 1967년 당시 무하마드 알리. 그는 노예 자손이라는 낙인이 찍힌 캐시어스 클레이 주니어라는 이름을 버리고 기독교 주류 사회에 반항하듯 이슬람교로 개종하면서 이름까지 바꿨다. 또한 베트남 전쟁 당시 징집영장이 발부되자 종교적 신념을 내세워 끝까지 징집을 거부했다.

하지만 그는 복싱 선수로서의 수명이 끝난 것이나 다름없는 이러한 역경을 이기고 이후 재기하여 두 번이나 세계챔피언 타이틀을 거머쥐며 복싱 역사상 가장 훌륭한 선수로 그의 존재를 각인시켰다. 그가 바로 나비처럼 날아 벌처럼 쏜다고 말한 무하마드 알리 Muhammad Ali 다.

남북전쟁 당시 남군의 주요 거점이며 『바람과 함께 사라지다 Gone with the Wind』의 배경이 된 미국 애틀랜타에서 열린 1996년 제26회 올림픽 개막식 때 깜짝 등장해 파킨슨병으로 몸을 부들부들 떨면서 성화대에 최종 주자로 불을 점화하는 그를 보고 모든 세계인들은 경악했다. 그동안 주류 사회에 몸으로 맞서 저항한 그가 얻은 훈장이 아닐까 할 정도로 그의 심신은 망가져 있었다. 인종차별에 분노해 스스로 금메달을 버리긴 했지만 그것과 별개로 평화의 제전인 올림픽은 그에게 백인과 흑인이 차별 없이 정정당당히 경합할 수 있는 인종 화합의 장이었기 때문에 몸이 불편한데도 영광스런 임무를 기꺼이 맡았던 것이다.

또한 이것은 미국 사회가 그동안 많이 변했다는 증거이기도 했다.

불과 12년 전인 1984년에 역시 미국에서 열린 제23회 로스앤젤레스 올림픽 당시 마지막 성화 주자도 흑인인 레이퍼 존슨Rafer Johnson이었는데, 알리가 금메달을 딴 1960년 로마 올림픽의 육상 10종 경기 금메달리스트였다. 그런데 존슨은 미국 주류 사회에 편입하기 위해 스스로 몸을 낮춰 배우와 TV해설자 등으로 활약한 엘리트 흑인이었던 데 반해, 알리는 주류 사회에 반하는 행동을 서슴지 않았다. 따라서 1996년 제26회 애틀랜타 올림픽에서 알리가 최종 주자가 된 것은 그만큼 미국 사회가 많이 변했다는 것을 의미한다.

한때 지구촌의 영웅이자 모든 흑인들의 꿈의 상징이며 불굴의 상징이었던 알리는 링 밖에서 수백만 달러의 기부금을 대학과 단체에 헌납하고 인종, 전쟁 등 각종 문제에 두려움 없이 정면으로 맞섰기에 우리 시대 최고의 복서로 기억될 것이다.

10

한국전쟁의
아픈 흔적

1960년대 초반 세계 육상 중거리 부분의 최강자였던 신금단. 하지만 정치적인 문제에 휩쓸려 올림픽 도전이 좌절되었다. 하지만 그보다도 1964년 제18회 도쿄 올림픽 당시에 가슴 아픈 짧은 부녀 상봉이 세계인의 심금을 울렸다.

▪ 1962년 모스크바에서 열린 국제육상경기대회 여자 400미터와 800미터 부문에서 세계신기록을 수립하면서 우승하여 1964년 제18회 도쿄 올림픽의 강력한 2관왕 후보로 손꼽히던 선수가 있었는데, 그녀가 바로 북한의 신금단이다. 그런데 올림픽 바로 직전에 IOC와 국제육상연맹이 정치적 색채가 너무 강한 1963년 자카르타 신흥국경기대회 GANEFO에 예하 회원국의 참가를 금지했는데 북한이 이를 어기고 대회에 참가하면서 그녀의 올림픽 금메달의 꿈은 좌절되고 말았다.

비록 이 대회에서 신금단은 또다시 세계기록을 수립했지만, 올림픽 참가 금지 대상 선수가 되어버린 것이었다. 북한은 이러한 조치에 격분하여 개막식 직전 올림픽 출전을 보이콧하는 초강수를 두었다. 엄밀히 말해 신금단을 제외하면 북한이 당시 올림픽에서 메달을 딸 가능성은 없었던 점도 한몫했다. 아마 당시 기록으로 보아 신금단이 참가했다면 남북한은 물론이거니와 아시아 최초로 육상 트랙 부문 금메달리스트(그것도 2관왕)가 될 가능성이 컸다.

하지만 신금단과 관련해 더 화제가 된 것은 1·4후퇴 때 홀로 남한으로 탈출한 그녀의 아버지(신문준, 당시 49세)와의 가슴 아픈 짧은 만남이었다. 딸의 올림픽 참가 사실을 알게 된 아버지는 도쿄로 황급히 날아갔으나 북한 선수단 철수 바로 직전 단 5분간만 면회가 허용되었다.

"아바지!"

"금단아!"

"오마니와 동생들은 모두 잘 있시오."

"나도 잘 살고 있단다."

오가는 말은 별로 많지 않았지만 냉정한 북한 감시요원들도 부녀 상봉 모습을 보고 뒤돌아서서 몰래 눈물을 훔치기 바빴을 만큼 가슴 아픈 장면이었다. 하지만 부녀의 만남은 이것이 마지막이었다.

일본은 아시아 최초로 동계 올림픽도 유치했는데 1972년 삿포로 동계 올림픽이 바로 그것이다. 삿포로 동계 올림픽을 유치한 일본은 1971년에 대회 준비 점검차 프레Pre 대회를 개최했다. 당시 한국 동계 종목의 경기 수준은 감히 세계 정상을 넘볼 수 없는 수준이었지만, 북한은 1964년에 개최된 제9회 인스부르크 동계 올림픽에서 여자 스피드스케이팅 3,000미터에 출전한 한필화가 은메달을 획득했을 만큼 경기력이 앞서 있었다. 그 당시 북한에서 영웅 칭호를 받던 한필화도 1971년 삿포로 동계 올림픽 프레 대회에 출전했다.

한필화는 형제들이 남한으로 피난 온 이산가족이었는데, 공교롭게도 남한 대표선수로 대회에 참가한 김영희의 이모였다. 당시 매스컴은 이모와 조카가 한 링크에서 연습하면서도 애써 외면해야 하는 안타까운 모습을 보도했다. 이때《아사히 신문》의 주선으로 월남해서 남한에 살고 있던 오빠 한필성과 한필화는 국제통화를 하게 되었다.

"여보세요! 나 한필성입니다."

"오빠! 오빠! 나야 나, 필화야!"

현해탄을 사이에 두고 남매는 흐느꼈지만, 당장은 서로의 눈물을 닦아줄 기회를 갖지 못했다. 그 후 오빠는 도쿄로 달려갔지만, 만남의 형식을 놓고 남북한 당국의 의견이 엇갈리는 바람에 간절한 상봉의 꿈은 무산될 수밖에 없었다. 그로부터 19년 뒤인 1990년 3월 동계아시안게임이 열린 일본 삿포로에서 남매는 감격적인 만남을 갖게 되었다. 이처럼 올림픽에는 전쟁으로 인해 분단된 우리 민족의 가슴 아픈 사연들이 숨어 있다.

▪ 1971년 삿포로 동계 올림픽 프레 대회에서 있었던 한필성, 한필화 남매의 전화 상봉도 가슴 아픈 장면이었다. 이처럼 올림픽에는 우리 현대사의 아픔도 함께 녹아 있다.

11

피로 얼룩진
평화의 제전

1972년 제20회 뮌헨 올림픽 때 발생한 이스라엘 선수단 인질극 사건은 올림픽 역사상 최악의 비극이었다. 이후부터 대회를 테러로부터 보호하는 것이 개최국의 중요한 일이 되었다.

- 9·11테러가 알카에다Al-Qaeda라는 무장투쟁조직을 세계인에게 각인시킨 사건이라면, 1972년 9월 5일 제20회 뮌헨 올림픽 때 발생한 팔레스타인 게릴라 조직의 하나인 '검은9월단Black September'이 이스라엘 선수 숙소에 침입해 인질 전원을 살해한 충격적인 사건은 팔레스타인해방기구PLO의 존재를 세계에 알리는 계기가 되었다. 이 사건으로 인해 올림픽 일정이 연기되었고, 이후 올림픽부터는 개최국이 선수와 관람객 보호를 위해 철저한 테러 방지 대책을 강구하게 되었다.

테러를 당한 이스라엘은 이후 철저한 보복에 나섰다. 이때 이스라엘 비밀정보기관인 모사드Mossad (전 세계 유대인 공동체를 보호하기 위한 정보수집과 분석, 해외특수공작 및 대테러 활동 등의 임무를 수행하는 이스라엘의 비밀정보기관이다)가 팔레스타인 게릴라에 대한 복수에 지나치게 몰두한 결과 이집트와 시리아에서 정보활동을 소홀히 하게 되었고, 이 때문에 1973년 발발한 10월 전쟁에서 이스라엘은 아랍 측의 선제공격에 애를 먹기도 했다. PLO와 이스라엘의 대립은 아직까지도 계속되고 있다.

올림픽은 겨울에도 열린다. 예전에는 동·하계 올림픽이 같은 해에 열렸는데, 1994년 릴레함메르 동계 올림픽부터 2년씩 교차해 개최되는 형식으로 바뀌었다. 1984년 동계 올림픽은 옛 유고슬라비아 연방 내 보스니아-헤르체코비나Bosnia-Hercegovina 공화국의 수도인 사라예보Sarajevo에서 개최되었다. 이른바 비동맹국 그룹이라는 국가군에서 처음 개최된 올림픽이었는데 유고슬라비아 국민들의 완벽한 준비와 친절한 대회 진행으로 성공적이고 모범적인 대회로 기록되었다.

■ 1984년 동계 올림픽 개최지로 평화의 장소였던 사라예보는 1991년 내전 속에 휩쓸려 파괴의 장소로 변했다. 사진은 내전 당시에 피격된 사라예보 올림픽 조형물.

    지리적으로 연방의 중심에 위치한 사라예보는 1914년 발생한 오스트리아-헝가리 제국의 황태자 암살사건이 제1차 세계대전의 도화선이 된 역사적으로 유서 깊은 도시로, 1973년 이곳에서 열린 세계탁구선수권대회에서 한국 스포츠 사상 처음으로 구기 종목 단체전에서 이에리사, 정현숙 선수가 주축이 된 한국이 중국을 무너뜨리고 우승을 함으로써 우리나라 스포츠와도 인연이 깊은 도시이기도 하다. 이를 기념하여 우승 축하 기념우표까지 발행될 정도로 당시 우리나라는 그다지 내세울 만한 것이 없는 약소국이었다.

    유고슬라비아는 역사적으로 인종적·민족적·이념적·종교적으로 워낙 복잡하게 얽혀 있는 세계의 화약고인 발칸 반도에 위치해 있고 각 민족 간 알력이 대단해 내재적으로 많은 문제를 안고 있었지만, 카리스마 넘치는 요시프 브로즈 티토 Josip Broz Tito 의 영도로 냉전 기간 중에도 제3세계를 대표하며 독자노선을 충실히 걸어왔다. 하지만 티토가 사망한 이후 각 민족 간 반목이 시작되었고 야비한 정치가들이 이를 부추겨 1991년부터 내전이라는 최악의 상태로 빠져들면서 연방을 구성하던 각 국가들은 서로 뿔뿔이 흩어졌다. 심지어 연방 존속 기간 중 부부였던 사람들도 민족이 다르다는 이유로 타의로 헤어질 정도였다.

▪ 1973년 사라예보에서 열린 세계탁구선수권대회에서 한국 여자탁구대표팀이 중국 여자탁구대표팀을 무너뜨리고 우승을 차지했다. 당시 이를 기념하기 위해 한국여자탁구 세계제패 기념 우표까지 발행되었다.

1992년 프랑스 알베르빌 동계 올림픽 개막식 때 전쟁의 참화에 폐허로 변한 바로 이전 개최지인 사라예보를 기리는 반전행사가 열려 세계 평화의 염원이라는 올림픽 정신을 다시 한 번 밝혔다. 옛 유고슬라비아 지역의 총성은 지금 멈추었지만 민족 간 반목은 아직도 현재진행형이고 당시 파괴된 올림픽 시설에는 전쟁의 흔적이 고스란히 남아 있다.

12

벽을 넘어
새 질서를
만들다

어느덧 먼 과거의 이야기가 되었지만, 1988년 제24회 서울 올림픽은 이념으로 쪼개져 위기에 빠진 올림픽을 다시 화합의 장으로 만들면서 세계사 변혁의 기폭제가 되었다.

• 1970년대에 들어서 평화의 제전 올림픽은 거센 정치적 바람에 휩싸이게 되었다. 1972년 제20회 뮌헨 올림픽이 테러 사건으로 휘청거리더니, 1976년 제21회 몬트리올 올림픽 때는 남아프리카 공화국의 인종차별정책에 항의하는 아프리카 국가들이 집단으로 보이콧했다. 오륜기의 한쪽 원이 사라진 상태에서 올림픽이 열린 셈이었다.

그러나 그 절정은 1979년 소련의 아프가니스탄 침공에 항의하며 서방 국가들이 집단으로 보이콧한 1980년 제22회 모스크바 올림픽이라고 할 수 있다. 침략국에서 열리는 올림픽에 참여할 수 없다는 명분으로 미국이 주도한 이 조치에 50여 개국이 동참하면서 올림픽은 반쪽 올림픽으로 전락했다. 올림픽이 역사상 처음으로 정치적 외풍에 휘말려 최대의 위기를 맞았다. 하지만 위기는 여기에서 그치지 않았다. 이에 대한 보복으로 소련을 비롯한 동구권 10여 개국이 다음 올림픽인 1984년 제23회 로스앤젤레스 올림픽에 불참했다. 올림픽이 계속 파행 운영되면서 올림픽 정신이 심각하게 훼손되었다. 제2차 세계대전 후 계속되어온 동서 냉전 구도로 인해 올림픽은 위기에 직면하게 되었고, 1980년 모스크바 올림픽과 1984년 로스앤젤레스 올림픽 때는 그 위기가 절정에 다달았다.

냉전시대를 대변하는 이데올로기 전쟁을 겪은 분단국이자 개발도상국이며 군사정변을 겪은 지 얼마 되지 않던 1981년, 대한민국 서울이 올림픽 개최지로 선정되리라고 예상한 사람은 거의 없었다. 하지만 경제대국 일본의 나고야와 일대일로 겨루어 두 배 많은 지지를 얻으면서 대한민국은 올림픽 유치에 성공했다. 대한민국 외교사에 길이

빛날 압승이었다. 이후 북한의 방해공작으로 순간순간 위기를 맞기도 했지만, 결국 대한민국은 1988년 9월 청명한 가을에 수도 서울에서 제24회 올림픽을 멋지게 개최하는 데 성공했다.

이전에 있었던 뮌헨·몬트리올·모스크바·로스앤젤레스 올림픽이 정치적 외풍으로 수난을 당해 올림픽 정신이 크게 훼손된 데 반해, 서울 올림픽은 무려 16만 전 세계인이 함께 참여한 화합의 한마당이 되었다. 냉전 구도의 최일선에 있던 대한민국은 이때부터 동구권과 교류하기 시작했는데, 공교롭게도 서울 올림픽을 분기점으로 해서 동구권에 역사적인 개혁 및 개방의 물결이 휩쓸었고 세계 질서가 개편되었다.

또한 대한민국도 오랜 기간의 군사독재 벽을 넘어 민주화의 거대한 일보를 내딛고 새 시대로 진입하는 역사를 이루었다. 그런데 한국사와 세계사에 이처럼 엄청난 영향을 끼친 서울 올림픽을 우리 스스로 너무 쉽게 잊고 있는 것은 아닌지 모르겠다. 사실 30년도 안 된 과거는 망각하기에 그리 먼 시절의 이야기라 할 수 없으니 말이다.

■ (왼쪽 사진) 뮌헨·몬트리올·모스크바·로스앤젤레스 올림픽이 정치적 외풍으로 수난을 당해 올림픽 정신이 크게 훼손된 데 반해, 서울 올림픽은 무려 16만 전 세계인이 함께 참여한 화합의 한마당이 되었다.

13

불확실한 앞으로의 미래

2008년 제29회 베이징 올림픽은 대회 이전부터 티베트 문제와 중국의 노골적인 국수주의 때문에 세계인으로부터 많은 비난을 받았다. 올림픽의 미래에 대한 우려가 증대되었던 순간이었다.

■ 1984년 제23회 로스앤젤레스 대회는 올림픽 역사에서 획기적인 전환점이 되었다. 당시 올림픽이 철저하게 상업화되었다는 비난이 일었는데, 이러한 변화는 시대 상황을 반영한 어쩔 수 없었던 고육책이었다. 몬트리올이 1976년 올림픽을 개최한 이후 엄청난 적자에 시달리면서 이후 올림픽을 개최하겠다고 나서는 도시가 드물어 IOC가 곤혹스러워할 정도로 환경이 바뀌었기 때문이었다. 서울이 1988년 올림픽 유치에 성공할 수 있었던 것도 당시 올림픽을 개최하려는 도시가 드물었던 점도 크게 한몫했다. 당시 경쟁 도시는 일본의 나고야뿐이었는데, 나고야도 적자를 우려해 유치에 그리 적극적이지 않았고 일본 정부의 지원도 부족했다. 2011년부터 무려 세 번의 시도 끝에 대통령까지 현지에 찾아가 겨우 유치에 성공한 2018년 평창 동계 올림픽을 생각하면 이해하기 힘들겠지만, 그때는 그랬다.

고민 끝에 IOC가 프로선수들의 출전을 허용하면서까지 대회에 대한 관심도를 증대시키고 이를 바탕으로 방송권, 상표권 등을 철저하게 상업화하면서 올림픽은 국가나 도시의 좋은 홍보 수단이자 비즈니스 수단이 되어버렸다. 1912년 제5회 스톡홀름 올림픽에서 육상 10종 경기와 근대 5종 경기를 동시에 석권한 미국의 짐 소프Jim Thorpe가 예전에 세미프로 야구단에서 적은 급료를 받고 일한 것이 문제가 되어 금메달을 박탈당했을 만큼 IOC는 철저한 아마추어리즘을 고수했지만, 그러한 가치가 용도 폐기되어버리고 이제는 메이저 리그 선수들의 참여가 부진하다는 이유 등으로 야구가 올림픽 종목에서 퇴출될 정도로 상황이 바뀌었다.

그러다 보니 올림픽의 기본 정신도 상당히 퇴색되었다. 예를 들어, 근대 올림픽 100주년 기념 대회라 할 수 있는 1996년 올림픽의 유력한 개최지 후보는 원래 아테네였는데, 전혀 예상치 못한 미국의 애틀랜타로 결정된 것은 올림픽 상업화의 절정이라 할 만했다. 당시에 경쟁 도시가 상당히 많았고 미국에서 올림픽이 개최된 지 불과 12년밖에 되지 않은 상황에서 다시 미국의 도시가 올림픽 개최지로 선정된 것은 올림픽에서 최대한 흑자를 실현하여 IOC와 참가국들에게 금전적 혜택이 돌아가도록 하겠다는 애틀랜타의 제안이 먹혀들었기 때문이다. 그 결과 애틀랜타 올림픽은 가장 상업적으로 오염되고 배려가 사라진 대회로 전락하면서 반복하지 말아야 할 실패 사례가 되었다.

하지만 티베트Tibet 문제나 중국의 국수주의적인 중화사상 때문에 지난 2008년 제29회 베이징 올림픽에서 올림픽 정신이 크게 퇴색된 사례에 비한다면 철저한 상업적 변화는 어쩌면 그리 중요하지 않을 수도 있다. 성화 봉송 중에 일어난 수많은 폭력 사례와 이를 항의하는 전 세계의 여론을 철저하게 무시하는 중국의 행태는 올림픽의 이상인 평화가 언제든 퇴색될 수도 있음을 보여주는 것이었다. 그것은 정치, 사상, 이념으로부터 자유로워야 할 올림픽이 항상 위험한 상황에 노출되어 있다는 의미이기도 했다.

이처럼 올림픽은 부활 이후 세계 평화를 위해 최선의 노력을 다해왔지만, 원래 이상대로 완벽하게 개최하고 운영하기는 생각만큼 쉽지 않았다. 전쟁으로 인해 올림픽이 세 번 무산되었고, 냉전으로 인해 반쪽 올림픽이 반복되었으며, 1936년 제11회 베를린 올림픽과 2008년

■ 근대 올림픽 100주년 기념 대회라 할 수 있는 1996년 올림픽의 유력한 개최지 후보는 원래 아테네였는데, 전혀 예상치 못한 미국의 애틀랜타로 결정된 것은 올림픽 상업화의 절정이라 할 만했다. 1996년 애틀랜타 올림픽은 가장 상업적으로 오염되고 배려가 사라진 대회로 전락하면서 반복하지 말아야 할 실패 사례가 되었다.

제29회 베이징 올림픽처럼 정치적으로 오염된 사례들이 이를 잘 말해준다. 과연 평화의 제전 올림픽이 올림픽의 정신을 잘 계승해나갈 수 있을지 이후의 모습이 자못 궁금하다.

Chapter 03
and Later

그리고 문학

■ 전쟁은 도덕이나 체면을 일일이 따질 수 없을 만큼 극단적인 시공간이어서 가장 원초적인 인간의 모습을 극명하게 볼 수 있다. 그래서인지 이를 다루거나 배경으로 하는 문학 작품을 많이 볼 수 있다. 원론적으로 문학은 인간의 생각과 삶을 묘사하는 것이므로 원초적인 인간의 모습을 극명하게 볼 수 있는 전쟁은 당연히 좋은 소재가 될 수밖에 없다. 가장 오래된 서사시 중 하나로 손꼽히는 『일리아스Ilias』나 동양의 고전 『삼국지연의(三國志演義)』는 그 자체가 문학 작품이자 전쟁사이기도 하다. 그만큼 전쟁은 인간의 생각과 삶에 큰 영향을 미쳐왔고 인간의 생각과 삶을 다룬 문학 작품 곳곳에 스며 있다.

■ 『일리아스』처럼 전쟁 자체를 묘사한 작품도 있지만 대부분의 경우 전쟁은 배경으로 등장한다. 하지만 톨스토이의 『전쟁과 평화』나 헤밍웨이의 『누구를 위하여 종은 울리나』처럼 허구를 담은 소설이라도 실제로 일어났던 전쟁은

중요한 모티브가 된다. 그것이 허구이건 사실이건 인간을 극한 상황으로 몰고 가는 전쟁을 통해 작가들은 그들이 전하고 싶은 메시지를 전달한다. 작가들이 직·간접적으로 경험한 전쟁은 문학작품으로 승화되어 동시대인은 물론 후대 사람들에게까지 전해진다. 다음에 소개할 내용은 다양한 전쟁의 모습을 담은 문학 작품에 관한 이야기들이다.

1
나는 프랑스인이다

모로코 사건 당시 영국의 도움으로 프랑스는 위기를 모면할 수 있었지만, 소설 『813』에서 괴도 뤼팽이 빌헬름 2세와 맞상대해 전쟁을 막는 장면이 묘사되어 있다. 자신들이 가장 우월하다는 프랑스인의 자존심을 보는 것 같아 흥미롭다.

■ 제1차 세계대전은 한마디로 철저하게 준비된 전쟁이었다. 어느 날 싸움을 벌이겠다고 예정한 것은 아니었지만, 전쟁이 발발하면 즉시 총력전을 벌일 수 있을 만큼 모든 교전국들은 만반의 준비를 갖추고 있던 상태였다. 모든 나라가 마치 전쟁이 벌어지기를 기다리고 있었다는 듯이 개전 명분이 생기자마자 이전투구를 벌였다. 당대 최강국들인 영국, 프랑스, 러시아, 독일, 오스트리아-헝가리 제국이 서로에게 선전포고하는 데 불과 보름밖에 걸리지 않았다. 그것은 그만큼 그동안 쌓인 것이 많았다는 의미이기도 하다.

당연히 그 이전에 전쟁이 발발할 수도 있는 상황이 수차례 있었다. 가장 대표적인 것이 1912년~1913년에 벌어진 두 차례의 발칸 전쟁이다. 형식상 발칸 반도에 있는 여러 민족 간의 지엽적인 분쟁으로 끝났지만, 이들의 배후에는 오스트리아-헝가리 제국과 러시아가 있었다. 만일 이때 이 강대국들이 무력을 통해 영향력을 행사하려 들었다면 제1차 세계대전은 1~2년 앞당겨 발발했을 것이다. 하지만 그나마 전쟁보다는 평화가 좋다는 사람들의 인식이 강해 근근이 전쟁 발발을 막을 수 있었다.

그런데 이보다 더했던 위기가 이전에도 있었다. 프로이센-프랑스 전쟁 이후 원수지간이 되어버린 독일과 프랑스가 모로코 분할을 둘러싸고 벌인 모로코 사건 Mosroccan Crisis 이 바로 그것이다. 한마디로 세계대전 직전의 상황까지 치달았던 위기 중의 위기였다. 아프리카에서 몇 안 되는 독립국 중 하나였던 모로코는 지리적으로 대서양과 지중해를 연결하는 전략 거점이었다. 프랑스가 내정 간섭을 하며 모로코에 대한 영향력을 확대하려 하자, 이에 반발하고 나선 나라가 독일이었다. 하지만 그것이 약소국의 독립을 수호하기 위한 정의로운 행동에서 비롯된 것은 결코 아니었다. 근대국가 형성이 늦은 독일은 뒤늦게 식민지 확보에 뛰어들었다. 하지만 이미 대부분의 요지는 영국, 프랑스 등이 차지하고 있던 상태여서 모로코는 당연히 독일의 관심 대상이 될 수밖에 없었다. 1905년~1906년에 이곳에 대한 이해관계가 워낙 첨예하게 부딪쳐 독일과 프랑스가 전쟁에 돌입할 수도 있는 상황까지 치달았던 위기가 1차 모로코 사건이다.

그런데 소설 속에서 이러한 위기를 슬기롭게 해결한 인물이 있었다. 1910년 프랑스의 소설가 모리스 르블랑 Maurice Leblanc이 쓴 『813』이라는 장편소설에 등장하는 아르센 뤼팽 Arsène Lupin이 바로 그 주인공이다. 이 소설에서 감옥에 갇힌 뤼팽을 면회 온 자가 있었는데, 그가 바로 독일 카이저 Kaiser 빌헬름 2세 Wilhelm II였다.

뤼팽: (감격의 눈물을 흘리며) "폐하! 어찌 저같이 하찮은 자를 찾아오셨나이까?"
카이저: "지금 자네가 하는 일은 짐의 제국과 관련된 일이 아닌가?"
뤼팽: "그러하옵니다, 폐하."
카이저: "그러면 이곳에서 나갈 수 있도록 해줄 터이니 짐을 위해 일해줄 수 있겠는가?"
뤼팽: "폐하의 어명을 받들어 모시겠나이다."
카이저: "충직한지고! 그대가 일을 해결하면 짐의 신하로 임명하고자 한다. 신하가 되어줄 수 있겠는가?"

■ 빌헬름 2세는 대서양과 지중해를 연결하는 전략 거점인 모로코를 놓고 프랑스와 첨예하게 대립했다.

■ **프로이센-프랑스 전쟁.** 원래 견원지간이었던 영국과 프랑스가 모로코 사건 때 동맹 관계가 된 것은 순전히 독일 때문이었다. 프로이센-프랑스 전쟁 이후 독일의 국력이 급속히 강화되고 빌헬름 2세 등극 이후 대외 팽창이 가속화되자, 프랑스는 영국과 손을 잡았던 것이다.

뤼팽: "폐하! 저는 프랑스인이옵니다. 독일의 신하가 될 수는 없습니다."
카이저: "허허, 그러면 짐이 무엇을 해주면 되겠는가?"
뤼팽: "모로코 문제를 해결해주시옵소서."

소설에서는 애국심에 충만한 프랑스인 뤼팽이 독일의 황제와 맞상대해 어려운 문제를 해결하는 것으로 나온다. 모리스 르블랑은 일개 프랑스 도둑이 실제로 존재하고 있는 독일의 지존을 맞상대하는 모습을 그림으로써 독일에 대한 프랑스의 우위를 보여주고자 했다. 하지만 이것은 어디까지나 허구다.

　독일과 프랑스가 첨예하게 대치했지만, 엄밀히 말해 당시의 국력을 비교한다면 프랑스 혼자 독일을 맞상대하기는 어려웠다. 이때 프랑스를 구원한 것은 일개 도둑이 아니라 동맹관계를 유지하고 있던 영국이었다. 그런데 역설적인 것은 원래 견원지간이던 영국과 프랑스가 동맹관계가 된 것은 순전히 독일 때문이었다. 프로이센-프랑스 전쟁 이후 독일의 국력이 급속히 강화되고 빌헬름 2세 등극 이후 대외 팽창이 가속화되자, 프랑스는 영국과 손을 잡았던 것이다. 그리고 1911년 벌어진 2차 모로코 사건 당시에도 영국은 변함없이 프랑스를 지지했다.

　이처럼 국가 간의 묘한 역학관계가 전쟁을 막았지만, 소설 속에서 프랑스가 모든 문제를 혼자 해결한 것처럼 묘사되었다. 사실 프랑스는 전 세계에서 자존심이 강한 나라로 손꼽히는데, 그러다 보니 영국의 도움으로 문제를 해결했다는 엄연한 사실마저 숨기고 싶어 했던 것 같다.

2
영웅의 부활

7년 만에 발표된 단편추리소설 「마지막 인사」에서 묘사된 셜록 홈스는 이전과 상당히 다른 낯선 모습이다. 그 이유는 전시에 국민들의 애국심을 고취하기 위한 특별한 목적이 있었기 때문이다.

▪ 1917년 영국의 월간 문학잡지인 《스트랜드 매거진 Strand Magazine》에 「마지막 인사 His Last Bow」라는 단편추리소설이 발표되었다. 영국뿐만 아니라 소설 속의 주인공을 너무나도 사랑했고 그의 재등장을 오매불망 기다려왔던 세계의 수많은 애독자들은 환호했고 감격해 마지않았다. 무려 7년 만에 독자들 앞에 다시 등장한 소설의 주인공은 셜록 홈스 Sherlock Holmes였다. 소설가 아서 코넌 도일 Arthur Conan Doyle 경이 창조해낸 이 인물은 총 4편의 장편추리소설과 56편의 단편추리소설의 주인공으로 등장했고 그가 등장한 소설은 예외 없이 많은 인기를 끌었는데, 실존 인물로 혼동하는 사람도 있을 정도였다.

그런데 「마지막 인사」는 홈스를 주인공으로 하여 7년 만에 등장한 소설이었지만, 소설의 시대적 배경은 소설의 발표 시점과 거의 비슷한 1914년이다. 이전 소설들은 홈스의 신체적 절정기라 할 수 있는 1900년 이전을 시대적 배경으로 하고 있고, 이후 1920년대에도 도일은 홈스를 주인공으로 몇 편의 단편추리소설을 더 발표했는데, 이들 소설의 시대적 배경은 1900년 전후였다. 따라서 소설 속의 시대적 배경 순서로만 따진다면 「마지막 인사」가 홈스의 가장 마지막 시절에 해당하는 작품이다. 사실 「마지막 인사」의 시대적 배경인 1914년이면 홈스의 나이가 60세가 넘으므로 이후에 집필한 작품의 시대적 배경을 그 이후로 하기는 곤란했을 것이다.

그렇다면 작가가 무려 7년 만에 홈스를 주인공으로 하여 소설을 쓰면서 주인공을 60세가 넘는 노인으로 만들면서까지 굳이 시대적 배경을 1914년으로 한 이유는 무엇이었을까? 시대적 배경을 조금 앞당겨

■ 1917년 아서 코난 도일이 쓴 「마지막 인사」가 실린 영국의 월간 문학잡지인 《스트랜드 매거진》(왼쪽)과 이 소설의 주인공인 키 크고 깡마른 체격에 파이프를 입에 문 탐정의 대명사 셜록 홈스(오른쪽).

썼더라면 나이 들어 둔감한 홈스가 아니라 특유의 팔팔하고 민첩한 홈스를 그릴 수 있었을 텐데 말이다.

그 이유는 제1차 세계대전 때문이었다. 1914년 제1차 세계대전이 발발하고 전 유럽은 총력을 기울여 전쟁에 뛰어들었다. 영국도 사전에 체결된 조약에 의거해 연합국의 일원으로 참전하여 서부전선에서 프랑스와 함께 독일의 진격을 막아냈다. 그러나 자신만만했던 초기와 달리 시간이 갈수록 피해가 기하급수적으로 늘어나면서 많은 어려움을 겪게 되었다. 하지만 그렇다고 하더라도 국민들의 사기마저 떨어뜨릴 수는 없었기 때문에, 본국의 국민들에게 전선의 비참한 상황을 있는 그대로 알리기보다는 아군이 기대에 부응해 잘 싸우고 있다고 각색해 알릴 필요가 있었다.

이러한 목적으로 영국 정부는 국민들에게 영향력이 큰 언론인이나 작가들에게 의뢰해 전선을 시찰하게 했다. 이때 유명작가였던 도일도 프랑스와 이탈리아의 전선을 시찰했다. 그러던 중 도일은 그의 아들인 아서 앨레인 킹슬리 도일 Arthur Alleyne Kingsley Doyle 대위가 프랑스 전선에서 머리에 총상을 입고 투병 중에 사망하는 아픔을 겪기도 했다. 적에 대한 분노 때문이었는지 아니면 정부의 의뢰가 있었는지는 몰라도 도일은 전쟁이 한창 진행 중이던 1917년에 단편소설 「마지막 인사」를 발표했고, 그 내용은 다음과 같다.

■ 아서 코넌 도일이 제1차 세계대전이 한창 진행 중이던 1917년에 발표한 「마지막 인사」는 은퇴해 시골에서 말년을 보내는 셜록 홈스가 제1차 세계대전 발발 직전에 영국 정부의 부탁으로 스파이로 변신해 독일 스파이에게 거짓 정보를 넘겨주어 독일을 멋지게 속이고 그 독일 스파이를 생포한다는 내용을 담고 있다.

은퇴해 시골에서 말년을 보내고 있던 홈스는 영국 정부의 부탁으로 스파이로 변신한다. 그는 영국에 잠입해 암약하던 독일의 거물 스파이 폰 보르크에게 접근하여 제1차 세계대전 발발 직전에 일부러 가짜 정보를 넘겨주어 독일 본국에 보고하도록 역공작을 펼쳐 상대 스파이를 멋지게 이용한 후 생포한다.

그런데 이러한 줄거리나 내용은 이전의 홈스가 등장하던 소설의 분위기와 사뭇 달랐다. 원래 홈스는 정부의 개입이나 부탁에는 냉소적이었고, 주로 개인으로부터 의뢰를 받아 혼자 조용히 활동하는 스타일이었다. 또한 반국가적 테러리스트나 스파이보다는 흉악범을 주로 상대했다. 그와 가장 대비되는 가상의 인물인 뤼팽은 주로 거대한 조직과 수하를 거느리고 보스로서 활동한 반면, 홈스는 대부분 혼자 활동했다. 심지어 홈스의 유일한 친구이자 동료인 왓슨조차 사후에 무용담을 듣는 경우가 많을 정도로 홈스는 외톨이였다.

물론 4편의 장편추리소설과 56편의 단편추리소설에 등장한 홈스가 국가의 운명이 걸려 있는 사건과 아주 관련이 없는 것은 아니었다. 1891년에 발표된 단편 「정체의 문제 A Case of Identity」나 1893년에 발표된 단편 「해군 조약문 The Adventure of the Naval Treaty」은 영국의 안보에 위협이 되는 외국 스파이와 관련된 사건을 홈스가 멋지게 처리하는 내용을 담고 있다. 하지만 이 또한 홈스가 「마지막 인사」처럼 국가나 기관으로부터 명령이나 의뢰를 받아 사건을 다룬 것은 아니었고, 겉으로 평범해 보이는 어떤 사건을 개인의 의뢰로 조사하다가 그 사건이 국가 기밀을 노리는 스파이들이 관련된 커다란 사건임을 우연히 밝혀내게 된다. 「마지막 인사」에서 홈스가 국가의 부름을 받고 사설탐정과는 전혀 상관없는 스파이 활동을 한다는 것도 그렇거니와 상대해야 할 악당도 가상 적국인 독일(소설 속에서는 전쟁이 아직 개시되기 전)의 스파이였다는 것은 이전 소설 속의 홈스와 사뭇 다른 모습이다. 당연히 소설은 애국심과 독일에 대한 적개심을 고취하는 진부한 내용으로 흘러 홈스 시리즈 중에서 가장 재미없는 것으로 평가된다.

아서 코넌 도일은 정부의 의뢰를 받아 전선을 시찰했다. 그 영향으로 그의 소설 속에는 전쟁의 비참한 모습이 일부 묘사되어 있다.

도일이 제1차 세계대전 전선을 직접 시찰한 경험이 있어서인지 소설 속에서 홈스는 왓슨에게 제1차 세계대전의 참상을 예견하는 다음과 같은 이야기를 한다.

"곧 발발할 전쟁은 이전과는 다른 엄청난 지옥이 될 거야. 이전에는 볼 수 없었던 수많은 무기들, 예를 들어 하늘에서는 비행기가 날아다니고 바다 밑에서는 잠수함이 다니면서 서로의 목숨을 노릴 것이고 세계는 이전에 보지 못한 엄청난 피의 홍수를 보게 될 거야."

▪ 소설 속에서 홈스는 동료 왓슨에게 제1차 세계대전의 참상을 예견하는 다음과 같은 이야기를 한다. "곧 발발할 전쟁은 이전과는 다른 엄청난 지옥이 될 거야. 이전에는 볼 수 없었던 수많은 무기들, 예를 들어 하늘에서는 비행기가 날아다니고 바다 밑에서는 잠수함이 다니면서 서로의 목숨을 노릴 것이고 세계는 이전에 보지 못한 엄청난 피의 홍수를 보게 될 거야."

7년 만에 영웅이 부활해 반갑기는 했겠지만, 기존의 홈스라는 캐릭터와는 너무나 동떨어진 모습에 실망한 독자들도 있었을 것이다. 마치 작품성 없는 선전영화에 마지못해 출연한 연예인을 보는 것처럼 어색하기 그지없었을 것이다.

어쨌든 전쟁은 소설 속에서나마 늙어 은퇴해 쉬고 있는 영웅을 그냥 놔둘 수 없었나 보다. 연금에 의지해 시골에서 곤충 연구나 하며 시간을 보내던 주인공을 불러내어 이전과는 생판 다르게 억지로 전쟁과 관련된 중요한 임무를 맡기고 자국민에게 용기를 주도록 한 것을 보면, 전쟁이 문학에 미치는 영향력과 문학이 사람들에게 미치는 영향력이 얼마나 대단한지를 알 수 있다.

3

제발 우리를 가만히 내버려둬

알퐁스 도데의 「마지막 수업」은 애국을 강조한 계몽적 작품이다. 하지만 배경이 된 알자스-로렌의 역사를 반추하면 소설에서처럼 악과 선을 가르기 힘들다.

▪ 40대 중후반 정도의 나이라면 당시 초등학교 국어 교과서에 실린 프랑스 작가 알퐁스 도데 Alphonse Daudet 의「마지막 수업 La Dernière Classe」이라는 단편소설을 기억할 것이다. 원래 이 단편소설은 1873년에 출간된 작가의 제2단편집『월요이야기 Contes du Lundi』에 수록되어 있었다. 줄거리를 소개하면 다음과 같다.

프랑스의 알자스-로렌 Alsace-Lorraine 지역에 살던 주인공 프란츠는 평소 공부와는 담을 쌓고 지내던 익동이었다. 학교에 지각한 프란츠는 숨을 죽이며 몰래 교실로 들어갔는데 평소와 다르게 무거운 분위기가 감돌았다. 호랑이 같던 아멜 선생님은 프란츠를 불러 혼내지도 않았고 이상하게도 교실에는 동네 어른들이 와 있었다. 잠시 후 프란츠는 오늘이 프랑스어로 진행하는 마지막 수업임을 알게 된다. 1870년 벌어진 프로이센-프랑스 전쟁에서 프랑스가 패한 결과, 소설 속의 주인공이 살던 알자스-로렌 지역이 독일의 영토로 강제 편입되는 바람에 프랑스어 수업이 금지되었던 것이다. 그제야 주인공 프란츠는 그동안 프랑스어 공부를 게을리한 것을 후회하게 되었다. 이 소설은 프랑스어 마지막 수업을 끝내고 아멜

▪ 프랑스 소설가 알퐁스 도데(1840년~1897년).

선생님이 칠판에 "프랑스 만세"라고 적는 것으로 끝을 맺는다.

당시 이 소설은 패전의 치욕을 겪은 프랑스 국민들에게 애국심을 고취시켰고, 일본 강점기에 이와 비슷한 치욕을 겪은 우리에게도 많은 영향을 주었다. 그런데 여기서 우리는 "펜이 칼보다 강하다"는 사실을 깨달을 수 있다. 전후좌우의 역사적 배경을 모르는 사람이 이 소설을 읽는다면, 프랑스는 선이고 약자이며 독일은 악이고 침략자라고 은연중에 세뇌당하기 쉽기 때문이다.

따라서 정확한 역사적 사실을 파악하려면 소설의 배경이 되는 알자스-로렌 지역에 대해 먼저 알아볼 필요가 있다. 이곳은 프랑스의 영토이면서도 문화적·역사적으로 독일에 가까운 특이한 지역으로, 독일어로 엘자스-로트링엔Elsass-Lothringen이라 불린다. 우리나라 경상남북도만한 크기의 이 지역은 독일과 프랑스 국경지대에 있는데, 주민의 대부분은 독일 방언을 사용하고 있다.

서양사에서 원래 하나였던 독일과 프랑스가 분리된 것은 870년 베르됭 조약Treaty of Verdun과 이후 메르센 조약Treaty of Meerssen으로 프랑크 왕국이 분열된 이후부터다. 분열된 동프랑크 지역은 오토 1세Otto I의 등장 이후 로마의 전통을 승계한 신성로마제국Holy Roman Empire으로 발전하는데 그 당시 알자스-로렌은 엄연한 신성로마제국의 강역이었다. 비록 신성로마제국(독일 제1제국)은 서유럽 유일의 제국으로 무려 1000여 년간 이어진 역사를 자랑하지만, 사분오열 정도가 아니라 수백 개의 제후국과 영방으로 이뤄진 소규모 국가들의 명목상 연합체였을 뿐이었다. 이에 반해 서프랑크에서 시작한 프랑스는 일찍부터 전제왕권을 갖춘 중앙집권적인 통치 구조를 갖춘 유럽 세계의 강대국으로 성장해왔다. 때문에 프랑스의 침탈로 유사 이래 계속 피해를 당해왔던 것은 사실 독일이었다.

17세기에 있었던 30년 전쟁의 결과, 프랑스는 독일의 강역이었던 이들 지역에 대한 지배권을 확립했으나 알자스-로렌 주민 대부분은 사실 프랑스어를 몰랐고 문화적으로나 경제적으로도 독일과 강하게 연결되어 있었다. 이처럼 강제로 프랑스의 영토가 되었지만, 심리적으로 별개로 여겨지던 이곳이 프랑스화되기 시작한 것은 그로부터 200여 년이 지난 나폴레옹 시대부터다. 계몽주의와 프랑스 혁명의 영향으로 이때부터 핏줄로는 독일이지만 의식으로는 자유, 평등, 박애를 내세우는 프랑스에 서서히 동화되기 시작했다.

독일이 유럽의 강자로 서서히 등장한 것은 비스마르크Otto von Bismarck의 주도로 프로이센이 독일 통일의 주역으로 등장하고 난 이후부터다. 이때 독일의 통일을 방해하던 마지막 세력이 유사 이래 독일을 철저하게 분열시켜 그들의 영향력 하에 두려고 했던 프랑스였다. 따라서 이 두 나라의 충돌은 이미 예견된 것이나 다름없었다. 삼촌(나폴레옹 1세) 시대의 영화를 재현하려는 나폴레옹 3세Napoleon III (나폴레옹 1세의 동생 루이 보나파르트 Louis Bonaparte의 셋째 아들)가 이끄는 프랑스군과 냉정한 재상 비스마르크가 이끄는 프로이센-남부독일 연합군은 1870년 건곤일척의 전쟁을 벌였는데, 여기서 독일이 승리하고 드디어 제국 통일을 달성했다. 그것은 역사 이래 처음으로 독일이 단독으로 프랑스와 일전을 벌여 승리한 전대미문의 사건이었다.

자신들의 의사와 상관없이 벌어진 30년 전쟁과 나폴레옹의 침탈로 프랑스가 강탈해간 알자스-로렌 지역을 신흥 독일 제국이 회복한 것은 어쩌면 당연한 일이었다. 우선 역사적으로도 독일의 강역이기도 했지만, 이 지역이 유럽 최대의 철광석과 석탄 산지여서 후발 국가로 신속히 국가 발전을 이뤄야 할 독일에게 너무나 중요한 지역이기 때문이었다. 앞에서 소개한 도데의「마지막 수업」은 바로 이 당시를 배경으로 한 소설이다. 단지 이 소설만 읽은 사람들은 프랑스는 약자고

■ 프로이센-프랑스 전쟁 중 항복한 나폴레옹 3세를 영접하러 나가는 비스마르크. 이때 알자스-로렌을 독일이 되찾았는데, 이후에도 이 두 나라는 이 지역을 두고 쟁탈전을 벌였다. 현재는 프랑스 영토다.

피해자로 생각하는데, 사실은 지금까지 살펴본 것처럼 결코 그렇지 않다. 오히려 역사 이래 계속 수난을 받아왔던 독일이 처음으로 프랑스를 제압하고 고토를 회복한 것이었다. 다만 프랑스 합병 이래 많은 게르만계 주민들이 프랑스화되어 있었던 것은 사실이기는 하다.

결국 알자스-로렌은 300여 년 만에 원래 소유주였던 독일의 영토로 환원되어 새롭게 독일 제국의 일원으로 참여한 남부독일 제후국들과 더불어 제2제국의 새로운 노른자위가 되었다. 하지만 이것은 독일-프랑스의 알자스-로렌 분쟁사의 끝이 아니라 새로운 시작을 의미했다. 제1차 세계대전에서 독일이 패전하자, 이 지역은 50여 년 만에 다시 프랑스의 영토로 편입되었다. 그러나 20년 후 일어난 제2차 세계대전에서 독일이 프랑스를 점령하면서 독일 제3제국의 영토로 병합되었다가 프랑스의 영토로 다시 복구되었다.

그런데 여기서 재미있는 사실은 이 지역을 배경으로 소설을 써서 프랑스인에게 애국심을 고취했던 도데가 반유대주의 성향을 띠고 있었다는 것이다. 이런 사상적 배경 때문인지는 몰라도 역시 소설가이자 문학평론가였던 그의 맏아들 레옹 도데 Alphonse-Marie-Léon Daudet 는 나치 점령 기간 동안 독일에 적극적으로 협력하여 매국행위를 저질렀다. 아버지는 펜으로써 독일을 능멸한 소설가로 추앙받았지만, 아들은 독일에 협력한 변절자라는 오명을 남겼다.

마침내 알자스-로렌이 대결의 장에서 벗어날 수 있었던 것은 격렬한 전쟁이 아니라 대화와 협력에 의해서인데, 1951년 유럽석탄철강공동체 ECSC, European Coal and Steel Community*의 결성이 그 전환점이 되었다. 유럽

■ **레옹 도데.** 아버지 알퐁스 도데는 펜으로써 독일을 능멸한 소설가로 추앙받았지만, 아들 레옹 도데는 제2차 세계대전 때 독일에 협력한 변절자라는 오명을 남겼다.

에서 더 이상 전쟁이 일어나서는 안 된다고 자각한 지도자들은 이 지역에 매장된 자원을 프랑스와 독일이 공동으로 개발하여 양국뿐만 아니라 전 유럽의 평화를 위해서 사용하려 했다. 이러한 노력은 결국 유럽연합 EU, European Union 으로 발전하는 씨앗이 되었다. 알자스-로렌 지역 주민들은 단지 독일과 프랑스 국경 지역에 산다는 이유만으로 본인들의 의사와는 전혀 상관없이 자고 나면 국적이 바뀌는 황당한 일을 겪어왔다. 독일 통치 시에는 피지배 프랑스인으로, 프랑스 통치 시에는 독일 언어를 사용하는 게르만인으로 이방인 취급을 당했다. 그들은 프랑스인이든 독일인이든 우리에게 그것이 중요한 것이 아니니까 "제발 우리를 가만히 내버려둬"라고 절규하지 않았을까?

이곳 주민들은 결국 프랑스와 독일이 전쟁과 대결이 아닌 평화와 협력의 방법으로 상생의 길을 택한 결과 진정한 자유를 얻게 되었고, 이것은 유럽 전체를 위한 평화의 단초가 되었다.

유럽석탄철강공동체

1952년 석탄·철강의 생산 및 판매를 위해 창설한 공동관리 협력기구로, 1950년 프랑스의 외무장관 로베르 슈만 Robert Schuman이 제창한 프랑스·독일 석탄철강공동시장 설립안에서 비롯했다. 슈만은 프랑스와 독일의 갈등 방지를 위해 새로운 경제·정치 질서가 필요하다고 생각하고 석탄·철강산업 분야에 대한 관리권을 일정한 독립기구에 위임할 의사가 있는 나라들로 공동시장을 구성할 것을 제안했다. 하지만 궁극적인 목적은 유럽 통일국가의 형성이었고, 프랑스, 서독, 이탈리아, 베네룩스 3국의 합의로 이 계획을 실행할 수 있었다. 그 결과 1952년 8월 파리에서 네덜란드, 룩셈부르크, 벨기에, 서독, 이탈리아, 프랑스, 이 6개국이 비준한 조약에 따라 석탄·철강산업 통합을 목적으로 이 기구를 발족했다.

4
독소전의
장판교 전투

격파된 KV-2 전차를 검사하는 독일군. 라세이니아이 다리를 봉쇄하며 고군분투했던 KV-2의 모습은 마치 장판교 싸움의 장비와 비슷한 모습이었다.

■ 아두(阿斗)를 품에 안은 조자룡(趙子龍)이 조조(曹操)군의 포위를 필사적으로 뚫고 탈출구인 장판교(長坂橋)를 향해 말을 달렸다. 이때 다리 입구에서 장비(張飛)가 장팔사모를 꼬나들고 조자룡에게 외쳤다.

"자룡은 어서 가시오. 뒤는 내가 맡겠소!"

결국 자룡은 안전하게 탈출하고 다리를 홀로 막고 있던 장비가 조조의 군대를 맞이하게 되었다. 잠시 후 조자룡을 뒤쫓아 달려온 조조의 군대는 다리 위에서 유유자적하게 서 있는 장비를 보고 순간 멈칫했다. 꾀가 많은 조조는 순간 당황했다. 그동안 제갈량(諸葛亮)에게 수없이 속은 경험이 있어서 홀로 있는 장비 뒤에 수많은 적군이 매복해 있지 않을까 하는 우려 때문이었다.

그때 조조의 옆에 있던 하후걸(夏侯傑)이 나서면서 "승상! 제가 나가 장비의 목을 따가지고 오겠나이다" 하며 자신만만하게 진영을 뛰쳐나오려는데, 순간 "하룻강아지 같은 놈이"라고 외치는 천둥 같은 장비의 호령이 들려왔다. 하후걸은 이 소리에 놀라 말 위에서 떨어져 죽고 말았다. 『삼국지』에 한 번 정도 거명된 수많은 등장인물 중에서 가장 어이없는 죽음을 당한 인물이 바로 하후걸이다. 이를 본 조조의 군대는 너무 놀라서 그대로 말머리를 돌려 달아났다. 이것이 바로 그 유명한 장판교 전투다. 제갈량의 지시에 의한 것이 아니라 무식의 대명사인 장비가 임기응변으로 해결한 사건이라 더욱 유명하다.

사실이 아니라 소설 속에서 묘사된 내용이지만, 전쟁사를 살펴보면 의외로 이런 경우가 많은데 사상 최대의 전쟁이었던 제2차 세계대전 당시에도 그런 사례가 있었다. 1941년 소련을 기습 침공한 독일군은

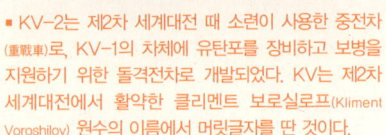

■ KV-2는 제2차 세계대전 때 소련이 사용한 중전차(重戰車)로, KV-1의 차체에 유탄포를 장비하고 보병을 지원하기 위한 돌격전차로 개발되었다. KV는 제2차 세계대전에서 활약한 클리멘트 보로실로프(Kliment Voroshilov) 원수의 이름에서 머릿글자를 딴 것이다.

노도와 같이 소련군을 몰락시키며 쾌속의 진군을 계속했다. 작전 초기였던 6월 25일 아침, 독일 북부집단군 소속 6기갑사단은 세켄도르프 Seckendorff 전투단과 보조를 맞추어 소련군의 치열한 저항을 물리치면서 리투아니아의 두비사 Dubysa 강에 다다랐다. 이때 6기갑사단의 선봉인 11전차연대는 소련군의 기습적인 반격을 받았다.

독일군은 진격을 멈추었고, 라세이니아이 Raseiniai 부근에서 소련군에 포위된 일부 부대가 후퇴할 수밖에 없었다. 이로 인해 6기갑사단과 세켄도르프 전투단의 간극이 발생했다. 독일이 전진을 계속하려면 두 부대 간의 간극을 메워야만 했고, 그러기 위해서는 병목 지점이라 할 수 있는 라세이니아이 북동쪽의 교량을 점령해야 했다. 그런데 다리 서쪽에서 소련군 2전차사단 소속 중전차인 KV-2전차 1대가 연결점을 막아섰다.

그때까지 하루에 수십 킬로미터씩 전진하던 독일군은 소련의 전차를 별로 두려워하지 않았다. 그런데 독일군이 자신만만하게 동원한 각종 대전차포를 날려도 KV-2는 끄떡없었다. 당황한 독일군은 150밀리미터 곡사포까지 동원했지만, 캐터필러만 끊어버리는 것으로 만족해야 했다. 기동력을 상실한 KV-2는 그 자리에 주저앉아 난공불락의 고정포대가 되어 독일군을 공격했다. 하루 종일 공격해도 길목을 막아선 단 1대의 전차를 물리치지 못하자, 독일군이 긴급하게 동원한 무기가 최고의 대전차포로 명성이 자자한 Flak 88이었다. 하지만 아무리 명중탄을 쏘아대도 KV-2는 포탄을 가볍게 튕겨냈다. 결국 저녁 무렵에 공병대를 투입해 폭파시키려 했으나, 소련군의 기관총 세례에 공병대원들은 접근도 못 해보고 전사했다.

 마침내 공군의 출동으로 간신히 이 괴물을 파괴하고 독일은 다리를 확보할 수 있었다. 그러나 외통수 길목에서 마주친 KV-2는 이후 독일군에게 극심한 공포감을 안겨주었는데, 그것도 독일이 최고의 전력을 자랑하던 독소전 초기에 있었던 일이라서 독일군이 받은 충격은 더 컸다. 놀라운 분투를 펼친 KV-2는 독소전의 장비인 셈이었고, 라세이니아이 다리는 독소전의 장판교라 불러도 부족함이 없을 것 같다.

5
너는
문화파괴자야

나치의 분서 사건은 문명 세계를 충격에 빠뜨렸고, 전 세계로부터 비난을 받았다. 일본 문단 역시 이에 동조했는데, 문제는 자신들의 국가가 저지르고 있던 군국주의 도발에 대해서는 입을 다물고 있었다는 점이다.

▪ 1933년 5월 10일 나치의 주도로 독일 전역에서 벌어진 대규모 분서(焚書) 사건은 전 세계를 경악하게 만들었다. 소각된 책들은 나치가 적으로 삼은 좌익과 유대인의 책들이 대부분이었다. 브레히트Bertolt Brecht, 마르크스Karl Heinrich Marx, 프로이트Sigmund Freud 등이 저술하거나 이들의 이야기나 사상이 담긴, 이른바 나치가 추구하는 독일 정신에 위배되는 각종 서적들이 화형이라는 상징적인 처벌을 받은 것이었다. 편협한 이론에 사로잡힌 나치의 이런 돌출행동은 그야말로 야만의 극치였다. 육체의 자유는 통제할 수 있을지 모르지만, 사상까지 통제하기는 상당히 힘들다. 세뇌교육 등을 통해 일부분 개조할 수는 있겠지만, 문화말살을 통해 사상을 완전히 통제하려 드는 행위는 가능하지 않다. 이처럼 인간의 사상을 통제하기 위해 역사를 왜곡하고 억지로 지워버리는 행위는 그야말로 저열하기 짝은 없는 극악한 방법이라고 할 수 있다. 이와 비슷한 사례를 역사 속에서 쉽게 찾아볼 수 있는데, 역사와 문화를 동시에 말살해버린 진시황(秦始皇)의 분서갱유(焚書坑儒)가 대표적이다.

1930년대 들어 갑자기 득세하기 시작한 나치가 인종차별과 호전성을 드러냈지만, 처음에 사람들은 이것을 단지 정권 쟁취를 위한 하나의 쇼맨십으로 생각했다. 하지만 나치가 정권을 잡고 나서 분서 사건처럼 악랄한 행동을 일삼자, 세계는 서서히 두려움에 떨게 되었다. 세계인이 문명의 시대라고 자부하던 20세기에, 그것도 세계에서 가장 발전된 나라 중 하나라는 독일에서 벌어진 이러한 행위는 비난의 대상이 되었다. 사상적으로 보다 자유로운 문화계의 반발은 그야말로

분서 Die Buecherverbrennung

위험한 지식이 담긴 책들을 공개적으로 불태워버리라고
이 정권이 명령하여, 곳곳에서
황소들이 끙끙대며 책이 실린 수레를
화형장으로 끌고 왔을 때, 가장 뛰어난 작가의 한
사람으로서
추방된 어떤 시인이 분서 목록을 들여다보다가
자신의 책들이 누락된 것을 알고
깜짝 놀랐다. 그는 화가 나서 나는 듯이
책상으로 달려가, 집권자들에게 편지를 썼다.
나의 책을 불태워다오! 그는 신속한 필치로 써내려갔다.
나의 책을 불태워다오! 나의 책을 남겨놓지 말아다오!
나의 책들 속에서 언제나 나는 진실을 말하지 않았느냐?
그런데 이제 와서 너희들이 나를 거짓말쟁이처럼 취급한단 말이냐!
나는 너희들에게 명령한다.
나의 책을 불태워다오!

| 베르톨트 브레히트 |

■ 베르톨트 브레히트

• 브레히트가 쓴 「분서」(1938년)는 어떤 시인이 분서 목록에 자신의 시집이 빠져 있는 것을 보고 놀라서 "나의 책을 불태워다오!"라고 집권자들에게 호소하는 내용을 담고 있다. 이 시는 1933년 5월 10일에 있었던 나치의 분서 사건을 조롱한 시로 유명하다.

극심했다. 1933년 9월에 스위스 제네바(Geneva)에서 독일 유대인의 권익을 보호하기 위한 세계인종대회를 열었고, 1934년 4월에는 미국 뉴욕에서 교회 단체 주관으로 개최된 모의재판에서 히틀러를 문명파괴자로 정의하고 단두대형에 처하기로 결정할 정도였다. 당시 사료를 살펴보면, 이미 히틀러와 나치는 정권을 잡기 이전부터 세계 평화를 위협하는 대상으로 지목받고 있었다.

그런데 조금 웃기는 것은 당시 일본 문화계도 나치의 이런 비열한 행위에 발끈했다는 사실이다. 나치의 분서 사건이 벌어진 지 불과 1주일 만인 1933년 5월 16일 일본 문화계는 후지모리 세이키치(藤森成吉), 하세가와 뇨제칸(長谷川如是閑)처럼 주로 사회주의 이념이나 자유주의를 신봉하던 문단계를 주축으로 총회를 결성해 독일 정부에 공식 항의하기로 의결했다. 이들은 히틀러와 나치가 역사에 반동하는 범죄를 저지른 문화파괴자라며 강력히 규탄했다. 알다시피 독일과 일본은 1936년 방공협정을 체결한 후, 한 배에 탄 공동운명체가 되어 세계를 전쟁의 소용돌이로 몰고 간 추축국들이었다. 따라서 이들이 그런 주장을 공개적으로 계속했을 것이라고 생각지는 않지만, 어쨌든 일본 문화계가 이런 항의를 했다는 것은 상당히 흥미로운 사실이다.

당시 모임을 주도한 후지모리는 관동대지진 50주년이 되던 1973년에 세워진 재일한국인 추모비의 비문을 썼을 만큼 의식이 있던 인물이었다. 하지만 자유주의자로 알려진 하세가와는 군국주의와 전체

■ 하세가와 뇨제칸은 히틀러와 나치가 역사에 반동하는 범죄를 저지른 문화파괴자라고 강력히 규탄했지만, 대동아공영권은 당연한 것으로 여기던 제국주의자이기도 했다.

> **대동아공영권**
>
> '대동아'란 동아, 즉 동아시아에 동남아시아를 더한 지역을 가리키는 말로, 1940년 7월 일본이 국책요강으로 '대동아 신질서 건설'이라는 것을 내세우면서 처음 사용한 말이다. 제2차 세계대전에 개입한 직후인 1941년 12월 10일에는 이 전쟁을 대동아전쟁으로 부르기로 결정했으며, 같은 달 12일에는 전쟁 목적이 '대동아 신질서 건설'에 있다고 주장했다.

주의를 혐오했지만, 대동아공영권*은 당연한 것으로 생각하던 제국주의자이기도 했다. 결국 이런 인물이 속한 일본 문단이 나치를 욕한다는 것은 뭐 묻은 개가 뭐 묻은 개를 나무라는 격이었다.

지금까지 살펴본 것처럼 제국주의 일본인들도 욕할 만큼 나치의 분서 사건은 그야말로 역사를 거스르는 비이성의 극치였다. 하지만 그 이후에도 이와 같은 사건은 또 반복되었다. 문화혁명 당시에 홍위병들의 파괴행위와 탈레반의 불교 유적 훼손 사건 등을 보면 시대와 시간이 지나더라도 광기에 사로잡힌 이가 선동하면 이런 문화 파괴의 잘못은 언제든지 재발될 수 있음을 알 수 있다.

나치의 분서 사건

1933년 초에 선전부 장관 괴벨스 Paul Joseph Göbbels는 획일화 작업을 위해 국민들을 무지하게 만들 필요가 있다고 생각했다. 이에 대한 명분으로 "비독일인의 영혼을 정화시킨다"는 명목하에 서적들을 불태우자는 선전을 시작했다. 선전부 전국 지부는 라디오 광고와 벽보 등을 통  해 비독일인 서적을 없애자고 호소했다. 그리고 1933년 5월 10일, 베를린을 비롯한 주요 대학 도시들에서 수많은 책들을 마당에 쌓아놓았다. 밤이 되자 사람들은 횃불을 들고 행진하며 '비독일인의 영혼'을 정화하는 의식을 치렀다. 이날 34개 대학 도시들이 화형식을 치렀지만, 일부 지역은 비가 내려 의식을 연기했다.

공식적으로 약 1만 8,000권의 작품들이 불태워진 것으로 알려져 있다. 소각된 책은 나치가 적으로 삼은 좌익과 유대인의 책들이 대부분이었다. 음악극 〈서 푼짜리 오페라〉의 작가 베르톨트 브레히트, 칼 마르크스 같은 인물은 물론이고, 심지어 어니스트 헤밍웨이와 헬렌 켈러 같은 영미 유명 작가의 서적도 소각되었다. 현재 베를린에는 이 문명의 파괴를 상징하는 나치의 분서 사건을 기억하자는 취지에서 분서가 이루어졌던 곳을 기념지로 설정해놓았다.

6
그가 노벨 문학상을 탔다

윈스턴 처칠은 신문에 칼럼과 평론을 수시로 기고하고 시간이 날 때마다 소설, 전기, 회고록, 역사서 등을 집필한 정력적인 저술가이기도 했다.

■ 1953년 노벨위원회가 영국의 현역 수상인 윈스턴 처칠 Winston Churchill 을 그해 노벨 문학상 수상자로 발표했을 때 많은 사람들은 어리둥절했다. 나치의 침략으로부터 세계의 평화가 위협받았을 때 굳은 신념과 지도력으로 전쟁을 승리로 이끌고 자유의 가치를 수호하는 데 앞장섰던 그에게 노벨 평화상이 아니라 노벨 문학상이라니. 그의 노벨 문학상 수상 소식은 전혀 의외였고 정작 당사자 처칠도 상당히 놀랐을 정도였다. 왜냐하면 수상 분야가 정치인과 전혀 어울리지 않는 문학상이기 때문이었다.

스웨덴 한림원은 그가 1948년부터 저술한 『제2차 세계대전 The Second World War』이 "전기와 역사서에서 보여준 탁월함과, 고양된 인간적 가치를 수호하기 위해 행한 훌륭한 연설문"이라고 칭송하며 노벨 문학상 선정 이유를 밝혔다. 그럼에도 불구하고 문학가가 아닌 정치인 처칠의 노벨 문학상 수상은 많은 뒷담화를 낳았다. 스웨덴 정부가 영국의 눈치를 보았기 때문이라는 것이었다.

스웨덴은 제2차 세계대전의 업적을 기려 정치인에게 최고의 영예라 할 수 있는 노벨 평화상을 내심 처칠에게 수여하고 싶었는데, 정작 평화상 부문은 노르웨이 노벨위원회가 선정하고 수상까지 하기 때문에 스웨덴이 관여할 수 없었다. 따라서 편법으로 문학상을 수여했다는 것이다. 노벨 문학상 역사상 처칠을 제외하고 아직까지도 문학가가 아닌 정치인이 문학상을 수상한 경우가 없었기 때문에 이러한 주장은 더욱 힘을 받고 있다.

처칠이 세계 평화에 공로가 큰 것은 맞지만, 그렇다고 문학상이라는 편법을 동원하면서까지 그에게 성의를 표한 것은 절차상으로도 그렇고, 상을 제정한 알프레드 노벨 Alfred Nobel의 이상과도 부합하지 않는다는 것이 핵심이다. 따라서 처칠의 노벨 문학상 수상은 가장 잘못된 수상 사례라고 지금도 공공연히 주장될 정도다. 그런데 이러한 주장에도 사실 모순이 많다.

우선 독립적인 위상을 갖는 노벨위원회는 차치하고라도 스웨덴이 굳이 제2차 세계대전을 승리로 이끈 영국의 눈치를 볼 만한 이유가 그다지 많지 않다는 점이다. 제2차 세계대전 당시에 스웨덴은 끝까지 전쟁에 말려들지 않고 중립을 지킨 몇 안 되는 유럽 국가였다. 따라서 정치·외교적으로 영국이나 전쟁 당시 연합국을 영도한 처칠에게 갚아야 할 것이 없었다. 오히려 그렇게 따진다면 노벨 평화상 수상자를 선정하는 노르웨이가 영국에 진 빚이 많았다. 제2차 세계대전 당시에 노르웨이가 독일의 침략을 받자 비록 실패했지만 영국은 노르웨이를 돕기 위해 군대를 파견했다. 또한 노르웨이 왕가와 정부가 대독항전을 계속할 수 있도록 망명지를 제공하고 후원해준 나라가 바로 영국이었다. 따라서 노르웨이가 앞장서서 처칠에게 노벨 평화상을 수여할 수 있는 개연성은 오히려 컸다.

최근 밝혀진 스웨덴 한림원 문서에 따르면, 당시 노벨 문학상 최종 후보로 로버트 프로스트 Robert Frost, 월터 드 라 메어 Walter De la Mare, 할도르 락스네스 Halldór Kiljan Laxness, 어니스트 헤밍웨이 Ernest Hemingway, 그레이엄 그린 Graham Greene 같은 당대 문호들이 거론되었고, 정작 처칠은 빠져 있었던 것으로 밝혀졌다. 그런데 당시 스웨덴 한림원 사무총장이었던 안

데르스 외스털링 Anders Österling이 거론된 후보들이 수상자로 합당하지 않다고 주장했다. 그들을 제외한 데는 나름대로 이유가 있었는데, 이를 스웨덴 한림원의 여타 심사위원들도 별다른 이의 없이 수용한 점만 보더라도 외스털링의 주장이 결코 잘못된 것은 아님을 추측할 수 있다.

외스텔링은 대신 처칠을 수상 후보자로 언급했는데 여기서 주목할 점이 있다. 이미 처칠은 스웨덴 작가들의 추천을 받아 1946년 처음 노벨 문학상 후보가 된 뒤 매년 추천을 받아왔었다는 사실이다. 오히려 처칠의 노벨 문학상 수상이 계속해서 미끄러진 이유가 노벨 문학상에 정치적 색채를 가져올 수도 있을 것이라는 우려 때문이었다. 그들 또한 처칠을 문학상 수상자로 결정했을 경우 닥쳐올 역풍을 충분히 예상하고 있었던 것이다. 하지만 그러면서도 8년이 넘게 계속해서 노벨 문학상 후보로 거론되었다는 점은 우리가 막연히 생각하는 것 이상으로 처칠의 문학적 능력이 대단했다는 증거다.

처칠은 신문에 칼럼과 평론을 수시로 기고하고 시간이 날 때마다 소설, 전기, 회고록, 역사서 등을 집필한 정력적인 저술가이기도 했다. 학창 시절부터 역사와 정치 관련 도서를 집중적으로 탐독했을 만큼 이 분야에 대한 지식이 뛰어나 『랜돌프 처칠경 Lord Randolph Churchill』, 『말버러: 그 생애와 시대 Marlborough: His Life and Times』, 『영어 사용 국민의 역사 A History of the English Speaking Peoples』 등의 저서를 남겼다.

특히 그에게 수상의 영예를 안긴 『제2차 세계대전』은 세계사 격랑의 시대를 최고 지도자의 관점에서 바라본 보기 드문 명저다. 그 자체만으로도 역사서로 손색이 없지만 독자들이 내용에 몰입할 만큼 문체

■ 1899년에 출간된 처칠의 방대한 역사서 『강의 전쟁 : 수단 재정복의 역사적 의의(The River War: An Historical Account of the Reconquest of the Sudan)』.

또한 대단한 것으로 평가된다. 당시 노벨 문학상 후보였던 헤밍웨이가 "처칠은 구어(口語)의 대가이기 때문에 노벨 문학상의 취지와 맞지 않다"고 비난했지만, 스웨덴 한림원 측은 그런 이유 때문에 문학적 가치가 있다고 했을 정도였다. 또한 특이한 점은 그가 저술한 내용은 소설이나 시가 아닌 회고록이라는 점이다. 막연하게 문학 작품이라고 하면 아무나 접근하기 힘든 어려운 창작물로 생각하는 경향이 많은데, 처칠의 노벨 문학상 수상은 이러한 편견까지 날려버린 사례라고 할 수 있다. 더구나 전쟁에 관한 실제 기록은 그 어떤 창작물보다 더 가치가 있고 위대하다고 해도 과언이 아니다. 왜냐하면 그것 역시 인간의 역사이기 때문이다.

제2차 세계대전은 인류사에서 최악 그리고 최대의 비극이었다. 전쟁으로 인해 무려 5,000만 명의 목숨이 불과 6년 동안 사라진 예는 과거에도 없었고 앞으로도 재현되어서는 곤란하다. 이와 관련한 역사를 정확하게 기록하려는 노력은 중요하고 앞으로도 계속되어야 한다. 따라서 처칠의 저서는 보기 드문 인류사의 소중한 기록이라고 할 수 있고, 그 자체만으로도 찬사를 받을 만하다. 사실 처칠이 정치인이라는 사실에만 포커스를 맞추어 생각하다 보니 그의 문학적 소양을 간과하는 경향이 크다. 하지만 역사적으로 뛰어난 문인이면서도 정치가였던 인물을 찾는 것은 그리 어렵지 않

● 당시 노벨 문학상 후보였던 헤밍웨이가 "처칠은 구어(口語)의 대가이기 때문에 노벨 문학상의 취지와 맞지 않다"고 비난했지만, 스웨덴 한림원 측은 오히려 그런 이유 때문에 문학적 가치가 있다고 했다.

다. 특히 동양사의 위정자들 가운데 훌륭한 문학 작품을 남긴 이들은 수없이 많고, 이것은 서양사에서도 마찬가지다. 특히 고대 그리스는 정치가이며 문학자, 철학자, 과학자 등을 겸한 위대한 인물들이 부지기수였다.

앞에서 언급한 것처럼 처칠이 8년 넘게 계속 노벨 문학상 후보에만 머무를 수밖에 없었던 이유로 작용했던 거물 정치인이라는 점은 또 다른 한편으로 노벨 문학상 수상에 보이지 않는 플러스알파 요인으로 작용했을 수도 있다. 어쩌면 이 때문에 두고두고 비난의 목소리가 나오는 것일 테지만, 만일 처칠이 정치인이 아니라 처음부터 문학가로

활동해 그 결과를 인정받아 노벨 문학상을 수상했다면 과연 그와 같은 비난을 할 수 있을까? 한번쯤 생각해볼 부분이 많은 전제다. 사회가 발달하고 직업이 세분화되면서 다방면에 재능을 보이는 사람이 드물게 되었지만, 그래도 다방면에 재능을 보이는 사람은 존재하기 마련이다. 윈스턴 처칠은 바로 그런 인물이었다. 그는 문학 이외에 미술에도 재능이 있었던 다재다능한 사람이었다.

많은 비난과 비판에도 불구하고 문학으로 최고의 영예를 얻었지만, 정작 처칠이 정치인으로서 과연 성공했는지는 생각해볼 여지가 많다. 자유를 지킨 투사라는 말년의 이미지와 달리 젊어서 그는 영국의 식민지 지배 행위의 일선에서 활동했고 간디를 엄청나게 싫어했을 만큼 제국주의적인 성향도 컸다. 게다가 제2차 세계대전 전에 수시로 당적을 바꾸어 배신자로 비난을 받고 정계에서 퇴출되었을 만큼 정치인으로서의 삶은 그다지 성공적이지 않았다. 비록 거대한 전쟁을 열정적으로 지휘해 위기를 극복했지만, 막상 전후에 치러진 선거에서 패배했다는 점은 상당히 의미심장하다. 그것은 국민들이 전쟁 지도자와 평화 시기의 정치인에 대해 다르게 생각하고 있다는 뜻이다. 물론 4년 후 다시 정권을 탈환하기는 했지만, 이러한 급격한 부침은 막연히 알고 있는 것처럼 그가 만인으로부터 열렬한 지지를 받기만 한 위대한 정치인은 아니었다는 증거다. 사실 그의 일생을 관조하다 보면 제2차 세계대전을 승리로 이끈 신념의 지도자라는 이면에 무수한 실수와 실책이 있음을 쉽게 발견할 수 있다.

특히 제1차 세계대전 당시 억지로 우겨서 벌인 갈리폴리 전투Gallipoli

Campaign에서 대실패를 겪었음에도 제2차 세계대전 당시 디에프Dieppe에서 같은 실수를 반복한 것을 보면 과연 이 사람이 처칠 맞나 하는 생각이 들 정도다. 결론적으로 역사에 거대한 획을 긋고 다방면에 다재다능한 인물이었지만, 그런 실수를 했다는 점에서 그도 인간이라는 생각을 새삼 하게 된다.

Chapter 04
and 그리고 여자
Woma

■ 너무나 당연한 이야기겠지만, 세상의 절반은 여자고 인류사의 시작과 함께 여자들은 한순간의 예외도 없이 계속해서 중요한 역할을 담당해왔다. 그런데 여자가 역사의 주역으로 등장한 경우는 그리 많지 않다. 하다못해 동서양을 막론하고 대다수의 지존들은 몇몇 예외를 제외하고 능력에 관계없이 남자들이다. 그래서인지 대부분의 역사 드라마에서도 여자가 주인공인 경우는 흔치 않고 대개 시청률의 보증수표라고 할 수 있는 여인열전류에서 모함과 질투의 화신으로 묘사되곤 한다. 이런 은연중의 왜곡 때문에 역사의 주역이 남자인 것으로 착각하는 경우가 많다.

■ 하지만 스스로 삶을 멋지게 개척해나간 여자들은 일일이 셀 수 없을 만큼 부지기수고, 경우에 따라서는 정권교체기나 전쟁 같은 어려운 시기에 가장 앞에 서서 역사를 이끌어나간 여자도 많았다. 이들은 어떠한 남자보다도 용감했

다. 그중에는 남자들만의 전유물로 여겨지던 일국의 지존으로서 보통 남자들이 근접할 수 없는 비범한 능력을 발휘해 세계 역사의 한 면을 장식한 여자들도 있었다. 다음은 그녀들에 관한 이야기다.

1

미모로만
알려진
여인

클레오파트라의 죽음은 여러 그림에 단골로 등장한다. 그만큼 그녀의 삶은 파란만장했다. 그녀의 죽음과 함께 고대 이집트 문명도 막을 내렸다.

- 진짜 예뻤는지 모르겠지만, 후대에 두고두고 미의 상징으로 불리는 고대 이집트의 마지막 왕 클레오파트라 7세 Cleopatra VII (BC 69년~BC 30년)에 관한 이야기는 많이 알려져 있다. 그러나 그녀의 미모와 관련된 이야기는 많지만, 정작 이외의 사실에 대해서 알려진 것은 그리 많지 않다. 하지만 그녀는 막연히 알려진 미모보다 상상 이상으로 세계사에 거대한 획을 남긴 여자다.

- 클레오파트라 7세

이집트 문명은 인류사에서 가장 오랜 역사를 가진 문명이다. 고대 이집트는 BC 3200년부터 존재한 것으로 알려진 선왕조(先王朝)시대부터 시작해 무려 3,000년이 넘는 기간 동안 유구한 역사를 이어왔다. 각 왕조들은 파라오 Pharaoh라 불리는 절대군주가 통치했는데, 이들은 신으로 취급받았다. 고대 이집트의 마지막 왕조는 제32왕조인 프톨레마이오스 왕조 Ptolemaeos Dynasty로, BC 332년 마케도니아의 알렉산드로스 대왕 Alexandros the Great이 제31왕조를 정복하고 동서양에 이르는 고대 제국을 건설하면서 BC 305년에 탄생했다.

클레오파트라는 바로 이 프톨레마이오스 왕조의 마지막 파라오였는데, 그녀의 죽음과 함께 면면히 이어진 고대 이집트 문명도 종말을 맞이했다. 그녀는 부왕이 죽자 BC 51년 18살에 남동생 프톨레마이오

■ 클레오파트라는 카이사르를 만나기 위해 융단으로 몸을 감싸고 그것을 궁궐로 들여가게 하여 궁궐 안에서 카이사르를 처음 만나게 되었다고 한다. 이것을 그림으로 표현한 〈클레오파트라와 카이사르〉, 프랑스 미술가 장 레옹 제롬(Jean-Léon Gérôme, 1824년~1904년)의 1866년 작품.

스 13세Ptolemaeos XIII와 결혼하면서 공동 파라오가 되었다. 하지만 처음부터 단독 집권을 원하던 그녀와 이를 반대하는 세력 간에 권력 투쟁이 벌어지면서 잠시 권좌에서 밀려나기도 했다. 어쩌면 이때부터 그녀의 파란만장한 삶이 시작되었다고도 볼 수 있는데, 그것은 그녀의 권력욕 때문이었다고 해도 지나친 말은 아니었다.

  아니, 엄밀히 말하자면 능력이 부족한 동생이자 남편을 믿을 수 없었기 때문이었다. 그녀가 등극할 당시에 이집트는 과거의 영화를 뒤로하고 서서히 몰락하고 있던 중이었다. 국제 정세에 밝은 그녀는 절대강자 카르타고Carthago를 멸망시키고 무섭게 팽창하던 로마의 위협을 직시하면서 어떻게든 자신의 힘으로 이 위기를 타개하려고 했다. 그 과정에서 율리우스 카이사르Julius Caesar와 동거하고, 마르쿠스 안토니우스Marcus Antonius와 결혼한 것 등은 엄밀히 말해 왕국의 몰락을 막기 위한 정략적 수단이었다. 더구나 자살로 막을 내린 그녀의 파란만장한 일생은 가히 소설이라 해도 과언이 아닐 정도다. 그래서인지 클레오파트라 하면 대부분의 사람들은 사랑, 로맨스, 불륜, 요부, 악녀 정도의 이미지를 떠올릴 뿐이다. 하지만 과연 그것이 전부일까?

  사실 클레오파트라가 보여준 행적은 힘이 약한 여자가 세계사의 거대한 격랑 속에서 서서히 꺼져가는 왕국을 지키고자 했던 처절한 몸부림이었다. 그녀가 치열하게 권력 투쟁을 했던 것도, 당대의 신흥 슈퍼 파워인 로마의 실세들을 자신의 몸 아래 굴복시켜 가지고 놀았던 것도 이집트를 끝까지 보호하기 위해서였다.

  그녀의 지도력이 극명하게 드러난 것이 바로 악티움 해전Battle of Actium*

악티움 해전

BC 31년 9월 2일 옥타비아누스(뒤에 아우구스투스 황제)가 그리스 악티움 앞바다에서 안토니우스와 클레오파트라의 연합군을 격파한 전투. 악티움은 그리스 북서부의 암브라키아 만 앞에 있는 반도이다. 육전(陸戰)을 주창한 안토니우스도 해상 결전을 고집한 클레오파트라의 의견을 받아들여 해상에서 옥타비아누스 함대와 격돌하게 되었다. 양 진영은 각각 500척 이상의 함선을 보유했으나 옥타비아누스의 부장 아그리파가 바람의 방향을 계산한 교묘한 전술로 기선을 제압해, 안토니우스 함대를 격파했다. 안토니우스는 남쪽으로 달아나는 클레오파트라 함대에 실려 이집트로 도망갔다. 육상과 해상 전투는 잠시 더 계속되었으나 옥타비아누스군의 대승리로 끝났다. 이후 안토니우스와 클레오파트라는 자살로 생을 마감했으며, 옥타비아누스는 악티움 해전의 승리를 통해 내전을 종식하고 로마 최고의 권력자로 부상할 수 있었다.

이다. BC 31년 그리스 서해안의 암브라키아 만_{Ambracian Gulf} 북쪽에서 벌어진 이 전투는 세계사적으로 동서 세력이 문명의 헤게모니를 놓고 벌인 격렬한 충돌이었다. 서구 신흥 문명을 대표하며 떠오르는 해와 같았던 로마와 동방 문명의 승계자로 자처했지만 몰락하는 달과 같았던 이집트 사이에서 벌어진 이 전투는 역사의 흐름상 언젠가는 반드시 벌어질 사건이었다. 그리고 이런 충돌의 이면에는 오리엔트 세계를 끝까지 사수하려는 클레오파트라의 집념이 숨어 있었다.

당시 상황을 돌이켜보면 로마의 상황이 결코 유리하지 않았다. 카이사르가 암살되면서 벌어진 후계자를 둘러싼 권력 투쟁으로 로마가 분열되어 있었기 때문이다. 권력을 양분한 옥타비아누스_{Gaius Julius Caesar Octavianus}와 안토니우스 중 누구 하나가 제거되어야 로마의 분열이 끝나는 상황이었는데, 클레오파트라는 이런 절호의 기회를 놓치지 않았다. 카이사르를 농락한 미인계를 그대로 이용해 안토니우스를 자신의 후원자로 만들어버린 그녀는 계속 오리엔트를 위협하던 로마에 도전을 한 것이었다.

엄밀히 말해 로마 권력층 간의 내전 성격이 강한 전쟁이었지만, 클레오파트라는 이에 교묘히 편승해 이이제이(以夷制夷) 전략을 취하려 했다. 그런데 결론적으로 이러한 그녀의 야심 찬 시도는 고대 이집트 왕국의 몰락은 물론 자신의 생까지 마감하는 비극적인 결과를 가져왔다. 그렇게 된 것 역시 그녀의 욕심 때문이었다. 그녀는 국제 정세를 정확히 파악할 줄 알고 자신의 치명적인 무기를 이용해 남을 능수능란하게 다룰 줄 알았지만, 군인은 아니었다. 따라서 전쟁이 벌어진다면 믿을 만한 무인에게 전쟁을 지휘하게 했어야 했는데, 그녀는 과욕을 부렸다.

안토니우스는 육전을 주장했지만, 해전을 고집한 클레오파트라의 의견을 받아들였고 그 결과 안토니우스와 클레오파트라 연합군은 참혹하게 패배했다. 원래 로마는 해군보다 육군이 강한 나라여서 바다에서 결판을 보는 것이 유리하다고 판단했지만, 클레오파트라는 로마가 해상 강국 카르타고를 제압했다는 사실을 간과했던 것이다. 양 진영은 각각 500척 이상의 함선과 10만여 명의 병사를 동원해 건곤일척의 싸움을 벌였지만, 아그리파 Marcus Vipsanius Agrippa가 바람의 방향을 적절히 이용한 전술로 기선을 제압해 이집트-안토니우스 연합함대를 격파했고, 이것으로 전쟁의 승패는 결정되었다. 패배한 클레오파트라와 안토니우스가 자살로 종말을 고하자, 로마는 옥타비아누스의 일인 독재체제가 성립되면서 세계사를 주도했다.

이로써 수천 년 역사를 간직한 오리엔트의 마지막 고대 이집트 왕조인 제32왕조는 클레오파트라의 죽음과 함께 역사에서 사라졌다. 그녀는 왕국의 몰락을 막아보고자 최선을 다했지만 결과는 최악에 가까웠다. 하지만 엄밀히 말해 그것은 그녀만의 잘못은 아니었고 설령 그 위치에 다른 이가 있었어도 거대한 역사의 흐름을 막기는 어려웠을 것이다.

절세미녀, 요부, 악녀라는 이름 뒤에는 두 영웅인 카이사르와 안토니우스를 이용해 몰락해가는 왕국을 지키려는 여장부 클레오파트라의 모습이 가려져 있다. 왕국의 몰락과 함께 자결로 생을 마친 위정자가 과연 역사에 몇이나 되겠는가? 우리 역사에서 국가의 몰락에 대해 책임을 지고 생을 마친 통치자가 있었던가? 백제의 의자왕, 고구려의 보장왕, 신라의 경순왕, 고려의 공양왕, 그리고 조선의 고종 등 그 어떤 지존도 국가의 몰락에 대해 책임을 지고 운명을 함께하지는 않았다. 궁예만은 극단적인 죽음을 맞이했지만, 이 또한 도주 중에 발생한 일이었지 한 국가의 지존으로서 위엄을 끝까지 보였던 것은 아니었다.

 물론 자결이 최선의 선택은 아니다. 하지만 한 국가의 지존으로서 국가의 몰락에 대해 책임을 지고 죽음을 선택한다는 것은 결코 쉬운 일이 아니다. 클레오파트라는 지존으로서의 마지막 자존심이 무엇인지 알았고 자신에게 다가온 운명을 핑계를 대며 거부하려 하지 않았던 인물이다. 그래서 역사에 길이 기억될 만한 여인이라 할 수 있다.

2
제국을 수호한 여인

산 비탈레 성당의 모자이크화에 묘사된 테오도라 황후. 그녀는 위기를 타개하고 동로마 제국의 전성기를 몸소 이끈 여걸이었다.

- 역사에는 서기 476년 로마가 멸망한 것으로 나와 있으나, 이는 가톨릭의 영향권이던 서유럽 중심의 사관으로만 역사를 바라보았을 때 그렇다는 이야기고, 엄밀히 말해 로마는 그로부터도 약 1,000년 후인 1453년 동로마 제국(비잔틴 제국)이 오스만 투르크 Osman Turk에게 멸망당하면서 종말을 맞이했다. 사실 동로마 제국은 역사적으로 로마의 전통을 승계했을 뿐이지 존속한 기간 동안 제국으로서의 위엄을 보인 적은 그리 많지 않다.

하지만 유구한 역사 속에서 비록 짧은 기간이었지만 고대 로마의 영광을 재현한 영웅은 있었다. 유스티니아누스 대제 Justinianus I 가 그러한 인물인데, 동방정교회로부터 성인의 칭호를 받았을 만큼 동로마 역사상 가장 위대한 황제로 첫 손가락에 꼽히는 데 결코 모자람이 없다. 하지만 그를 역사에 길이 빛날 위대한 영웅이 될 수 있도록 조련한 인물은 따로 있었으니, 그 인물이 바로 황후 테오도라 Theodora I 다.

- 유스티니아누스 1세. 동로마 제국(비잔틴 제국)의 황제(재위 527년~565년). 뛰어난 통솔력으로 측근들을 기용해 고대 로마 서방의 영토를 재정복하는 꿈을 실현시켰다.

■ **테오도라.** 동로마 제국의 황후로 유스티니아누스 1세의 부인이었다. 그녀는 명석함과 뛰어난 정치 감각으로 황제인 남편의 가장 훌륭한 조력자이자 동반자였다.

테오도라는 곰 조련사의 딸로 태어났다. 야사에는 무희 또는 창녀 출신으로 상당히 음탕한 여자였다는 이야기도 전해진다. 청년 장교였던 유스티니아누스는 우연한 기회에 그녀를 보고 첫눈에 반했는데, 당시에는 귀족과 천민이 결혼할 수 없었다. 그러자 그는 법률을 바꾸도록 황제인 삼촌 유스티누스 1세_{Justin I}를 설득해 525년 그녀와 결혼할 수 있었다. 이처럼 동로마 제국의 귀족 사회를 뒤흔든 엄청난 스캔들을 무릅쓰고 결혼에 성공한 그녀는 527년 남편과 함께 공동대관(共同戴冠)한 뒤 여제(女帝)로서 제국 통치에 큰 영향력을 행사했다.

테오도라와 결혼하기 위해 법까지 바꾸게 한 유스티니아누스는 그녀를 항상 가장 중요한 조력자로 인정했고, 제국의 정치에 영향력을 행사할 수 있도록 조치했다. 천민 출신이라는 이유로 처음에 귀족 사회는 황후에 대해 편견을 가졌으나, 황후가 특유의 총명함으로 황제를 항상 올바르게 보좌하자 감탄하며 그녀에게 동화되었다. 특히 532

니카 반란

532년 동로마 제국의 수도 콘스탄티노플에서 일어난 반란.
로마 제국 후기에는 전차경주 경기단체이면서 헬레니즘 도시의 행정구획에 기원을 둔 데모이demoi라 불리는 정치적·사회적 성격을 갖춘 당파가 있었다. 유스티니아누스 1세는 즉위 이전 정치적·종교적 정책을 지지하는 청파(靑派)를 비호하고 반대파인 녹파(綠派)와는 대립했으나, 제위에 오르자 소동의 원인이 되고 민중적·정치적 압력단체가 되기 쉬운 당파를 탄압했다. 이에 불만을 품은 청·녹 양파가 532년 1월 '니카(그리스어로 승리를 의미)'를 외치면서 폭동을 일으켰다.
이 폭동을 이용해 반황제파 원로들은 아나스타시우스Anastasius I 황제의 조카 히파티우스를 황제로 옹립했다. 한편 황후인 테오도라는 궁전에 육박한 민중을 피해 도망하려는 황제를 제지시키고, 게르만 용병대를 거느리는 벨리사리우스로 하여금 반황제파를 멸하게 하고 히파티오스를 처형함으로써 반란을 진압하고 황제의 전제권력을 확립했다.

년에 콘스탄디노플Constantinople에서 발발한 '니카 반란Nika Riot' 때 침착하게 대처해 제국과 남편의 황권을 수호하고, 여제로서 권위를 확고하게 다졌다.

원래 전차경주를 후원하던 단체가 시일이 지나 종교적·사회적으로 대립하면서 결국 제국의 헤게모니를 놓고 충돌한 사건이 니카 반란인데, 처음에는 반황제파가 우위를 보였다. 그들이 전(前) 황제의 조카인 히파티우스Hypatius를 황제로 옹립하며 퇴진을 요구하자, 황궁으로 피신한 유스티니아누스는 모든 것을 포기하고 측근들과 도주를 논의했다. 바로 이때 테오도라가 황제를 가로막고 폭도들과 당당히 맞서라고

■ **550년 동로마 제국의 영토.** 유스티니아누스 대제 당시 동로마 제국은 최대의 극성기를 누리며 잃어버린 서로마 제국의 고토 상당 부분을 회복했다. 이런 부흥기를 배후에서 이끈 인물이 바로 테오도라 황후다.

주장했다. 그녀는 제국의 지존이 폭도들에 놀라 도망가는 일은 세상이 비웃을 만한 비겁한 일이며 이 세상에 절대 안전한 곳은 없다고 주장했다. 그녀는 손수 갑옷을 입혀주며 나가서 황제답게 당당히 싸우라고 남편 유스티니아누스를 격려하며 자신은 끝까지 황궁을 지키겠다고 약속했다. 황후의 강단 있는 모습과 주장에 황제와 측근들은 부끄러움을 느끼고 진압에 나섰고 결국 반란은 황제 측의 승리로 막을 내렸다.

이후 유스티니아누스는 서로마 멸망 이후 야만족이 점령하고 있던 이탈리아와 스페인을 되찾아왔다. 흔히 이를 '유스티니아누스의 재정복 Western Reconquest'이라 하는데, 당시 동로마 제국의 영토는 로마 제국 최대 전성기였던 2세기 당시의 영토와 비교해봐도 손색이 없었다.

유스티니아누스 대제 통치기는 고대 도시국가 로마에서 동로마로 이어지는 1500년 로마사에서 가장 마지막 융성기이기도 했다. 유스티니아누스 대제가 이런 업적을 달성할 때마다 그의 옆에는 항상 테오도라가 있었다.

유스티니아누스 대제 제위 당시 제정된 법령들에 예외 없이 테오도라의 이름이 들어가 있을 정도로 그녀의 정치력은 대단했다. 그녀는 서방교회와 동방교회를 통합하려는 황제의 종교 정책을 바꾸지는 못했지만, 단성론(單性論 : 예수 그리스도에는 신성(神性)만이 존재한다는 그리스도론)을 탄압하지 않도록 함으로써 단성론을 믿으며 콘스탄티노플 중앙정부와 대립하던 이집트와 시리아가 제국에서 분리되지 않도록 하는 고도의 정치적 수완을 발휘했다. 더불어 불우했던 어린 시절을 잊지 않고 교회, 수도원, 자선시설에 많은 돈을 기부해 따뜻한 국모로서의 역할도 게을리하지 않았다.

이 때문에 동방정교회에서는 그녀를 유스티니아누스 대제와 함께 성인으로 기렸다. 현재 이탈리아의 라벤나 ravenna 에 있는 산 비탈레 성당 Church of San Vitale 에 그녀의 모자이크 초상화가 남아 있는데, 여제를 기려서 만든 초상화가 이 세상에 또 존재할까 생각될 만큼 그녀는 역사의 한 페이지를 장식한 위대한 여인임에 틀림없다.

3

유일무이한
중원의 여제(女帝)

측천무후는 중원 유일의 여황제였다. 그녀는 지존이 되기 위해 잔인한 면모를 서슴없이 보였지만, 사실 역사에서 권력을 거머쥔 수많은 이들 중에 그녀보다 더 잔인한 인물들은 많았다. 단지 여자라는 이유로 더 특이하게 평가되었던 것은 아니었는지 모르겠다.

- 청(淸)나라 말기 국정을 한손에 쥐었던 서태후(西太后)처럼 엄청난 영향력을 행사한 여자들은 중국사에 많았다. 하지만 역사상 유일무이하게 황제에까지 오른 이는 단 한 명뿐이었는데, 그녀가 바로 측천무후(則天武后, 624년~705년)다.

■ 측천무후

본명이 무조(武照)인 이 여인은 수(隋)나라 당시에 연이어 벌어진 대규모 토목 공사에 목재를 납품하여 거부가 된 무사확(武士彠)의 둘째 딸이다. 엄밀히 말해 무사확은 수나라의 폭정에 힘입어 많은 이익을 본 인물이지만, 그렇다고 귀족은 아니었다. 그는 우연한 기회에 태원(太原) 지역 유수였던 이연(李淵)과 인연을 맺은 후 당(唐)나라 개국에 힘을 보탰고, 이 인연으로 황제가 된 이연으로부터 태원군공(太原郡公) 겸 이주도독(利州都督)이란 작위를 받으면서 신분을 상승할 수 있었다.

권력층과 친밀해질 수 있는 가장 오래된 방법 중 하나가 통혼(通婚)인데, 무사확은 겨우 3살밖에 안 된 무조를 입궐시켜 14살에 태종(太宗) 이세민(李世民)의 후궁이 되도록 만들었다. 엄밀히 말하면 비(妃)나 빈(嬪) 아닌 재인(才人)의 위치였는데, 이는 가무로 황제에게 즐거움을 주는 후궁 중에서도 말단의 자리였다. 무조는 용모가 뛰어나고 활발한 성격이었으나 애교를 부릴 줄 몰라 황제의 눈에 띄지 않았기 때문에 12년 후 이세민이 죽을 때까지 승은을 입지 못했다. 당시 황제가 승하하면 후궁들은 비구니가 되어야 했는데, 이 법도에 따라 무조도 감업사(感業寺)의 승려가 되었다.

■ 중국 당나라 제3대 황제인 고종 이치

그런데 황제의 눈 밖에 있던 무조를 몰래 쳐다보던 이가 있었는데, 태종의 9남으로 다음 황제가 된 고종(高宗) 이치(李治)였다. 그는 무조를 잊지 못해 승려가 된 그녀를 재입궁시켜 자신의 후궁으로 만드는 패륜을 저질렀고, 그녀와의 사이에서 모두 4남 2녀를 낳았다. 황제의 사랑을 독차지한 무조는 라이벌인 소숙비(蕭淑妃)와 황후 왕(王)씨를 차례대로 제거해나갔다. 그 와중에 남을 음해하기 위해 자신의 딸을 직접 살해하는 잔인함을 보였고, 그 결과 655년 황후가 되었다.

하지만 이것은 끝이 아니라 시작에 불과했다. 그녀는 남편까지 허수아비로 만들어 독재 권력을 휘두르기 시작했다. 가장 먼저 착수한 일은 이전 황후인 왕씨의 자식인 황태자 이충(李忠)을 폐위시킨 것이었다. 그리고 자식들을 황제로 만들기 위해 애썼는데 그 방법 또한 잔인하기 그지없었다. 먼저 황태자로 만든 그녀의 첫째 아들 이홍(李弘)이 마음에 들지 않자 독살시켜버렸고, 둘째 아들 이현(李賢)을 황태자로 세웠다. 하지만 그 또한 자신의 말을 고분고분 따르지 않자 모함해 폐위시키고 셋째 아들 이현(李顯)을 황태자로 세웠다. 그리고 둘째마저 권력에 방해가 된다는 이유로 자객을 보내 암살했다. 그리고 683년에 남편이 죽자 이현이 황제가 되었는데, 그가

■ 측천무후의 넷째 아들 이단
(당나라 제5대 황제 예종)

바로 제4대 황제 중종(中宗)이다. 보통의 잘난 여자라면 아마 이쯤에서 만족했을 것이다.

하지만 그녀는 불과 한 달 만에 중종을 폐위시킨 후 넷째 아들 이단(李旦)을 제5대 황제[예종(睿宗)]로 등극시키고 섭정에 들어갔다. 형들이 어떻게 죽고 쫓겨났는지 똑똑히 보아온 예종은 죽은 듯이 지냈으나, 그 또한 결국 어미의 권력욕에 희생양이 되었다. 690년 무조는 예종을 폐하여 황태자로 삼고 자신이 황제의 자리에 올랐다. 스스로 측천금륜대성신황제(則天金輪大聖神皇帝)라 칭

■ 건릉(乾陵)에 세워진 측천무후의 무자비(無字碑). 그녀는 비문에 글을 새기지 말라고 했다. 자신의 공덕이 글로 적을 수 없을 만큼 많기 때문이라고 했으나, 혹자는 후대의 평가가 두려웠기 때문이라고 말하기도 한다.

했고 국호마저 주(周)로 바꾸고 천도까지 단행했다. 그리고 개국 이후 중요한 위치를 차지하고 있던 구세력을 일거에 몰살시켰는데, 엄밀히 말하면 이것은 당의 폐망을 의미하는 것이었다.

측천무후는 자신이 낳은 자식들마저 권력을 잡기 위해 쉽게 쓰고 버리는 소모품으로 이용했으며 이후 죽을 때까지 그 권력을 유지하기 위해 주저하지 않고 잔인한 방법을 사용했다. 황태자로 강등된 넷째 아들 이단은 살기 위해 이(李)씨 대신에 무(武)씨 성을 따르도록 해달라고 간청했을 정도였다. 또 측천무후는 환관들을 총애하여 이들의 횡포가 심

했고 야사에 호색을 즐겼다는 이야기가 전해진다. 하지만 단지 이런 잔인함, 악함, 호색만으로 그녀의 모든 것을 설명할 수는 없다.

그러나 그러한 악함만 가지고 당나라 같은 대국의 지존이 될 수는 없었다. 아니, 잠시 황제가 될 수는 있어도 죽을 때까지 권력을 휘두르기는 불가능하다. 그녀가 끝까지 권력을 붙잡고 있을 수 있었던 것은 통치에 있어서 전혀 다른 면모를 보여주었기 때문이다. 유명무실한 과거제도를 개편해 젊은 인재들을 등용하고 적재적소에 배치해 나라의 발전을 이끌었다. 태만하거나 수탈을 일삼는 관료들을 파면하여 민생을 돌보는 데 앞장섰다. 이때의 풍요로움은 태종이 이끈 정관의 치(貞觀之治: 중국 당나라 태종의 연호인 정관(貞觀) 시대에 이룩한 빛나는 정치) 당시에 버금갔고, 이후 현종(玄宗)이 이끈 개원의 치(開元之治: 중국 당나라의 현종이 다스린 개원(開元) 연간의 치세 또는 그 시기에 이루어진 것과 같은 태평성대를 비유하는 말) 시대를 여는 기반이 되었다.

측천무후는 자신의 묘비에 글을 새기지 말라는 유언을 남겼을 정도로 자신이 한 행위가 후세에 어떠한 평가와 비판을 받을지 정확히 알고 있었던 여자였다. 수많은 왕조가 교체된 중원의 역사에서 지존이라는 자리는 끊임 없는 권력 투쟁으로 위협을 받을 수밖에 없는 자리였다. 그런데도 불구하고 육체적으로 연약한 여자가 죽을 때까지 그런 자리를 유지하면서 역사에 그 누구보다도 커다란 족적을 남긴 것을 보면 참으로 대단한 인물임에는 틀림없다.

오히려 그동안 남성 우월적인 편협한 시각으로 측천무후를 바라보았다고 생각되지 않은가? 사실 측천무후가 여자였기 때문에 특이하게 보였을 뿐이지 세계사에 기록된 수많은 남성 제왕들을 살펴보면 그녀보다 더 잔인한 인물이 한둘이 아니다. 백성들을 못살게 굴어 악인으로 꼽힌 수많은 통치자에 비한다면, 민생을 보살펴서 나라를 훌륭히 다스린 점은 높이 사야 하지 않을까?

4
제국의 기틀을
다진 여인

고려와의 전쟁에서 패해 우리에게는 그다지 강한 인상을 주지 못했지만, 거란은 역사에 거대한 발자취를 남긴 국가다. 러시아와 중앙아시아에서 중국을 일컫는 키타이가 바로 거란이라는 뜻이고, 영어로 이를 캐세이라고 부른다. 따라서 홍콩을 근거지로 한 유명 항공사인 캐세이퍼시픽(CATHAY PACIFIC)을 글자 뜻대로 해석하면 거란-태평양 항공사라 할 수 있다.

■ 어떤 왕조든 만난(萬難)의 어려움을 극복하고 창업에 성공한 시조가 있다. 칭기즈칸Chingiz Khan처럼 창업과 동시에 패권을 잡는 경우도 있지만, 이런 경우는 극히 드물고 대부분 왕조를 세우고 난 직후부터 많은 어려움을 겪게 된다. 중원의 역사만 살펴보더라도 춘추전국시대 이후 청나라까지 일일이 셀 수 없을 만큼 수많은 나라들이 대륙에서 명멸했지만 200년 이상 존속한 왕조는 얼마 되지 않는다. 그것은 나라를 세우기는 쉬워도 지속하기는 어렵다는 증거라고 할 수 있다.

천신만고 끝에 만든 왕조가 반석을 든든히 하지 못하고 쉽게 무너지는 이유는 외환(外患)에 의한 어려움도 있지만 내우(內憂) 때문인 경우가 많다. 아무리 뛰어난 인물이라 하더라도 혼자의 힘만으로 나라를 세울 수 없다. 어쩔 수 없이 많은 이들의 도움을 받아야 하는데, 이것은 엄밀히 말하면 일종의 빚이나 다름없다. 당장의 아쉬움 때문에 도움을 구하지만 이로 인해 두고두고 골칫거리가 되는 경우가 허다하다. 그래서 역사 속에 등장한 많은 왕조들은 가만히 놔두면 언젠가 문제를 일으킬 소지가 많은 자들을 제거하는 일을 먼저 수행했다. 사실 이와 같은 일들은 오늘날에도 비일비재하게 일어난다.

따라서 창업 초기의 혼란기를 피로써 정리하는 작업을 할 수 있을 만큼 잔인하고 냉정한 후계자가 있었을 때나 왕조가 기틀을 잡고 오래 존속할 수 있었다. 동양에서는 이러한 왕조 초기 혼란을 수습하고 나라의 기틀을 마련한 지존들에게 보통 태종(太宗)이라는 존호가 붙는다. 당의 태종, 조선의 태종, 명의 태종(이후 성조)이 이에 걸맞은 대표적인 인물이라 할 수 있다. 이들은 경우에 따라 형제들까지 제거할 만큼 잔인한 모습을 보였지만, 나라의 기틀을 다진 공통점을 갖고 있다.

우리가 잘 아는 듯하지만 의외로 아는 것이 그리 많지 않은 초원 세계의 제국들에게도 동일한 역사가 있었다. 태조(太祖) 야율아보기(耶律阿保機)가 916년에 창업한 거란(契丹)족의 요(遼)나라는 우리 역사에 자주 등장해 많이 들어왔지만 발해의 멸망, 왕건의 훈요십조, 서희의 담판, 강감찬의 귀주대첩 정도를 제외하면 알고 있는 것이 그리 많지 않다. 우리가 그들의 침략을 격퇴해냈기 때문에 낮게 보지만 세계사에서 거란이 차지하는 비중은 실로 거대했다. 한마디로 현재 러시아권에서 중국을 뜻하는 키타이 Khitai (영어로 Cathay)라는 단어가 바로 거란을 의미하는 것일 정도로 거란은 10세기 초원의 패자(覇者)였다.

한갓 초원의 유목민 무리였던 거란족이 나라를 세우고 제국으로 도약할 수 있었던 것은 아보기의 둘째 아들인 태종 야율덕광(耶律德光) 덕분이었다. 하지만 이것이 가능할 수 있었던 것은 아보기의 부인이며 덕광의 어머니인 술율평(述律平, 879년~953년) 황후가 있었기 때문이다. 술율파고(述律婆姑)의 딸인 그녀는 남편 아보기에게 단순한 배우자가 아니라 당당한 조력자였다. 917년 유주(幽州) 공략 시에 공략 방법을 진언했고 아보기에게 고개를 숙이지 않던 후량 출신의 한연휘(韓延徽)의 인품과 영민함을 알아보고 요를 제국으로 이끈 재상으로 중용하는 데 결정적 역할을 했을 만큼 군사와 정치에도 능한 인물이었다.

그녀는 남편이 죽자 자신의 한 손을 잘라 아보기의 무덤에 같이 묻어 모든 이들에게 죽은 남편을 대신해 섭정을 하겠다고 선언했을 만큼 강단이 있었다. 그녀가 섭정을 펼치며 가장 먼저 착수한 일이 후계자를 정하는 일이었다. 그녀는 첫째 아들 야율돌욕(耶律突欲)보다 똑똑했던 둘째 아들이 대권을 물려받게끔 조치해 제국의 발전이 중단되는 일이 없도록 했다. 그러면서 장차 화근이 될 만한 창업 공신들과 추장들을 제거해버렸다. 그녀는 그 대상자의 가족까지 불러 모아 한 번에 처단하면서 후한마저 일거에 제거하는 치밀함을 보였다.

역사에 등장하는 많은 태종들처럼 요나라 역사에서 직접 칼에다 피를 묻힌 인물은 아들을 태종으로 만든 그녀였다. 이후 역사에 태종치세에 연운 16주(燕雲十六州)를 차

■ 술율평 황후는 초원 세계에 유목 민족 국가를 거대한 제국으로 만드는 데 결정적인 공헌을 했다.

지해 요의 전성기를 열었다고 씌어 있지만, 이것은 바로 역사의 전면에는 등장하지 않고 아들 대신 모든 악을 대신 떠안은 술율평이 있었기에 가능했다. 하지만 그녀의 말년은 그리 행복하지 않았다. 덕광이 원정 중 객사하자 다음 황제로 등극한 이는 돌욕의 아들인 야율원(耶律阮)이었는데, 술율평이 지명한 인물이 아니어서 충돌이 벌어졌다. 결국 조모와 손자 간의 혈투가 벌어졌고, 여기서 패한 술율평은 죽어서 아보기와 합장될 때까지 권력을 잃고 연금되어 있어야 했다. 세상을 호령하던 여걸의 초라한 말년이었다.

5

몰락을 함께한 고려 여인

고려 출신인 올제이후투그는 원의 마지막 황후였다. 제국의 몰락을 막기 위해 노력했으나, 그녀의 힘만으로 역사의 흐름을 바꾸지는 못했다.

■ 기철(奇轍)을 정점으로 하는 행주(幸州) 기(奇)씨 가문의 전횡으로 말미암아 고려 말기에 국가 질서는 엄청나게 혼란스러웠다. 30년에 걸친 처절한 저항에도 불구하고 원(元)나라의 속국으로 전락했지만 순수한 고려인인 기씨 가문이 누린 권세는 왕들은 물론 몽골인들조차 감히 건드리지 못할 정도로 대단했다. 이렇게 기씨들이 천방지축으로 국정을 농단할 수 있었던 것은 배후에 한 여인이 있었기 때문이다. 바로 몽골 제국 역사상 처음으로 몽골인 황후가 아니었던 기황후(奇皇后, 1301년~1369년)가 이들의 든든한 버팀목이었다.

기황후 출생 당시에도 기씨 가문은 나름대로 힘깨나 썼던 것으로 알려져 있지만, 어떻게 해서 그녀가 공녀(貢女: 고려·조선 시대에 중국 원나라·명나라의 요구로 여자를 바치던 일. 또는 그 여자)로 가게 된 것인지는 정확히 알려진 바 없다. 자원해 공녀가 된 것은 아니었지만, 그녀는 그것을 운명으로 생각하고 황궁의 말단에서부터 적극적으로 삶을 꾸려나갔다. 이때 올제이후투그(完者忽都)라는 몽골 이름을 갖게 된 그녀는 먼저 자리 잡고 있던 고려인 출신 환관인 고용보(高龍普)와 인연을 맺게 되었다. 고용보는 기씨 정도의 미모와 영민함이면 황제의 눈에 띨 수 있을 것이라 판단하여 그녀를 다과 운반 궁녀로 만들었다.

토곤티무르(孛兒只斤 妥懽帖睦爾: 혜종(惠宗) 또는 순제(順帝))는 권력을 잡기 전 권력 싸움에 밀려 서해의 대청도에 유배된 적이 있었다. 그가 황제에 오르기 전, 원 황실은 13년 동안 무려 7명의 황제가 바뀌는 극도의 혼란기를 맞아 권력 주변부는 유배가 일상사였다. 비록 힘든 시기였지만 이때 혜종은 고려인에 대해 호감을 갖게 되었다. 고용보는 이를

■ 원나라 혜종

눈치챘고, 그의 계책대로 그녀는 황제의 눈에 띄어 후궁이 되었다. 하지만 황제가 좋아한다고 해서 전부 황후가 될 수 있는 것은 아니었기 때문에 그녀의 진짜 도전은 지금부터 시작이었다. 황제가 그녀를 총애하자 여기저기서 시기와 질투를 했는데, 특히 제1황후였던 타나시리(答納失里)는 툭하면 채찍으로 매질을 할 정도였다.

몽골 명문가 출신인 다른 여인들과 달리, 옆에서 그녀를 지켜줄 이가 아무도 없는 속국 고려의 공녀인 그녀는 모든 역경을 혼자 헤쳐나가야 했다. 맛있는 음식이 생기면 칭기즈칸을 비롯한 선대 황제 영전에 바치고 난 후에야 먹는 식으로 황제와 황실 어른들의 환심을 사려고 노력했다. 권문 세도가의 간섭에 질려 있던 황제도 이런 모습에 호감을 느끼고 그녀를 더욱 총애했다. 그 결과 그녀는 타나시리를 제거하는 데 성공하고 1340년에 제2황후의 자리에 올랐다.

그녀는 고려 출신 환관 박불화(朴不花) 등을 이용해 그가 낳은 아들 아유르시리다르(愛猶識理達臘)를 황태자로 만드는 데 성공했고 1365년 제1황후 바얀쿠트(伯顔忽都)가 사망하자 그 자리를 차지했다. 그런데 이때는 혜종 또한 권력에 대한 기씨의 집요함에 염증을 느끼면서 서서히 멀리하던 시점이었다. 하지만 이미 자신의 권력 기반을 탄탄하게 닦아놓은 상태라 황제조차 그녀의 독주를 막을 수 없었다. 이민족 출신을 황후로 책봉하지 않는 원나라의 전례를 깨뜨린 사변을 그녀의 힘으로 이룬 것이었다.

하지만 그녀가 최고에 올랐을 때 원나라는 저무는 해였다. 참고로 중국 역사에서 혜종이라는 존호는 대개 왕조를 몰락시키거나 몰락할 당시의 임금에게 부여되는데, 무능의 대명사라고 할 수 있다. 그녀는 결론적으로 망국의 황후가 되었던 것이다. 그녀는 어렵게 황태자로 만든 아들을 위해서라도 무능한 남편을 대신해 제국의 몰락을 막아야 했다. 다음은『원사(元史)』「후비열전」에 기록되어 있는 내용이다.

기씨는 위기를 극복하기 위해 황실의 근본적인 체질 개선이 필요하다고 판단하고 무능한 군주를 젊고 유능한 인물로 교체해야 한다고 판단했다. 하지만 순제는 황제의 자리를 내놓을 생각이 없었다. 그는 대신 황태자에게 중서령추밀사(中書令樞密使) 직책과 함께 군사권을 주는 것으로 타협했다. 이것이 기황후의 실수였다. 당시 과감한 구조 조정은 원나라에게 선택이 아니라 필수였다. 이런 위기의 시기에 순제라는 무능한 황제를 둔 원나라는 급속히 약화되었다.

공녀였던 그녀는 힘없는 백성들의 고초를 누구보다도 잘 알고 있었다. 원나라 몰락의 기폭제가 되었던 1358년 대기근 당시에 직접 명을 내려 백성들에게 죽을 제공했고 10여 만에 달하는 아사자의 장례를 치러주었을 만큼 관심을 가졌다. 하지만 이런 노력만으로 이미 썩은 고목이 되어버린 제국을 되살릴 수 없었고, 원은 다음 대권을 놓고 내란에 빠져들었다. 황태자는 탈출에 성공했지만 기황후는 반군의 포로가 되는 불운을 겪었다. 이후 명나라의 위세에 밀려 응창(應昌)으로 이

■ 북원 소종. 명나라의 등장과 함께 원나라가 멸망한 것으로 알고 있지만 그렇지 않다. 원나라의 세력이 장성 이북으로 물러났을 뿐이었고, 이를 이전과 구분하여 북원이라 한다. 기황후의 아들인 소종 당시에 북원은 맹장 코케테무르(擴廓帖木兒)의 지휘로 명나라를 곤경에 빠뜨리기도 했다.

전했다가 남편 혜종보다 1년 먼저 1369년에 쓸쓸히 생을 마감했다.

이들 부부의 죽음과 함께 원나라가 문을 닫은 것으로 아는 이들이 많은데, 사실 이는 한족 중심의 사관에서 비롯된 오해다. 그녀는 대도(大都: 북경)를 떠나 칭기즈칸이 창업했던 초원으로 옮겨가 제국의 멸망을 막았고, 그의 아들은 이후 소종(昭宗)으로 등극하면서 원나라의 승계자가 되었다. 명나라의 등장 이후 장성 이북으로 물러난 원을 흔히 이전과 구분지어 북원(北元)이라 칭하는데, 이는 결코 별도의 국명이 아니다. 원나라는 이후 부침을 거듭했지만 계속해서 명나라를 위협하는 주요 세력으로서 267년을 더 존속하다가 1635년 청나라에 의해 멸망했다. 결국 그녀는 쓰러져가는 강대국의 붕괴를 막지는 못했지만, 이후로도 오랫동안 역사에 흔적을 남긴 새로운 원의 기틀을 다지는 데 결정적인 역할을 다한 여걸이었다.

자료에 따르면, 그녀는 금강산 장안사에 거대한 불사(佛事)를 일으키고 황태자비를 친히 고려인으로 간택했으며 현재 경기도 연천군 상리(上里)에 능이 있는 것으로 보아 죽어서라도 고향에 돌아가고픈 염원이 컸던 것으로 보인다. 하지만 기씨 일가의 전횡을 부추기고 원나라의 영향권에서 벗어나지 않도록 고려 국정을 농단했고 공녀나 환관

조공을 면제시키지 않았던 것을 보면, 이 모든 것이 단순히 고려에 대한 애정 때문만은 아니었던 것으로 추정된다. 고려 공녀로서 원나라에 가서 어렵게 가장 높은 자리에 올랐고 원말명초(元末明初) 변혁기 역사에 큰 족적을 남긴 여걸이기도 했지만, 그에 앞서 자신과 피붙이에 대한 정이 제일 먼저였던 보통 여자이기도 했던 것 같다.

6

국가와 결혼한 여인

유럽의 변방이었던 섬나라 영국이 해가 지지 않는 대제국으로 커나가기 시작한 것은 엘리자베스 1세가 통치하면서부터다. 집권 과정만 놓고 본다면 목숨이 위태로운 순간이 많았을 만큼 고난의 연속이었으나, 그러한 어려움을 슬기롭게 극복했기에 영민한 군주가 될 수 있었다.

■ 잉글랜드의 왕 헨리 8세(재위 1509년~1547년)(사진 1)는 왕비 캐서린(사진 2)과의 사이에 아들이 없어 궁녀 앤 불린(사진 3)과 결혼하려 했으나 로마 교황이 이를 인정하지 않자 가톨릭 교회와 결별하고 수장령(首長令)으로 영국 국교회를 설립해 종교개혁을 단행했다.

■ 아마도 영국 역사에서 가장 무지막지한 왕권을 휘둘렀던 사람이라면 단연코 헨리 8세 Henry VIII 다. 호색한이었던 그는 외교 관계 때문에 에스파냐의 공주 출신으로 형수이기도 했던 캐서린 Catherine of Aragon 과 마지못해 결혼했으나, 금세 싫증을 느끼고 아내의 시녀였던 앤 불린 Anne Boleyn 에게 관심을 가졌다. 이미 자매인 메리 불린 Mary Boleyn 과 불륜 관계이기도 했던 헨리 8세가 그녀마저 정부로 삼으려 접근하자, 당찬 그녀는 정식 결혼을 요구하며 그의 애간장을 태웠다.

아들을 얻지 못해 걱정하던 헨리 8세는 어차피 애정도 없는 캐서린과 이번 기회에 이혼하고 젊은 앤 불린과 결혼하려고 했다. 이런 그의 결심은 이후 엄청난 피바람을 불러왔다. 이혼 요구를 현 부인 캐서린은 물론 로마 교황이 반대하고 나섰는데, 이때 헨리 8세는 개혁을 요구하던 영국 교회를 가톨릭과 결별시키고 스스로 영국 교회의 수장에 오르는 혁명적 조치를 단행했다. 그리고 나서 캐서린을 쫓아내고 1533년 두 번째 결혼에 성공했는데, 이 때문에 백성들은 왕과 새 왕비에 반감을 갖게 되었다.

이처럼 그는 자기가 원하는 것이라면 어떻게든 했던 전제군주였다. 그는 앤 불린 사이에서 공주를 낳았지만 왕자를 낳지 못했다는 이유로 앤 불린을 처형했다. 이러한 무지막지한 헨리 8세가 죽자, 앤 불린이 처형된 지 11일 만에 결혼한 제인 시모어 Jane Seymour와의 사이에서 태어난 에드워드 6세 Edward VI가 왕권을 계승했다. 하지만 병약한 그는 얼마 못 가서 요절했고, 쫓겨난 첫째 아내 캐서린이 낳은 딸 메리 1세 Mary I가 왕위를 승계했다. 이러한 변고가 있을 때마다 앤 불린의 딸은 반역 행위에 가담했다는 모함으로 생명의 위협을 받기도 했으나, 그때마다 몸을 낮추어 간신히 목숨을 부지할 수 있었다.

이 시기는 가톨릭, 성공회, 청교도의 다툼으로 거의 매일 수많은 사람들이 형장에서 사라지던 잔인한 시절이기도 했다. 정신질환을 앓던 메리 1세가 죽자, 그동안 숨죽이고 있던 공주가 드디어 1558년 왕위에 올랐다. '블러디 메리 Bloody Mary'라고 불릴 만큼 잔인했던 메리 여왕의 폭정에 진절머리를 내던 백성들이 그녀의 등극을 대대적으로 환영했을 정도였는데, 그런 기대만큼 그녀는 영국 역사에 길이 남을 영민

■ **엘리자베스 1세 대관식.** 국왕 대관식에서 예복을 입은 엘리자베스 1세는 여왕 대관식의 전통에 따라 머리를 풀었다. 당시 길게 늘어뜨린 머리는 결혼하지 않은 처녀를 상징했다.

Chapter 04

■ **에스파냐 무적함대 격멸 기념 초상화.** 엘리자베스 1세 여왕 등극 시기에 에스파냐는 유럽의 최강국이었지만, 영국 해군에게 일격을 당한 후 유럽의 이류 국가로 급속히 몰락했다. 이때 해상을 제패한 영국은 20세기 중반까지 무려 400여 년간 그 위상을 뽐냈다. 이로써 해가 지지 않는 나라 대영제국의 식민지 사업이 시작되었던 것이다.

한 군주가 되었다. 바로 대영제국의 기틀을 만든 엘리자베스 1세(Elizabeth I, 1533년~1603년)다.

어렵게 왕위에 오른 엘리자베스 1세 여왕은 민심을 장악하기 위해 힘썼는데, 그러한 노력의 일환으로 의회와의 소통을 상당히 중요시했고 수시로 순시할 만큼 백성의 삶을 직접 챙겼다. 또한 당근과 채찍을 적절히 사용해 신하를 통솔할 줄 알았다. 그녀가 이렇게 할 수 있었던 가장 큰 이유는 어려웠던 시절을 잊지 않고 몸소 근검절약을 실천했고 경제를 부흥시켜 재정을 튼튼히 했기 때문이다. 국고가 두둑하니 남의 눈치를 보지 않고 소신껏 정치를 펼칠 수 있었던 것이다. 이 시기에 잉글랜드의 국력은 비약적으로 성장했다.

특히 해상 진출을 적극적으로 추진해 무적함대(Armada)로 대표되던 에스파냐 해군을 격멸했다. 그녀의 등극 시기에 에스파냐는 유럽의 최강국이었지만, 영국에 일격을 당한 이후 유럽의 이류 국가로 급속히 몰락했다. 이때 해상을 제패한 영국은 20세기 중반까지 무려 400여 년간 그 위상을 뽐냈다. 이로써 해가 지지 않는 나라 대영제국의 식민지 사업이 시작되었던 것이다. 이처럼 국력이 비약적으로 성장하자,

문화도 발달했는데 소설가 윌리엄 셰익스피어William Shakespeare와 철학자 프랜시스 베이컨Francis Bacon이 이때 활동했다.

"짐은 영국과 결혼했다"라는 명언을 남기고 처녀의 몸으로 생을 마감했을 만큼 그녀는 개인적인 행복을 추구하지 않고 항상 국가 경영을 고민하던 군주였다. 비록 모두를 만족시키지는 못했지만, 그 어떤 군주들보다 많은 이들을 행복하게 만들었다. 보통 영국의 최전성기를 19세기 말 빅토리아Victoria 여왕 시기로 보지만, 빅토리아 여왕은 "군림하되 통치하지 않는다"는 원칙을 따른 상징적인 군주였던 데 반해 엘리자베스 1세 여왕은 자신의 의지대로 통치해 대영제국의 기반을 다진 현명한 명군으로 칭송되고 있다.

엘리자베스 1세 여왕은 명군이기는 했지만, 다른 한편으로 목적을 달성하기 위해 편법을 사용하는가 하면, 국고를 늘리기 위해 수단과 방법을 가리지 않았다. 또 헨리 8세 이후 지겹도록 계속되어온 종교 분쟁의 피바람을 완전히 멈추게 하지 못했으며, 말년에는 모리배들에게 휘둘리기도 했다. 이런 이유로 엘리자베스 1세를 성군이라고 할 수는 없지만, 털끝만큼도 흠결이 없는 통치자를 역사에서 찾기 힘들다는 점에서 볼 때 그녀는 뛰어난 군주였음에는 틀림없다.

7

박힌 돌을
뽑아낸 여인

7촌 사이인 엘리자베스 2세 부부의 모습. 이처럼 핏줄이 얽혀 있는 유럽 왕실에서 그들만의 통혼이 새삼스러운 것은 아니다. 하지만 예카테리나 2세처럼 시집을 가서 남편을 몰아내고 황제가 된 경우는 세계사적으로 드문 예다.

■ 유럽 왕실의 역사를 살펴보면 각국 왕실 간의 통혼은 새삼스러울 것이 없다. 왕족들이 평민과 결혼할 수 있게 된 것이 20세기가 되어서나 가능했을 정도로 오랫동안 그들만의 리그를 꾸려왔고, 그러다 보니 핏줄이 얽히고설켜 있다. 예를 들어, 현 영국 여왕 엘리자베스 2세 Elizabeth II와 부군 에든버러 공작 Duke of Edinburgh은 7촌간이다. 덴마크 국왕이었던 크리스티안 9세 Christian IX가 엘리자베스 2세의 증외고조부(曾外高祖父: 증조할머니의 아버지)이자 필립공의 증조부이기 때문이다.

이처럼 통혼이 제한될 수밖에 없었던 이유는 결혼을 정략적 수단으로 이용했기 때문이다. 가뭄에 콩 나듯 진짜 사랑해서 결혼하는 경우도 있었지만, 이런 경우는 흔하지 않다. 따라서 유럽 왕실에서 시집을 온 여자들은 하나같이 다 대단한 가문 출신들이었다. 시쳇말로 든든한 친정을 배경으로 갖고 있었기 때문에 시집와서 기죽을 일이 없었다. 하지만 아무리 그렇다 하더라도 지존과 배우자는 엄연히 차이가 있다. 앞서 언급한 에든버러 공은 국민들로부터 부인 못지않게 존경을 받는 인물이지만 항상 여왕의 그림자 역할만 담당하고 있다.

그런데 외국에서 시집을 와서 남편을 내쫓고 황제에까지 오른 여인이 있었다. 사실 이런 경우는 서양뿐만 아니라 세계사를 구석구석 뒤져보아도 희귀한 사례다. 앞서 소개한 측천무후도 남편이 죽고 나서 황제가 되었고 대부분의 여걸들도 아무리 힘이 있어도 지아비를 제치고 앞에 나설 수는 없었다. 조피 프리데리케 아우구스테 폰 안할트체르프스트 Sophie Friederike Auguste von Anhalt-Zerbst는 프로이센 귀족 출신이었지만, 대국의 황후 후보에 끼지 못할 만큼 가난한 집안 출신이었는데도 러시아 제국의 황후가 된 신데렐라 같은 인물이었다. 그런데 그녀는 여기에서 만족하지 않고 남편 표트르 3세Pyotr III를 권좌에서 밀어내고 무려 34년간 러시아를 통치했다. 이 여인이 후세에 계몽군주로 알려진 예카테리나 2세Ekaterina II, 1729년~1796년다.

어머니 가문과의 작은 인연으로 조피는 1745년에 러시아 제국의 계승권자인 표트르와 결혼했는데, 그때가 불과 14세였다. 아마도 정신적으로 미숙하고 문제가 많았던 표트르가 강력한 가문과 혼인을 한다면 너무 처가에 휘둘릴 것을 염려하여 빈한한 가문과 정략결혼을 한 것이었는데, 결론적으로 여우 대신 사자를 들인 꼴이 되었다. 그녀는 이름을 예카테리나로 바꾸고 종교를 정교회로 개종하는 등 러시아인들의 환심을 사는 데 노력을 기울인 반면, 역시 독일에서 태어난 표트르는 독일식으로만 행동하려 들어 민심

■ 표트르 3세(위)와 결혼 당시 예카테리나 2세(아래). 예카테리나 2세는 프로이센 가난한 귀족 출신으로 러시아 제국의 표트르 3세와 결혼해 황후가 된 신데렐라 같은 인물이었다. 그녀는 여기에서 만족하지 않고 남편을 권좌에서 밀어내고 무려 34년간 러시아를 통치했다.

을 잃어갔다.

  당연히 부부간의 금실은 좋지 않았고 서로 정부를 두고 살았을 만큼 무관심했다. 일설에는 예카테리나가 낳은 세 아이 모두가 각각 다른 정부의 소생이고 말년까지 남성 편력이 극심했다고 전해질 정도였다. 1761년 무능한 표트르가 새 황제로 등극했는데, 날이 갈수록 평판이 나빠졌고 황실 내에서도 등을 돌릴 지경에까지 이르렀다. 이러한 상황을 직시한 예카테리나는 표트르 3세가 즉위한 지 불과 6개월 만에 근위대를 동원해 남편을 폐위시키고 스스로 제위에 올랐다. 군부로부터 충성 서약을 받아냈을 만큼 완벽한 쿠데타였고, 남편은 8일 후 암살되었다.

  이렇게 잔혹하게 정권을 잡은 그녀는 즉각 개혁에 나섰다. 러시아가 강국이 되려면 법률에 기초한 통치체제가 필요하다고 판단한 그녀는 입법위원회를 소집해 계몽주의 사상가들의 이론을 참고한 법률을 제정토록 했다. 이 때문에 계몽군주로서의 평판을 얻었지만, 사실이는 과대평가된 측면이 있다. 그녀가 명망 있는 사상가와 교분을 나누고 스스로 법치주의에 입각한 계몽군주로 자처했지만, 막상 그들이 제시한 3권 분립 같은 권력 축소 요구는 받아들이지 않았다. 더불어 지지 기반을 확충하기 위해 곪아가고 있던 농노제를 손보지 않고 귀족들을 지원했을 만큼 그녀는 전제주의 군주였다.

  이처럼 내치에는 실패한 사례가 많지만, 그녀가 지금도 러시아인들로부터 존경받는 이유는 적극적인 대외 팽창을 시도했기 때문이다. 그녀는 프로이센과 오스트리아의 도움을 받아 폴란드와 투르크

■ 프로이센의 빈한한 가문 출신으로 거대 제국 러시아의 황후가 된 것만으로도 극적이었지만, 예카테리나 2세는 거기서 만족하지 않고 스스로 황제에 올랐다. 이처럼 권력욕이 강하고 남성 편력도 심한 그녀였지만 러시아를 동유럽의 최강국 반열에 올려놓았기 때문에 이후 대제로 불릴 정도로 사랑을 받았다.

지역으로 세력을 넓혀갔고, 그 결과 동방정교의 영역을 확대하는 데 성공했다. 이때 러시아는 벨로루시, 크림 반도와 흑해 연안으로 진출했고, 특히 오스만 투르크 지배 아래 있는 정교도들을 보호·관리할 수 있게 되면서 동로마의 승계자로 자처할 수 있는 여건을 만들었다. 이 때문에 그녀는 러시아에서 예카테리나 대제 Catherine the Great 라고 불리기도 한다.

그녀는 굴러온 돌이었지만, 단지 피동적인 위치에 머무르지 않았다. 박힌 돌을 뽑아내는 것으로도 모자라 그 자리를 대신 차지하고 뿌리까지 깊게 내린 천하의 여걸이었고, 어려움 속에서도 굴하지 않고 주변을 모두 아우르는 능수능란한 통치력을 발휘했다. 이처럼 권력욕을 채우기 위해 수많은 비열한 방법을 동원했으면서도 후세로부터 독일인 조피가 아닌 존경하는 선조로 추앙받는 예카테리나 2세는 세계를 움직인 위대한 여자의 반열에 올려놓는 데 결코 모자람이 없다.

8

천사이면서
마녀였던 여인

불꽃같은 삶을 살다가 간 에바 페론. 그녀가 일국의 퍼스트레이디가 되었을 때는 27살밖에 되지 않았다. 불과 5년 동안 그 자리에 있으면서 아르헨티나 역사에 너무나 깊은 발자국을 남긴 그녀는 민중의 천사라는 칭송과 함께 나라를 망가뜨린 마녀라는 극단적인 평가를 받고 있다.

■ 비록 친아버지는 부유했지만 불륜으로 태어난 사생아였기 때문에 자식으로 인정받지 못하고 쫓겨난 어머니와 살며 어렵게 어린 시절을 보낸 에바 두아르테 Eva Duarte 라는 여자 아이가 있었다. 어려서부터 뛰어난 미모에 다재다능한 재능을 보였던 그녀는 연예계에 뛰어들었고 각고의 노력 끝에 인기를 얻었다. 하지만 연예인으로서 한창 활동할 나이인 27세에 일국의 퍼스트레이디가 되는 극적인 반전을 이루었다.

■ 에바 두아르테는 사생아로 태어나 어머니와 살며 어린 시절을 어렵게 보냈다.

그녀는 내조에만 머무르지 않고 남편의 가장 큰 조력자가 되어 국정에 깊이 관여했고, 특히 빈민들의 삶을 개선하는 데 많은 노력을 기울여 대통령인 남편 후안 페론 Juan Perón 보다 인기가 좋았다. 하지만 한창 일할 나이인 33세에 암으로 요절해 많은 국민들을 슬프게 만들었다. 이처럼 영화 속 주인공처럼 불꽃같은 삶을 살다가 간 여자가 뮤지컬 〈에비타 Evita〉로 잘 알려진 에바 페론 Eva Perón, 1919년~1952년 이다.

세계에서 여덟 번째로 커다란 국토를 가진 아르헨티나는 19세기 말부터 급속히 경제 발전을 이루었는데, 수도 부에노스아이레스 Buenos Aires 에 1913년 남미 최초로 지하철이 개통되었을 정도였다. 특히 구대륙이 연이은 전쟁으로 폐허가 되었을 때 세계에 막대한 농산물을 공급하면서 엄청난 부를 축적했고 이를 바탕으로 공업과 3차 산업도 비약적인 성장을 이루었다. 그래서 제2차 세계대전이 끝났을 때 아르헨티나는 세계 6대 경제 강국의 위치에까지 올라갔다. 만일 이 당시에 민주화가 뿌리를 내리고 성장을 계속했다면 오늘날 아르헨티나는 세계 경제에서 중요한 위치를 점했을지도 모른다.

하지만 연이은 군부의 정치 간섭과 이에 따른 혼란으로 아르헨티나는 추락했다. 그런데 아르헨티나가 정점에서 내려오기 시작한 바로 그 시기에 결정적인 역할을 한 인물이 바로 페론 부부였다. 1943년 쿠데타에 가담해 정권의 핵심이 되어 부통령까지 오른 후안 페론은 당시 사별한 상태였는데, 우연한 기회에 젊고 미모가 출중한 에바를 만나 사랑에 빠졌고, 곧바로 1945년에 결혼했다. 1946년 대통령 선거에 출마한 남편 후안 페론을 따라 에바는 유세에 동행했고, 이때 대중으로부터 폭발적인 인기를 얻어 결국 남편 후안 페론이 대통령에 당선하게 되었다.

공식적으로 맡은 직책은 없었지만, 에바는 거리낌 없이 권력을 행사했고 그녀의 대중적 인기를 잘 알고 있던 남편도 적극적으로 힘을 실어주었다. 불우한 어린 시절을 한시도 잊지 않고 있던 그녀는 노동자와 하층민을 위한 정책을 펼치는 데 앞장섰다. 물론 약자에 대한 배려는 원론적으로 국가가 책임져야 할 부분이고 당연히 고도의 복지는

■ **1945년 당시 남편 후안 페론과 에바 페론의 모습**. 1946년 대통령 선거에 남편 후안 페론이 출마하자 에바는 유세에 동행했고, 이때 대중으로부터 폭발적인 인기를 얻어 결국 남편 후안 페론이 대통령에 당선했다.

지구상에 존재하는 모든 국가들의 궁극적인 목표다. 하지만 이런 이상은 충분한 여건이 먼저 조성되어야 가능한 것이므로 생각만큼 쉽게 구현할 수 없는 것이 현실이기도 하다.

바로 여기서 후대에 그녀에 대한 평가는 극과 극으로 나뉘게 된다. 현실을 벗어난 이상을 실현하기 위해 그동안 아르헨티나가 쌓아놓은 국부를 소모했던 것이다. 이른바 페로니즘 Peronism 으로 불리는 대중인기 성책을 남발했고, 그 결과 아르헨티나는 급속히 쇠퇴해갔다. 자본가들을 경멸한 그녀는 이들로부터 강제적인 대규모 출연을 받아내어 자선사업에 쏟아 부었다. 이 때문에 기업의 경쟁력이 떨어지면서 고용과 세수가 줄어들었고 당연히 성장은 멈추었다. 그녀와 남편이 벌인 이런 극단적인 포퓰리즘 Populism 은 아르헨티나 민중들에게 엄청난 인기를 얻었지만, 결국 국가를 거덜 내는 데 최악의 일조를 한 것으로 평가된다.

20세기 초까지만 해도 이탈리아 여자들이 돈을 벌기 위해 아르헨티나로 가서 노동을 했을 만큼 경제 강국이었던 나라가 불과 한 세대

■ 일본에서 제작된 유명 애니메이션인 〈엄마 찾아 3천리〉(한국 제목은 〈엄마 찾아 3만리〉)는 19세기 말 이탈리아 소년 마르코가 돈을 벌기 위해 아르헨티나에 간 엄마를 찾아가는 내용이다. 이처럼 20세기 중반까지 경제적으로 부유했던 아르헨티나는 위정자들의 포퓰리즘 정책 남발로 급속히 쇠락했다.

■ 1950년 에바 페론과 후안 페론의 모습. 이들이 벌인 극단적인 포퓰리즘은 아르헨티나 민중들에게 엄청난 인기를 얻었지만, 결국 국가를 거덜 내는 데 최악의 일조를 한 것으로 평가된다.

만에 몰락하고 아직까지도 헤매고 있는 것을 보면, 지도자는 한순간의 인기와 영달보다는 국가의 현재는 물론이고 미래까지 내다보고 올바른 정책을 펼 줄 알아야 한다. 그런 점에서 감정과 열정이 너무 앞서 나갔던 에바 페론은 이성적인 여걸은 아니었다. 사생아로 태어나 가난한 어린 시절을 보내고 삼류배우로 전전하다가 극적으로 퍼스트레이디가 되고 암으로 사망하기까지 영화 같은 짧은 삶을 살다 간 에바 페론. 가난한 노동자와 서민을 위한 복지정책을 편 '국민들의 성녀'라는 평가와 함께 선심성 정책으로 국가 경제를 파탄 나게 한 장본인이라는 비판을 받는 인물. "돈 크라이 포 미 아르헨티나 Don't cry for me Argentina"는 뮤지컬 〈에비타〉에서 그녀가 죽기 전에 한 말인데, 그녀의 죽음 앞에서 아르헨티나 국민이 흘린 눈물의 의미는 과연 무엇이었을까?

9

여제를
꿈꾸었던
여인

문화대혁명은 중국 현대사를 후퇴시킨 커다란 사건이었는데, 엄밀히 말해 이념 문제가 아니라 일종의 헤게모니 다툼이었다. 어쩌면 장칭은 마오쩌둥을 대신해 악역을 자처했는지 모른다. 하지만 너무 방약해 마지막 삶이 순탄하지 않았다.

■ 중국의 역사를 살펴보면 상식으로는 이해되지 않는 피비린내 나는 일들이 수시로 반복되었다는 것을 알 수 있다. 최근의 역사에서는 교조주의(敎條主義)적 사상으로 국가를 아비규환으로 몰아넣은 문화대혁명이 바로 그러한 사례라 할 수 있다. 이는 1966년부터 10년간 최고 권력자 마오쩌둥(毛澤東)이 주도한 극좌 사회주의 운동이다. 하지만 마오쩌둥 사후 중국 공산당 스스로 과오였다는 공식적 평가를 내렸을 만큼 원론적인 사회주의 혹은 공산주의 이념과는 아무런 관련이 없는, 단지 독재 권력을 강화하고 정적을 숙청하기 위한 선동극에 지나지 않았다.

■ **장칭.** 마오쩌둥의 네 번째 부인이며, 본명은 리수멍으로, 장칭은 혁명 운동을 위한 가명이다. 1960년대에는 4인방의 우두머리로서 극좌 노선의 문화대혁명을 이끌었다. 이 당시에 그녀는 '무산 계급의 위대한 기수'로 칭송되었다.

문화대혁명이 시작된 1966년 8월, 9월 동안 베이징에서 1,772명, 상하이에서 534명, 우한(武漢)에서 32명이 눈에 핏기가 선 어린 홍위병(紅衛兵)들에게 살해되었고, 이에 맞먹는 수의 사람들이 자살을 강요당했을 만큼 무서운 집단 폭력이 백주대낮에 거리낌 없이 자행되었다. 이 시기는 정확히 몇 명이 권력에 의해 생을 마감했는지 모르고, 중국 내에서 이 기간을 십년 동란(十年動亂)이라고 부를 정도로 참혹한 시기였다. 이런 미친 시기를 진두지휘하며 거대한 대륙을 공포의 도가니로 몰고 간 여인이 있었는데, 그녀가 바로 마오쩌둥의 아내 장칭(江靑, 1914년~1991년)이다.

장칭은 국공내전 당시부터 사용한 가명이고 본명은 리수멍(李淑蒙)이며, 원래 직업은 배우였다. 어려서 연극학교에서 연기를 공부했고 이후 란핑(藍苹)이라는 예명으로 잠시 영화배우를 하기도 했다. 이러한 그녀의 경력은 큰 도움이 되어, 능수능란한 화술과 행동으로 마오쩌둥의

■ 1946년 마오와 장칭. 배우였던 장칭은 능수능란한 화술과 행동으로 마오쩌둥의 환심을 샀고, 1938년에 마오쩌둥과 결혼했다.

환심을 샀다고 한다. 1933년에 공산당에 입당했고 1937년 당 본부가 있던 옌안(延安)으로 오게 되면서 마오와 만나게 되었고 1939년에 결혼했다. 마오에게는 네 번째 부인이었지만, 장칭도 이미 두 번 이혼한 경력이 있었다.

처음 배우로 활동하던 상하이에서 그녀는 삼류배우였지만 옌안으로 온 후 선전 활동에 적극 가담함으로써 중국 공산당 문화계를 이끌 재목으로 주목을 받았다. 그러면서 "한 나라를 이끄는 지도자의 아내가 되는 것이 소원이다"라고 주변에 말할 정도로 신분 상승을 노렸다. 권력을 행사하고 싶은 욕심 때문이었다. 이처럼 그녀가 정치적 야심

을 노골적으로 드러내자, 마오쩌둥의 아내가 될 때 중국 공산당 지도자들은 "장칭은 30년 동안 정치에 관여하지 않는다"는 조건을 내세워 결혼을 승낙했을 정도였다. 하지만 이런 조건에도 불구하고 그녀는 중화인민공화국 성립 이후 곧바로 정치에 손을 뻗었다.

1965년 장칭은 경극 〈해서파관(海瑞罷官)〉을 비판하는 논평을 썼는데, 이 논평에서 그녀는 이 경극이 마오를 폄하하기 위한 것이라고 주장했다. 〈해서파관〉은 원래 명나라의 청백리였던 해서가 황제의 실정을 비판하다가 파면된 내용을 극화한 것인데, 해서를 공산주의 투쟁사와 연결하려는 마오의 지시에 의해 제작된 것이었다. 하지만 장칭은 문예계가 "일부 반당, 반공산주의의 불순세력의 음모"에 의해 지배되고 있다고 주장하며 이들을 숙청할 것을 주장했다. 이것은 피의 시대로 점철된 문화대혁명의 시작이었다.

하지만 이는 핑계에 지나지 않았다. 당시 마오의 주도로 실시한 대약진(大躍進)운동이 비참하게 실패하면서 민심이 흉흉해졌다. 이로 인해 당에 대한 영향력이 덩샤오핑(鄧小平)과 류샤오치(劉少奇)에게 넘어가는 중이었고, 소련의 수정주의revisionism가 침투할 가능성이 컸다. 이로 인해 마오의 권력 기반은 흔들렸다. 불안에 떨던 남편을 대신해 바로 이때 전면에 나선 것이 장칭이 이끄는 4인방*이었는데, 그것은 남편과 함께 권력을 잃을 것을 우려한 욕심 많은 여인의 몸부림이기도 했다. 그 결과, 공산당 정권 성립 후 중국은 한국전쟁, 대약진운동, 문화대혁명이라는 고난의 시기를 보내며 국가 발전이 30년간 제자리에 머무는 암흑기를 겪어야 했다.

> **4인방**
>
> 4인방은 문화대혁명 기간 동안 무소불위의 권력을 휘둘렀던 4명의 중국 공산당 지도자를 뜻한다. 마오쩌둥의 부인이었던 장칭을 비롯해 정치국 위원이었던 야오원위안(姚文元), 중국공산당 중앙위원회 부주석 왕훙원(王洪文), 정치국 상임위원 겸 국무원 부총리 장춘차오(張春橋)를 가리킨다. 1976년 9월 마오쩌둥이 사망한 지 한 달 만에 이들 4인방이 체포되면서 문화대혁명은 막을 내렸다.

하지만 마오 사후, 구시대의 잔재를 떨어버려 민심을 잡고자 하는 덩샤오핑의 주도로 그녀는 1981년 '국가와 인민에 심각한 재난적 내란을 범한 죄'로 사형을 선고받았다. 하지만 재판 내내 그녀는 이를 인정하지 않고 소리를 질렀을 만큼 바뀐 세상 자체를 인정하려 들지 않았다. 이후 그녀는 무기 징역으로 감형되어 수감 생활을 하다가 1991년 자살로 생을 마감했다. 일설에는 젊은 남자 100여 명의 피를 수혈한 뒤 회춘했다며 좋아하고, 부하들의 머리가 나보다 높아서는 안 된다면서 자신이 의자에 앉아 있을 때는 부하들이 바닥에 앉도록 명령했을 만큼 오만방자했다.

그녀는 죽을 때까지 마오를 찾았을 만큼 남편을 흠모했고 의지했으며 남편을 믿고 권력을 마구 휘둘렀다.

"많은 사람들이 저를 당나라 측천무후에 비교합니다. 영광스러움에 몸 둘 바를 모르겠습니다."

1976년 3월 장칭이 마오에게 자랑스럽게 한 말이다. 이처럼 그녀의 교만함은 하늘을 찔렀고 그만큼 많은 적을 만들었다. 하지만 그녀가 날뛰는 동안 든든한 배경이 되어주었던 마오가 죽자, 불과 28일 만에 반혁명분자로 체포되었을 만큼 자신이 누린 권력이 사상누각이었음을 알기까지 그리 많은 시간이 걸리지 않았다. 그녀가 저지른 악행을 생각한다면 그것은 너무나 당연한 결과였다.

10
강철보다
냉정한 여인

마거릿 대처는 강철의 심장을 가진 여인이라고 불릴 만했다. 그녀의 정책이 모두를 만족시킨 것은 아니었지만, 제2차 세계대전 이후 급속히 쇠락해가던 대영제국의 위상을 다시 드높였다는 사실에 대해 이의를 제기하기는 힘들다.

■ 1982년 4월 2일 남대서양의 외딴 제도인 영국령 포클랜드Falkland를 아르헨티나가 침공했다는 소식이 전 세계를 놀라게 만들었다. 전혀 예상치 못한 영국과 아르헨티나의 교전 소식이 들리자, 미국처럼 외교적으로 양국과 우호관계를 유지하던 많은 나라들은 누구를 지지해야 할지 몰라 당황했다. 그런데 명분으로만 따진다면 아르헨티나의 공격은 타당한 측면이 많았다. 구제국주의 세력에 대한 도전이었기 때문이다.

포클랜드 제도는 영국에서 대서양을 가로질러 1만 6,000킬로미터 떨어져 있지만, 이곳을 말비나스Malvinas라고 부르는 아르헨티나에서는 겨우 480킬로미터밖에 떨어져 있지 않다. 이곳은 제국주의 시절에 힘을 앞세워 영국이 점령한 상태였고 제2차 세계대전 후 탈식민지화가 세계를 휩쓸자 양국 간의 영유권 분쟁이 벌어졌다. 결론적으로 아르헨티나가 무력이라도 동원해서 되찾으려고 시도한 것이 바로 포클랜드 전쟁이었다. 당시 제국주의자들의 침탈을 경험한 많은 이들이 아르헨티나를 성원했다.

하지만 이러한 거창한 명분과 별개로 아르헨티나의 군사독재정권이 연이은 실정으로 인한 엄청난 내부 불만을 외부로 분출시키기 위한 수단으로 전쟁을 일으켰다는 것이 일반적인 평가다. 그런데도 그들이 영국을 상대로 무력을 과감히 사용할 수 있었던 것은 대서양 끝에 있는 무인도에 가까운 섬을 영국이 탈환하기 위해 무력을 동원하기는 힘들 것이라는 판단도 크게 작용했을 것이고 또 집권한 지 얼마되지 않은 영국 총리 마거릿 대처Margaret Thatcher, 1925년-가 여자라는 이유

> **포클랜드 전쟁**
>
> 당시 레오폴도 갈티에리 군사평의회 의장 겸 대통령 직무대행이 국가비상사태를 선포하고 선전포고 없이 포클랜드 섬에 대한 무력침공을 감행하면서 전쟁을 일으켰으나, 아르헨티나군이 제도를 점령하자 영국군은 함대와 군대를 파견해 74일 만에 탈환했다. 이 전쟁으로 아르헨티나군 700여 명과 영국군 250여 명이 전사했고, 아르헨티나 군사독재정권은 이 전쟁의 패배로 인기가 떨어져 이듬해 몰락했다.

로 얕잡아본 측면도 없지 않을 것이다.

　비록 20세기가 되어 국력이 쇠퇴하고 1976년에는 IMF으로부터 구제 금융을 지원받아야 할 만큼 저무는 제국으로 평가받는 처지였지만, 그래도 영국은 전통적인 군사강국이었다. 하지만 아무리 제한적인 국지전이라 해도 아르헨티나의 예상처럼 대양을 가로질러와 아르헨티나와 전쟁을 벌인다는 것은 상당히 힘든 일이었다. 때문에 아르헨티나의 예상처럼 영국 내에서도 적당한 해결을 촉구하는 주장이 흘러나오기도 했다. 하지만 아르헨티나가 깔보던 영국 총리 대처는 영국 사회가 우왕좌왕할 때 의회에 나가 따끔하게 일침을 놓았다.

　"지금은 여러 의견을 쏟아내고 걱정만 할 때가 아닙니다. 우리의 힘을 모아 즉각 국난을 타개해나가야 합니다."

　결국 별다른 대책도 없이 성급히 전쟁을 일으킨 아르헨티나는 6월 14일에 항복했다. 이것은 그동안 의기소침해 있던 영국의 자존심을 회복시켜주고 국민들을 단결시키는 계기가 되었다. 이로써 영국은 새로운 성장을 시작할 수 있었다.

대처는 식료품 집 딸로 태어났다. 옥스퍼드 대학교 화학과를 졸업한 뒤 독학으로 법률을 공부해 29세 때 변호사 시험에 합격했다. 이후 정계에 투신하여 34세에 의원이 되었고 45세에 교육장관이 되었을 만큼 승승장구했다. 그녀가 정계에 입문한 시기는 대체로 노동당의 강세를 누리던 시기였기 때문에 노동운동이 가장 왕성했다. 이 때문에 전통적인

■ 대처는 1982년 발발한 포클랜드 전쟁 당시에 혼란에 빠진 영국을 하나로 만들어 승리를 이끌어냄으로써 자신을 여자라고 깔보던 아르헨티나의 군부독재 정권에 회복하기 힘든 치명타를 안겼다.

보수당은 상당히 위축되어 있었는데, 바로 이때 그녀가 당의 개혁을 부르짖으며 당권에 도전하여 1975년에 사상 최초로 당수에 올랐다.

당시 경제 상황이 좋지 않아 사회와 정치권에서 분출되는 모든 요구 사항을 수용하기 힘들 만큼 영국은 쇠퇴해 있었다. 보수당이 집권할 수 있는 절호의 기회였다. 1979년 총선거에서 그녀가 이끄는 보수당이 승리했고, 그녀는 영국 헌정사상 최초의 여총리가 되었다. 그녀는 취임 후 인플레이션과 노사분규로 침체된 경제를 회복하기 위해 대처리즘 Thatcherism으로 불리는 철저한 자유시장경제제도 도입 및 복지제도 축소 등을 통한 재정의 건전성 확보를 목적으로 개혁을 단행

■ '철의 여인' 마거릿 대처는 영국 국민의 지지를 얻어 영국 역사상 최장 11년 집권 기록을 남겼다.

했다.

 당연히 개혁 초기에 많은 고통이 수반되었고 강성 노조를 중심으로 격렬한 반발이 일면서 지지율이 급락했지만, 그녀는 눈 하나 깜짝하지 않고 상대를 굴복시키는 강인함을 보여주었다. 그리고 아르헨티나와의 전쟁을 승리로 이끌어 '철의 여인'이라는 별명을 얻었다. 이후 연이은 개혁 대책이 서서히 효과를 발휘하면서 국민의 지지를 얻어 세 번 연속 집권에 성공했다. 그녀는 내치뿐만 아니라 외교에서도 막강한 영향력을 발휘했다. 비슷한 시기에 집권한 보수 성향의 레이건Reagan 행정부와 강철동맹을 결성해 냉전 구도를 힘으로 타파하려는 한 축을 형성함으로써 동유럽의 민주화를 가져오는 단초를 제공하기도 했다.

 그녀의 정책은 빈부 및 지역 간의 격차를 불러왔고 2차 산업의 경쟁력을 약화시켜 붕괴를 초래했다는 비판을 받는가 하면, 그녀의 개혁은 너무 극우적이어서 근본적인 경제 문제를 완전히 해소하지 못했다는 평가를 받곤 한다. 하지만 이후 집권한 노동당의 토니 블레어Tony Blair 총리도 이른바 '제3의 길'이라 불리는 중도 노선을 견지하며 그녀의 정책을 승계한 사실만 보더라도 그녀의 선견지명은 대단했다고 할 수 있다. 아니, 그보다도 국민의 지지를 얻어 영국 역사상 최장 11년 집권 기록을 남겼다는 사실만으로도 그녀는 세계를 이끈 위대한 여인임에 틀림없다.

Chapter 05
and 그리고 경제
Econo

■ 경제 하면 사람들은 왠지 머리가 아프고 보통 사람은 다가가기 어려운 분야로 생각한다. 한마디로 어렵다고 느낀다. 대부분의 사람들은 돈을 많이 벌어 잘살기를 원하고 또 그러한 목표를 달성하기 위해 열심히 생활하는데, 사실 그 자체가 경제 행위다. 하지만 정작 경제 뉴스를 찾아서 볼 생각도 하지 않고 그래프나 도표만 나와도 나와 상관없는 것이라 생각하며 외면하기 일쑤다. 우리 일상 자체가 경제 행위로 이뤄져 있는데도 이를 어렵고 다가가기 힘든 분야라고 생각하는 것은 이를 설명하거나 분석하는 대부분의 방식이 학문적이기 때문이다.

■ 사실 경제라는 개념은 인류사와 동시에 시작했지만, 이를 연구하는 경제학 Economics은 애덤 스미스Adam Smith로부터 따져서 불과 200여 년이 갓 넘었을 만큼 여타 학문과 비교하면 그 역사는 일천하다. 하지만 '사회과학의 꽃'이라 표현될 만큼 인간의 삶을 가장 체계적으로 규명한 최초의 학문이고, 그렇다 보니 다양한 과학적인 방법으로 사회 현상을 규명하고 미래를 예측하려 한다.

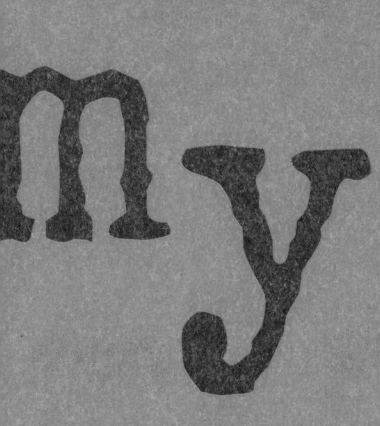

바로 이 때문에 우리가 한시도 쉬지 않고 경제 활동을 영위하면서도 이에 관한 내용이 나오면 모르는, 혹은 어려운 것이라 지레짐작해버린다.

- 그렇다 보니 전쟁과 경제가 상당히 밀접한 관련이 있다는 엄연한 사실도 망각하기 일쑤다. 사실 세계사를 살펴보면 대부분의 전쟁은 경제적인 욕구를 해소하기 위해 시작되었다고 보아도 무방하다. 표면적으로는 거창한 명분이나 이념을 들먹이지만, 원초적으로는 내가 잘 먹고 잘살기 위해 전쟁을 일으키는 경우가 대다수다. 제2차 세계대전 이후부터 1980년대까지 세계사를 지배해온 자본주의 세계와 공산주의 세계 사이에 벌어진 냉전도 원론적으로 따진다면 옳다고 여기는 경제 시스템을 수호하기 위한 대립이었다고 할 수 있다.

- 그만큼 전쟁과 경제는 떼어놓고 생각할 수 없는 관계에 있다. 하지만 경제가 어려운 분야라는 선입관처럼 굳이 이를 연결시켜 바라보려 하지 않는다. 대부분의 전쟁사도 이런 중요한 점은 외면하고 전쟁 그 자체를 묘사하는 경향이 많다. 하지만 전쟁의 이면을 조금만 파헤쳐보면 경제 문제가 한시도 빠졌던 적이 없음을 쉽게 파악할 수 있을 것이다.

1

발밑에 깔고 앉았던 보물

1959년부터 석유를 생산하기 시작한 만주의 다칭 유전은 2050년까지 산유가 가능할 것으로 추정될 만큼 엄청난 규모다. 현재 중국 내 수요가 많아서 석유를 수입하지만 한때 다칭 유전에서 산출된 원유를 수출하기도 했다. 하지만 만주를 차지하고 있던 일본은 유전을 발견하지 못했고 미국의 석유 금수 조치를 계기로 태평양 전쟁을 일으켰다.

- 왕비가 납치되어 트로이 전쟁이 발발하고 오스트리아 황태자 부부가 피살되어 제1차 세계대전이 시작되었다고 하지만, 사실 전쟁은 그 정도의 이유만으로 발발하기는 힘들다. 아무리 적대적인 관계라도 쉽게 시작할 수 있을 만큼 전쟁은 가벼운 행위가 아니다. 유사 이래 모든 전쟁은 예외 없이 무력이라는 수단을 동원해서라도 목적을 달성하려는 위정자의 확고한 의지에 따라 일어났다. 하지만 의지가 강하더라도 위정자 혼자 전쟁을 일으킬 수는 없다. 적어도 국민들의 공감을 불러일으켜 모든 것을 바쳐 싸울 만큼 적대적인 환경을 조성해야 한다.

이와 더불어 전쟁은 전쟁을 일으키는 자가 상대를 압도할 가능성, 즉 싸워서 이길 확률이 높아야 가능하다. 그런데 모든 전쟁이 그러했던 것은 아니지만, 유사 이래 대부분의 전쟁은 승리로 얻게 되는 이익이 클 경우에 발생했다. 다시 말해 경제적인 이유로 전쟁이 벌어졌다는 의미다. 예를 들어, 쥐 죽은 듯이 조용하다가 들불처럼 갑자기 발흥해 세계를 놀라게 만들곤 했던 유목 민족들의 반복적인 정복 전쟁은 먹고 살기 힘들 만큼 경제 상황이 급격히 나빠졌을 경우에 벌어졌다. 기후가 나빠져서 초지를 더 이상 찾지 못하게 되면 유목민들은 더 이상 살아갈 수 없기 때문에 결국 살기 위해서는 남의 땅을 정복할 수 밖에 없었던 것이다.

20세기 들어서 연이어 벌어진 양차 세계대전도 선발 제국주의 국가와 후발 제국주의 국가 간의 시장 쟁탈전이었다. 내가 더 잘살기 위해 원료 공급처와 상품을 소비할 수 있는 시장을 절실히 필요로 하면서 충돌이 벌어진 것이다. 한마디로 나만 잘살면 된다고 생각하고 남에게 고통을 주는 것을 대수롭지 않게 여겼던 것이다. 그런데 여기서 재미있는 질문을 하나 해보자. 내가 잘살고 배부르면 과연 전쟁을 하지 않을까?

이런 질문을 할 수 있게 하는 모티브가 하나 있는데, 그것이 바로 석유다. 오늘날 석유는 중요한 자원이기 때문에 세계 경제가 툭하면 석유 때문에 요동치고 있지만, 예전에도 소중한 자원이었다. 히틀러가 소련을 침공해 사상 최대의 전쟁인 독소전쟁을 일으키게 된 것도 카프카스 Kavkaz에 매장된 엄청난 석유가 그 이유 중 하나였다. 그리고 일본이 진주만을 급습하며 태평양 전쟁을 개시한 결정적인 동기도 미국의 석유금수조치 때문이었다. 당시에 추축국이 확보한 유일한 석유 공급처라면 루마니아의 플로이에슈티 Ploiești 유전뿐이어서 석유에 대한 절박함은 컸고, 특히 석유를 100퍼센트 대외 수입에 의존하던 일본은 더 급박했다. 본토가 연일 폭격을 받고 북아프리카에서 롬멜 Erwin Rommel에 쫓겨 수세에 몰려 도망 다니는 영국군이 그 와중에도 1941년에 이라크를 전격 침공한 것도 앞으로의 전쟁 수행을 위해 석유를 확보하기 위해서였다.

그런데 석유 때문에 고민에 빠져 있던 추축국들은 정작 엄청난 보물을 발밑에 깔고 있던 사실을 몰랐다. 이탈리아가 확보하고 있던 리비아나 일본이 통치하고 있던 만주의 지하에 엄청난 석유가 매장되어 있었던 것이다. 공교롭게도 전쟁이 끝난 1950년대 중반에 발견된 이들 유전은 현재까지도 석유를 생산하고 있다. 1930년대와 1940년대 석유소비량으로 따진다면 당시 석유 때문에 전쟁은커녕 수출을 해서

■ 히틀러가 소련을 침공해 사상 최대의 전쟁인 독소전쟁을 일으키게 된 것도 카프카스에 매장된 엄청난 석유가 그 이유 중 하나였다.

진주만 공격의 목표

일본은 만주를 점령한 몇 년 뒤인 1937년부터 중국과 전쟁을 하고 있었다(중일 전쟁). 1941년에는 일본과 미국과의 오래된 긴장이 더 고조되었다. 미국과 영국은 일본에 무기 제조에 필요한 고철 수출을 금지했고, 석유수출금지, 미국 내
일본 재산 동결, 일본 선박의 파나마 운하 통과 거부로 중국 내에서 일본의 군사 행동을 위축시키고자 했다. 1941년 11월 26일의 헐 노트Hull note*를 마지막으로 외교적 노력은 절정에 다다랐고, 도조 히데키(東條英機) 수상은 자신의 각료들에게 이것이 최후통첩이라고 설명했다. 특히 석유 봉쇄는 유전이 없어서 대부분의 석유를 미국과 인도에서 수입하던 일본에게 치명적인 위협이었다. 일본 지도자들은 다음 세 가지 안 중에서 하나를 선택해야 했다. 첫 번째 미국과 영국의 요구를 받아들여 중국에서 철수하는 것, 두 번째 유류 부족이 군사력 약화를 가져올 때까지 기다리는 것, 세 번째 충돌을 확대해 동남아시아의 자원 획득을 시도하는 것. 일본의 지도자들은 이 세 가지 안 중에 마지막을 선택했다. 진주만 공격의 목표는 태평양에서 미국의 해군력을 무력화해 전면전이나 동시 다발적인 준비된 공격을 잠시나마 막는 것이었다.

■ 헐 노트: 미국과 일본 간의 협정 기초 개요Outline of Proposed Basis for Agreement Between the United States and Japan는 일본 제국의 진주만 공격과 미국의 대일선전포고 이전에 미국 정부가 일본 제국에 전달한 문서다. 이것을 약칭으로 헐 노트라고 부른다. 이 문서는 1941년 11월 26일, 미국 국무장관 코델 헐Cordell Hull이 일본의 주미대사 노무라 기치사부로(野村吉三郎)와 미일교섭 대사였던 구루스 사부로(来栖三郎)에게 전달했으며, 사실상의 대일 최후통첩이었다. 주요 내용은 인도차이나 반도에서 일본군의 전면 철수, 중국 대륙에서 모든 이권 철회 및 3국 동맹 파기 등이 포함되어 있다. 실제로 미국은 이 제안을 일본이 받아들이지 않을 것이라는 예상을 하고 있었다. 일본 내부에서는 헐 노트가 미국의 고의적인 전쟁 도발이라고 인식하고 개전 의지를 굳히는 계기가 되었다.

돈을 벌어도 될 정도였다.

　만일 추축국들이 강점하고 있던 시기에 석유를 발굴했다면, 과연 역사는 어떻게 흘러갔을까? 설령 그렇다 하더라도 석유 이외의 다른 목적이 있었던 히틀러는 소련을 침공했겠지만, 일본은 미국과 전쟁을 하지 않았었을 수도 있다. 왜냐하면 당시 일본은 진주만을 급습해 미국과의 전쟁을 개시하면서도 자신들에게 유리한 방향으로 강화를 유도하는 것이 목적이었을 만큼 처음부터 이긴다는 생각을 하지는 않았기 때문이다. 이런 가정이 실제로 일어났었더라면 세계의 역사가 어떻게 바뀌었을지 생각해보는 것도 흥미로운 일이 아닐 수 없다.

2

전쟁 때문에
탄생한
경제체제

보통 사람이라면 굳이 알 필요가 없던 IMF라는 단어가 한국인들에게는 그리 낯설지 않다. 시간이 흘러 그 역할에 대해 설왕설래가 많지만, 아직도 국제 금융 시스템의 근간이라는 데는 이의가 없다.

■ 한국인이라면 IMF Int'l Monetary Fund (국제통화기금)가 생소한 단어는 아니다. 기억에도 생생한 1997년에 있었던 고통스런 환란 시절을 상징하는 대명사처럼 여겨지다 보니 그렇게 된 것인데, 흔히 당시의 위기를 언론에서는 IMF 사태라고 표현하곤 했다. 하지만 IMF 사태라는 말은 잘

■ 워싱턴 D.C.에 있는 IMF 본부

못된 용어이고 '외환위기에 따른 IMF 구제 금융 사태'가 정확한 표현이다. 그렇다 보니 IMF의 정확한 개념도 모르면서 무조건 타도 대상으로 생각한 정치인들까지 있었을 정도였다.

사실 IMF는 경제학을 전공한 사람들이나 알 정도로 일반인에게는 상당히 생소한 이름이었다. 각국의 출자로 만들어진 기금을 이용해 단기적인 통화 관리를 담당하는 국제금융기구인데, 1997년 우리나라처럼 외환위기에 빠진 국가에 대한 긴급 지원도 담당한다. 그래서 흔히 세계의 중앙은행에 비유하곤 하는데, 그렇다 보니 IMF를 종종 세계은행 World Bank 라 불리는 IBRD International Bank for Reconstruction and Development (국제부흥개발은행)와 혼동하기도 한다. IBRD도 IMF와 함께 탄생한 국제금융기구이기는 하지만, 주로 개발도상국에 대한 장기 개발 자금 지원을 목적으로 하므로 기능이 다르다.

한국은행이 국가 경제에 중요한 역할을 담당하지만, 막상 보통의 한국인들이 그 존재를 체감하기 힘들 정도인데 가맹국들을 대상으로

▪ **1936년 대공황 당시 어렵게 살던 캘리포니아 주민** 제2차 세계대전 직전에 세계를 휘청거리도록 만든 거대한 사건이 있었는데, 그것이 바로 대공황이다. 이 폭풍은 발원지인 미국을 넘어 세계를 순식간에 어렵게 만들었다.

하는 IMF가 낯선 것은 어쩌면 당연하다. 따라서 IMF가 뭔지 모르다가 이제 거의 모든 한국인이 아는 단어가 될 정도가 되었으니 당시 우리 국민의 고통이 얼마나 컸는지를 짐작할 수 있다.

그런데 이처럼 너무나 힘겨웠던 시대의 아픔을 상징하는 단어가 되어버린 IMF가 제2차 세계대전의 산물이라는 것을 아는 사람은 거의 없다. 전쟁과 국제금융기구가 무슨 관련이 있냐고 생각할지 모르지만, IMF는 제2차 세계대전 이후 새로운 세계 질서를 만드는 과정에서 탄생했다.

제2차 세계대전이 연합국의 승리로 막을 내릴 것이 확실시되자, 왜 이렇게 거대하고 무서운 전쟁이 일어나게 되었는지 분석하게 되었다. 먼저 전쟁의 원인이 무엇인지부터 생각하게 되었고 앞으로 이러한 전쟁이 재발하지 않도록 대책도 궁리했다. 위정자들은 위정자들대로 학자들은 학자들대로 머리를 싸매고 고민했는데, 당시 경제학자들은 가장 원초적인 인간이 먹고 사는 문제에서부터 해답을 찾으려고 들었다. 그러다 보니 "왜 협상이 아니고 전쟁을 선택했는가?"라는 원론적인 문제에서부터 고민할 수밖에 없었다. 인류사에서 전쟁이 멈춘 적은 없지만, 그래도 전쟁보다는 대화와 타협이 좋다는 것은 상식이기 때문이었다.

알다시피 제2차 세계대전 직전에 세계를 휘청거리도록 만든 거대한 사건이 있었는데, 그것이 바로 대공황 Great Depression 이다. 이 폭풍은 발원지인 미국을 넘어 세계를 순식간에 어렵게 만들었다. 제1차 세계대전을 거치며 세계 최대 채권국으로 떠오른 미국의 경제 추락은 곧바

■ 대공황 당시 캐나다 온타리오 주 토론토에서 일자리를 요구하며 피켓을 들고 시위하고 있는 실업자들.

로 세계 전체에 영향을 주었고, 이런 동시다발적인 위기는 인류사에서 보기 힘든 초유의 사건이었다. 이를 해결하기 위해 미국은 대외 채권을 회수하고 정부 재정 확대를 통한 적극적인 노동시장 창출로 돌파구를 마련하려고 했고, 영국과 프랑스는 본국과 기존 식민지를 더욱 배타적인 경제권역으로 분리해 자력갱생하는 형태의 블록Bloc 경제 정책을 시도했다. 그리고 이때 전체주의 정권이 집권한 독일, 이탈리아, 일본 등의 후발 자본주의 국가들은 경제를 통제하고 이웃나라를 침략해 새로운 원료공급처와 상품소비처를 확보하려는 방법으로 대공황을 극복하려 했다.

이처럼 국가별로 위기를 극복하기 위한 방법에 있어서는 차이가 있었지만, 결론적으로 내 배가 고프니 남을 생각하지 않고 이기적으로 행동했다는 데 있어서는 모두가 똑같았다. 즉, 나의 고통을 최대한 남에게 전가함으로써 위기를 돌파하려 했고 그러면 모든 문제가 해결되리라고 착각했던 것이다. 경제학자들은 자기만 살겠다는 이기적인 행동의 충돌이 제2차 세계대전이었다고 본 것이다. 이처럼 경제학자들은 전쟁 이전의 세계 경제는 전쟁을 불러일으킬 만한 요인이 많았고, 이런 원인이 제거되거나 개선되지 않는 한 비극은 재발할 것이라고 보았다. 이와 더불어 자본주의체제를 지키려면 가장 위협적인 세력이라 할 수 있는 공산주의와도 경쟁을 해야 했다. 오랜 연구와 토의 결과 승

■ 존 M. 케인스   ■ 제2차 세계대전 후 새로운 세계경제체제를 탄생시킨 브레튼 우즈의 마운트 워싱턴 호텔

전국 경제학자 및 정책 담당자들은 다음과 같은 결론을 도출했다.

첫째, 다른 나라에 일방적인 희생을 강요하는 자본주의 정책은 폐기되어야 한다. 국제간 상품 거래에 있어서 서로 이익을 볼 수 있는 자유무역이 이루어지는 것이 최선이므로 전쟁 이전처럼 블록 이외의 경제권과 거래를 제한하는 각종 장벽은 철폐되어야 한다.

둘째, 국제간 금융 거래도 자유화하는 것이 바람직하며 일국의 통화, 환율, 외환 등의 정책이 실패했을 경우 다른 국가에 끼치는 영향을 최소화할 수 있도록 세계 금융을 거중조정할 수 있는 기구가 필요하다.

이를 위해 상품 교역과 관련한 GATT General Agreement on Tariffs and Trade (관세 및 무역에 관한 일반 협정)와 국제 금융 질서 조정을 위한 IMF의 창설에 대해 논의하기 시작했다. 이러한 정책의 산파가 대공황 당시 미국에 뉴딜 New Deal* 이라는 정책을 처방했던 영국의 경제학자 존 M. 케인스 John

뉴딜 정책

대공황 시기에 실업자에게 일자리를 만들어주고, 경제 구조와 관행을 개혁하고, 대공황으로 침체된 경제를 되살리기 위해 프랭클린 D. 루스벨트Franklin Delano Roosevelt 미국 제32대 대통령이 1933년 ~1939년에 추진한 경제 정책이다.

뉴딜 정책은 7년이라는 장기에 걸친 것으로 3시기로 구분된다. 제1기(1933년~1934년)는 경제의 구제와 부흥에 역점을 둔 시기이다. 제2기(1934년~1937년)는 뉴딜 정책이 좌경화한 시기로 사회개혁을 중시한 정책을 세웠다. 제3기(1937년~1939년)는 보수 세력이나 실업계가 단결해 반격을 도모하고, 사회개혁이 정돈 상태에 빠진 시기다.

뉴딜 정책은 구제, 부흥, 개혁 등을 목적으로 하고 연방정부의 기능과 대통령의 권한 확대를 실현하면서 적극적으로 구제 정책을 전개해 많은 성과를 올렸다. 또한 뉴딜 정책은 대공황으로 마비 상태에 빠진 미국의 자본주의와 혼란해진 사회의 재건을 위해 새로운 정책을 잇달아 실험했다. 미국의 전통적인 자유방임주의를 포기하고, 정부 권력에 의한 통제가 이루어졌으며, 케인스의 경제학을 받아들여 미국 자본주의를 수정하게 되었다. 7년의 장기간에 걸친 뉴딜 정책은 단순한 경제 정책에 그치지 않고, 정치, 사회 전체에도 커다란 영향을 끼쳐 미국의 항구적인 제도로서 확립되었기 때문에 역사적 의의가 크다.

Maynard Keynes다. 종전 이전인 1944년 케인스를 비롯한 세계의 경제학자 및 정책 담당자들이 머리를 맞대고 고민을 한 곳이 미국의 휴양지인 브레튼우즈Bretton Woods의 마운트 워싱턴 호텔Mount Washington Hotel이었다. 이후 제2차 세계대전 후의 세계 자본주의체제를 흔히 브레튼우즈 체제라고 한다. 엄밀히 말하면 브레튼우즈 체제는 국제 금융 질서에 관계된 것만을 말하고 GATT는 별도의 창설 과정을 거쳤으나, 이 둘은 현대 자본주의 질서의 근간이 되었다.

다자간 실물 경제 관리를 목적으로 1947년에 체결된 GATT는 자유무역을 위해 상품(지금은 서비스까지 포함) 거래에 대한 차별 금지가 목표였다. 전쟁 이전에 각국은 자국을 위해 외국 상품에 높은 관세를 매기거나 비관세 장벽을 높여 무역이 자유롭게 이루어지지 못하게 했고, 자국과 식민지 내에서만 무역 거래가 이뤄지도록 하는 정책을 썼다. 이렇게 자국만을 위하는 배타적인 무역 경쟁이 결국 전쟁을 몰고 왔다고 학자들은 분석했고, 모든 국가 간에 차별을 두지 않는 자유로운 무역이 이뤄져야 자본주의가 더욱 공고해질 것이라고 생각했다. 개별 국가 간에 일일이 무역협정을 맺어야 했던 예전과 달리 GATT는 모든 가맹국에게 포괄적으로 적용되는 일반 규칙이었는데, 1995년 WTO World Trade Organization (세계무역기구)가 출범하면서 GATT 체제는 막을 내렸다.

IMF는 국제 금융을 위한 안전장치다. 전쟁 전 각국은 파운드화 블록, 프랑화 블록 등과 같이 본국과 식민지를 하나의 경제권으로 묶는 금융지역을 만들었고, 자기 블록의 통화를 평가절하하는 방법 등을 동원해 다른 경제권의 출혈을 강요했다. 학자들은 이러한 블록 간의 배타적인 경쟁이 전쟁의 원인이라고 보았다. 재발을 막으려면 금융의 흐름을 자유화해야 하는데 그러기 위해서 세계 공통으로 사용할 수 있는 통화를 도입해 국가나 블록을 자유롭게 뛰어넘어 금융 거래가 이루어지도록 하고, 일국의 금융 공황이 세계로 번져 영향을 미치는 사태를 미연에 방지하게끔 긴급 자금을 지원할 수 있는 체제를 만들기로 했다. 케인스는 각국 경제 규모에 따른 출자를 통해 결제 통화인 가칭 방코Bancor를 제안했으나, 전후 세계 GNP Gross National Product (국민총생산)의 70퍼센트를 차지하던 미국이 달러화를 금의 가치에 고정시키고 다른 나라의 통화를 달러화 가치에 연계시키자고 우기는 바람에 결국 달러화가 자본주의 기축 통화가 되었다.

달러화를 금의 가치에 고정시킨 후 세계 각국의 통화 가치가 달러에 연동되도록 한 시스템은 당시 미국이 세계 경제에서 차지하던 규모로 볼 때 충분한 자격이 있었는지는 모르지만, 경제는 고정되어 있는 것이 아니라 끊임없이 변하는 것이어서 얼마 지나지 않아 문제점이 발생했다. 전후 복구에 성공한 유럽, 일본 등의 경제가 커지고 상대적으로 미국의 경제가 축소되자, 미국은 달러와 태환(兌換)할 수 있는 보유 금이 부족한 사태를 맞게 되었던 것이다. 결국 1971년 리처드 닉슨Richard Nixon 대통령은 그들이 떼를 써서 만든 달러화 기축통화체제의 근본이라 할 수 있는 금태환의 정지를 선언하여 브레튼우즈 체제를 붕괴시켰다. 결국 케인스가 외쳤던 것처럼 각국이 출자한 기준으로 조성된 기금으로 IMF 및 국가간 장부에서만 거래되는 SDR Special Drawing Right (특별인출권)이라는 결제 단위가 만들어지면서 IMF는 변화를 맞았다. 위대한 경제학자의 이야기를 귀담아듣지 않은 채 앞날을 내다보지 않고 영원히 패권을 휘두르려던 미국의 오만이 자본주의체제의 붕괴를 가져올 수도 있었던 위기의 순간이었다.

제2차 세계대전 후 세계 질서는 흔히 정치적으로 UN United Nations (국제

연합), 경제적으로는 IMF라는 이야기가 종종 회자되지만, 두 기구의 의결 방식은 조금 차이가 난다. 거부권을 가진 상임이사국이 있기는 하지만 각 나라에 동등한 투표권이 주어지는 UN과 달리, IMF는 마치 주식회사처럼 출자 비율에 따라 발언권이 다르다. 자본주의체제를 지탱하는 기둥답게 이처럼 IMF는 기업의 지배구조 같은 모습을 하고 있다.

지금까지 살펴보았듯이 오늘날 우리가 상식으로 알고 있는 WTO와 IMF는 제2차 세계대전의 결과 자본주의체제를 지키기 위해 만든 시스템이다. 하지만 당대 최고의 학자들도 모든 이를 만족시키고, 특정 국가가 경제 헤게모니를 휘두르지 못하게 할 만큼 이상적인 시스템은 만들 수 없었다. 결국 다수의 만족을 위해서 소수가 희생당할 수도 있는 구조가 된 셈인데, 농산물 개방으로 인해 시름이 많은 우리 농민들, IMF의 구제금융으로 인해 거리로 내몰린 수많은 가장들을 생각하면 완벽한 시스템을 만드는 것이 얼마나 힘든 일인지 알 수 있을 것이다. 사실 이러한 것은 우리뿐만 아니라 자본주의 세계가 공통으로 겪고 있는 모습이다. 브레튼우즈 체제를 성립시킨 경제학자들은 오늘날 세계 경제의 모습에 만족할까? 아니면 이렇게 주장할지도 모르겠다. "그래도 전쟁보다는 낫지 않냐?"고 말이다.

3 참 좋은 소총이었는데 말입니다

가장 막강한 FRB 의장이었다는 평가를 받은 앨런 그린스펀. 클린턴 시대의 호황을 이끌었다는 평가도 받고 있지만, 2009년 세계 금융 위기의 원인을 제공하기도 했다는 비판도 받고 있다.

- 인간이 태어나 죽을 때까지 단 한시도 쉼 없이 해야 하는 행위 중 하나가 바로 경제 활동이다. 먹고사는 문제가 이에 달려 있기 때문이다. 엄밀히 말해 원시수렵시대라 하더라도 생존하기 위한 본능적인 행동 자체가 바로 경제 행위이기 때문에 의식주(衣食住)로 대변되는 인간 생존의 3대 요소를 경제와 떼어놓고 이야기하기 힘들다. 종종 자급자족의 형태로 경제 행위가 제한될 수도 있겠지만, 대부분의 경제 활동은 타인과의 관계를 통해 이루어진다. 지구상에 있는 모든 인류는 예외 없이, 그리고 끊임없이 경제 활동을 하고 있다. 따라서 경제의 주체는 당연히 인간이다. 이론상 기업이나 국가도 경제를 구성하는 중요한 요소이지만, 기업이나 국가 역시 의사를 결정하는 것은 결국은 사람이기 때문이다.

이처럼 모든 사람들이 열심히 경제 활동을 하지만, 막상 경제 전반에 심대한 영향을 미칠 수는 있는 주체는 의외로 그리 많지 않다. 예를 들어, 중국이 G2의 반열에 올랐다 하더라도 미국이 세계 경제의 흐름을 좌지우지하는 가장 커다란 엔진임을 부인할 수는 없다. 물론 언젠가 미국도 이러한 무소불위의 위치에서 내려오겠지만, 현재 미국이 세계 경제의 헤게모니를 장악하고 있는 것은 분명한 사실이다. 따라서 미국이 행하는 경제 행위는 온 세계에 커다란 영향을 미친다.

그런데 이처럼 미국 경제가 세계 경제를 좌우하지만, 사실 미국 경제에 큰 영향을 미치는 것은 대중이라기보다는 극히 일부 소수 정책 결정자다. 자본주의이기 때문에 시장에서 모든 것이 결정되는 것처럼 보이지만, 시장을 주무르는 거대한 손은 분명히 있다. 거대 자본과 기업들도 거대한 손의 대표적인 예이지만, 엄밀히 말해 가장 큰 손은 정부다.

그중에서도 미국의 중앙은행인 FRB Board of Governors of the Federal Reserve System (연방준비제도이사회)의 위상은 대단하다. 미국의 통화 정책을 총괄하지만 사실 전 세계 통화 관리와 이와 관련된 경제 행위에도 엄청난 영향을 미치기 때문이다. 따라서 FRB 의장은 흔히 경제대통령에 비유되곤 한다. 그의 말 한마디와 표정에 따라서 주가와 환율이 요동칠 정도이니 권위는 두말할 필요조차 없다. FRB 의장은 대통령이 임명하고 상원의 승인을 받지만, 임명권자도 함부로 그의 행위에 관여할 수 없을 만큼 정치적으로 독립되어 있으며, 정권 교체와 상관없이 독자적인 판단에 따라 그 직무를 수행한다. 그러다 보니 현 의장인 버냉키 Ben S. Bernanke 는 2009년 《포브스 Forbes》가 선정한 세계에서 가장 영향력이 막강한 인물 4위에 올랐을 정도다.

FRB는 가장 큰 임무가 통화량 관리다 보니 항상 M1(현금+요구불예금=통화), M2(M1+저축성예금=총통화) 그리고 M3(총유동성)에 신경을 쓰는데, 여러 수단을 사용해 통화량을 적절히 관리함으로써 경기가 과열되거나 침체되지 않도록 조정한다. 특히 1979년부터 1987년까지 12대 의장을 역임한 폴 A. 볼커 Paul A. Volcker 는 M1을 적극적으로 관리하는 방법을 통해 한때 12퍼센트에 이르던 물가상승률을 4퍼센트로 안정시키는 데 성공했다. 그의 후임으로 1987년부터 무려 18년간 13대 FRB 의장으로 재임한 앨런 그리스펀 Alan Greenspan 은 역사상 가장 막강한 의장이었다는 소리를 들었는데, 그는 M1을 사용한 전임자 볼커와 달리 금리

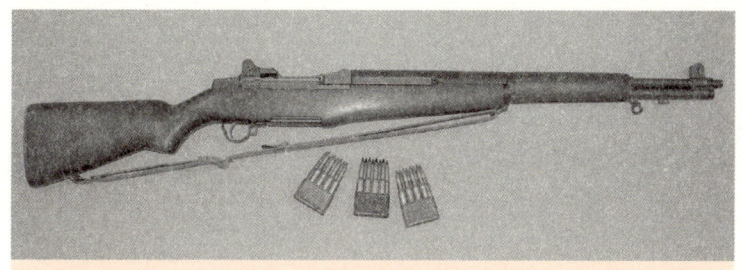

■ 시간이 흘러 그린스펀이 구닥다리의 대명사처럼 희화화시키는 했지만, M1은 총기사에 길이 남을 명품 소총이다.

를 주요 수단으로 사용했다. 그러자 퇴임한 볼커가 1995년 그린스펀을 만났을 때, 당시 M1 관리에 문제가 많다며 그린스펀에게 조언을 빙자한 간섭을 한 적이 있다.

볼커: "그린스펀 의장, 요즘 M1에 문제가 많은 것 같은데?"
그린스펀: "그게 참 이상합니다. 한때는 참 좋은 소총이었는데 말입니다."

M1(통화)보다 금리를 주요 정책 수단으로 쓰고자 고집했던 그린스펀이 예전처럼 통화량 직접 관리를 주장한 전임자의 우려와 간섭을 더 이상 M1만으로 통화를 관리할 수 없다며 우스갯소리로 일축한 대답이었다. 비유가 그래서인지, 거대한 전쟁을 승리로 이끈 명품 M1 개런드Garand 소총이 시대에 뒤떨어진 것을 의미하는 대명사가 되어버린 것 같아 씁쓸하기도 하다.

4

경제인의 시각으로
국방을 이끌었던
인물

1967년 당시 미 국방장관 맥나마라. 국군의 현대화 사업과 관련해서 우리나라와 인연을 맺게 된 그는 이후 세계은행 총재로서 우리나라 경제 발전 과정에도 많은 도움을 준 인물이기도 하다.

▪ 세계에서 가장 막강한 권력을 가진 사람을 한 명만 꼽으라면 단연코 미국 대통령을 꼽을 것이다. 임기도 한정되어 있으며 의회나 언론 그리고 여론으로부터 감시를 받고 있지만 현역 미국 대통령보다 세계에서 가장 큰 힘을 휘두를 수 있는 자는 이 세상에 없다. 세계 최강 군대의 통수권자라는 무시무시한 위치에 있다는 것이 그 이유 중 하나이겠지만, 미국 대통령이라 하더라도 이러한 무력을 사사로이 쓸 수는 없다. 이라크를 군사적으로 처단하기를 바랐고 결국 그 뜻을 이룬 조지 W. 부시 George W. Bush만 하더라도 그가 군대를 동원하는 데 의회의 동의가 필요했다.

어쨌든 세계 제1의 무력을 지휘하는 자가 미국 대통령이지만 그렇다고 국정 전반을 살펴야 하니 국방 업무에만 전념할 수는 없다. 대통령의 명을 받아 군을 실질적으로 관리·감독하는 자가 바로 국방장관이다. 부시 정권 당시 무소불위의 권력을 휘두른 럼스펠드 Donald Rumsfeld의 예에서 보듯이 전쟁이 개시되면 미국의 국방장관은 실질적으로 전쟁을 진두지휘한다. 그만큼 미국의 국방장관은 세계에서 미국 대통령 다음으로 막강한 권력을 휘두를 수 있는 직위다. 1961년 이후 임명된 국방장관들이 예외 없이 전직 군 출신인 우리나라와 달리, 미국의 국방장관은 민간인이 많다. 그렇다 보니 군과 전혀 관련이 없어 보이는 인물이 국방장관이 되기도 하는데, 경우에 따라서는 경영이나 경제전문가가 국방장관이 되는 경우가 종종 있다. 그중에서도 1960년대에 미국 국방의 총책임자였던 로버트 맥나마라 Robert McNamara는 상당히 흥미로운 인물이다.

미국 국방부는 1947년 육군성과 해군성을 해체한 후 창설했는데, 1961년부터 1968년까지 만 7년간 국방장관으로 근무한 제8대 장관이었던 맥나마라는 아직까지도 최장수 국방장관으로 기록되고 있다. 앞서 설명했듯이 민간인 출신 국방장관이었던 그는 하버드 경영대학원에서 조교수로 경영학을 강의했다. 시력이 나빠서 제2차 세계대전 당시에는 후방지원임무를 맡았고 이때 폭격기 부대 지원을 위한 효과적인 병참 운영 기법을 개발했다. 종전 후에는 포드 자동차에서 승승장구하여 1960년 12월에 주주들의 압도적인 지지로 사장 자리에 올랐다. 하지만 불과 1개월 후 케네디 정부의 국방장관으로 전격 입각했을 만큼 누구나 원하던 인재였다.

제2차 세계대전 중 군수계통의 효율적 시스템을 개발하는 임무를 맡았던 맥나마라는 국방장관이 되자 그때의 경험을 살려 군 개혁을 주도적으로 이끌었다. 사실 제2차 세계대전 이후 대폭적인 감군이 있었지만, 곧이어 시작된 냉전과 한국전쟁으로 인해 정부 내에서 군부의 입김은 조금도 줄어들지 않았고, 어떤 경우에는 정권에 냉소적이기까지 했다. 예를 들어, 쿠바 위기를 다룬 영화 〈D-13〉을 보면 케네디가 냉정을 유지하려는 태도를 보이자 미 군부가 격렬히 반응하는 모습이 묘사되었을 정도다. 그는 이러한 보수적인 군부와 힘겨루기에 돌입해 군부로부터 국방부 운영에 관한 통제권을 넘겨받는 데 성공했고 이를 바탕으로 군 현대화 사업을 추진했다.

전직 경영인답게 그가 처음 개혁에 착수한 일은 방대한 국방 예산의 효율적 집행이었다. 예를 들어, 군용기의 경우 이전까지 공군(전신

■ F-4 팬텀 전폭기는 미 공군, 해군, 해병대가 함께 사용했을 만큼 뛰어난 전폭기였다. 그런데 같은 전투기를 놓고 공군에서는 F-110, 해군에서는 F4H라고 불렀을 만큼 미군의 무기 관리 체계는 중구난방이었다. 맥나마라는 이러한 사소한 일도 개혁의 대상으로 삼았다.

육군 항공대 포함)과 해군으로 나뉘어져 개별적으로 관리되었는데, 맥나마라의 주도로 제식번호와 관리체계를 일원화했다. 이러한 조치 덕분에 공군에서는 F-110 스펙터 Spectre, 해군에서는 F4H 팬텀 Phantom으로 불리며 각 군별로 별도로 관리되던 전투기가 F-4로 일원화되었는데, 현재도 이 체계에 의해 미국 군용기의 제식번호가 부여되고 있다. 이러한 경영학적 마인드는 압도적인 물량을 바탕으로 '대대적인 보복'을 가하던 예전 전략을 바꾸어 비정규전과 핵미사일에 의한 전쟁 억지를 혼합한 '유연한 대응'으로 미국의 군사전략을 바꿔놓았다.

그런데 그의 재임 시기는 1964년 통킹 만 사건 Gulf of Tonkin Incident (1964년 베트남 동쪽 통킹 만에서 일어난 북베트남 경비정과 미군 구축함의 해상 전투 사건)을 빌미로 미국이 본격적으로 참전하면서 베트남 전쟁이 확전되던 때였다. 당연히 맥나마라는 이때 상당한 역할을 했는데, 이 때문에 그를 비판하는 이들이 베트남 전쟁을 '맥나마라의 전쟁'이라고 했을 정도였다. 그는 베트남 전쟁이 미국이 개입하면 쉽게 해결될 것으로 낙관했지만, 의외로 전쟁이 장기화되자 수차례 현지를 방문한 뒤 미국의 군사 개입이 옳지 않았음을 깨닫게 되었다. 그 결과 1967년에 평화협정을 추진하기에 이르렀으나, 후임 존슨 정부의 정책과 어긋나 이듬해 국방장관직에서 물러났다.

미국의 국방장관은 우리나라와 떼어놓고 생각하기 힘든 자리이기도 하다. 특히 한국군이 베트남 전쟁에 주요 참전국으로 참전한 시기에 미 국방장관이었던 맥나마라는 우리와 관계가 돈독하여 국군 현대화 사업에도 많은 지원을 아끼지 않았다. 하지만 그가 우리나라에 끼친 영향은 그것만이 아니었다. 그는 1970년대 비약적인 성장을 계속하던 한국 경제의 엄청난 조력자였다. 1968년 국방장관을 그만둔 맥나마라는 그해 IBRD의 총재가 되어 1981년까지 재직했다. IBRD는 주로 저개발국에 장기 저리의 자금을 지원해주는 역할을 했는데, 우리나라도 IBRD로부터 많은 도움을 받았다. 다음은 우리나라 최장수 경제기획원 장관이었던 남덕우 전 총리가 2009년 4월 24일자 《동아일보》에 기고한 회상록의 일부다.

이 무렵 세계은행 로버트 맥나마라 총재로부터 각별한 지원을 받게 된 것을 잊을 수 없다. 그는 새마을사업, 교육과 기술개발, SOC 확충에 필요한 차관 요청들을 너그럽게 받아줬고 심지어 상업적 성격의 차관(현대양행의 창원 중기공장과 같은) 신청까지도 받아줬다. (중략) 돌이켜보면 그는 틀림없이 한국의 은인이었다. 내가 1980년 국무총리로 취임한 후 그에게 편지를 보내 그의 도움으로 이뤄진 SOC의 금자탑들을 보러 한국에 오라고 초청했다. 그러나 그는 끝내 오지 않았다. 내가 야인(野人)이 된 후 그를 국제회의에서 다시 만났는데 아프리카 최빈국을 돕는 일에 바빠서 내 초청에 응할 수 없었다는 것이었다. 그는 그 회의에서 한국의 성공 사례를 예로 들면서 최빈국의 기본적인 문제는 지도자가 없다는 것이니 지도자 양성을 위한 국제적 프로그램을 만들자고 역설하고 있었다.

이처럼 세계 최고의 군대를 개혁하는 데 앞장섰고 그렇게 변화된 최고의 무력을 진두지휘하여 제3세계의 전쟁에 개입했지만 잘못을 깨닫고 이후 전혀 다른 위치에서 저개발국의 개발을 위해 힘쓴 맥나마라는 경제인의 시각으로 국방을 이끈 독특한 인물이다. 특히 국방장관으로 있을 때나 그 이후에도 전혀 다른 방법으로 우리나라의 발전에 큰 도움을 주었다는 점에서 우리와 인연이 깊다.

5
특허권은 보호되어야 한다

상대가 제작한 소총을 들고 있는 칼라시니코프(왼쪽)와 스토너(오른쪽)는 냉전시대 동서 양 진영을 상징하는 명품 소총의 아버지들이다. 자신이 만든 M16에 대한 특허를 낸 스토너는 재벌이 되었지만, 당시 특허 개념이 희박한 소련에서 AK-47을 만든 칼라시니코프는 영웅 칭호와 함께 훈장만 수여받는 것으로 만족해야 했다.

■ 군대는 병력과 장비로 구성되는데, 각개 병사가 휴대하는 최소한의 장비가 바로 소총이다. 소총은 보병은 물론이거니와 통신병이나 수송병과 같은 비전투병과 사병들도 기본적으로 장비하고 있다. 당연히 성능이 좋은 소총을 기본 무기로 갖추려는 것이 인지상정인데, 제2차 세계대전 말기에 등장한 StG44 이후 이른바 자동소총 Automatic Rifle 또는 돌격소총 Assault Rifle 이라고 정의된 총들이 현재 군대의 기본 화기가 되었다. 돌격소총은 탄생 이후 지금까지 기본 메커니즘이 크게 바뀌지는 않았는데 그것은 개량이 필요 없을 만큼 처음부터 성능이 좋았다는 의미이기도 하다. 사실 이것은 돌격소총뿐만 아니라 탄생한 지 100년 가까이 되었지만 아직도 일선에서 사용하는 M2 중기관총이나 M1911 콜트 Colt 45구경 권총처럼 대부분의 총기에 해당되는 공통 사항이라 할 수 있는데 그것은 총기의 기계적 구조는 생각보다는 단순하다는 뜻이기도 하다.

제2차 세계대전 후 동서 양 진영을 대표하던 소총이라면 단연코 AK-47과 M16이다. 1947년 소련에서 개발된 AK-47은 가장 좋은 소총의 대명사라 해도 결코 과언이 아니다. 맞상대로 유명한 M16은 1957년 미국에서 개발되었는데, 베트남 전쟁을 계기로 서방권의 주력 화기 중 하나로 자리 잡았고 우리나라도 현재 일부 후방 부대에서 사용 중이다. 시대적인 배경으로 말미암아 AK-47과 M16은 라이벌 소총으로 유명하지만, 정작 생산량을 보면 라이벌이라는 의미가 무색해진다. AK-47의 경우는 파생형까지 포함해 약 1억 정 생산된 것으로 추산되는 데 반해, M16은 800만 정 정도 생산된 것으로 집계되고 있기

■ **M16A1.** M16 소총은 미군의 주력 제식 소총이다. 베트남 전쟁을 계기로 M14 소총을 밀어내고 주력 소총으로 자리 잡았다. 가스직동식으로 동작하는 몇 안 되는 돌격소총 중 하나다.

때문이다. 그런데 동서양을 대표하는 두 돌격소총의 생산량이 이처럼 차이가 많이 나는 것은 성능에 문제가 있어서 그런 것은 아니다.

그것은 바로 특허권_{Patent Right} 때문이다. 유진 스토너_{Eugene Stoner}는 자신이 만든 M16에 대한 특허를 냈다. 따라서 미국의 콜트나 우리나라의 대우정밀은 라이선스 하에 총기를 제작했고, 스토너는 백만장자가 되었다. 반면 특허 개념이 희박한 소련에서 탄생한 AK-47은 어디서 누가 만드는지 모를 만큼 여기저기서 마구 만들어졌고, 제작자 미하일 칼라시니코프_{Mikhail Kalashnikov}는 단지 훈장만 수여 받았다.

특허권은 협의로는 특허법에 의해 발명을 독점적으로 이용할 수 있는 권리를 말

■ **AK-47.** 1947년에 구소련의 주력 돌격소총으로 채용된 자동소총이다. 단순함과 높은 신뢰성으로 20세기에 가장 많이 생산된 돌격소총이다.

하며, 광의로는 특허법, 실용신안법, 의장법 및 상표법에 의해 발명, 실용신안, 의장 및 상표를 독점적으로 이용할 수 있는 권리를 말한다. 따라서 특허를 낸 물건이나 기술 등은 다른 사람이 쉽게 무단으로 복제할 수 없다. M16은 특허를 받은 무기였지만, 실제 전시 상황에서 그 특허권이 제대로 지켜졌는지는 의문이다. 왜냐하면 한창 전쟁 중인 나라가 좋은 무기를 복제할 능력이 된다면 특허권자의 허락을 받지 않고 무기를 무단 복제해 사용했을 가능성도 있기 때문이다. 승리를 위해 총력을 쏟아 부어야 하는 전쟁의 성격을 고려한다면 그럴 가능성은 충분히 있다. 이와 관련한 재미있는 사례가 하나 있다.

앞에서 언급한 미국의 M1911 콜트 45구경 권총의 명성은 상당해서 여러 나라의

■ 콩스베르그 그루펜이 라이선스 생산한 콜트 45구경 권총. 제2차 세계대전 당시에 노르웨이를 점령한 나치는 독일군 용도로 이를 계속 생산했는데, 그 진위는 정확히 알 수 없지만 콜트사가 원제작사라는 것을 그대로 새겨넣어 전시라 해도 특허권을 보호해야 한다는 전통을 지켜주는 모양새가 되었다.

제작사들이 라이선스 생산했다. 노르웨이의 콩스베르그 그루펜 Kongsberg Gruppen도 그중 하나였는데, 제2차 세계대전 당시 독일이 노르웨이를 점령하자 독일은 기존 생산 시설을 이용해 독일군 납품 용도로 M-1911 권총을 생산했다. 재미있는 것은 독일 육군 병기국 Waffenamt의 주관 하에 제작했다는 것과 함께 미국 콜트사가 원제작사라는 문구를 새겨넣어 아무리 전시라 해도 특허권은 보호해야 한다는 전통을 지켰다는 것이다. 정확한 진위는 알 수 없지만 결과적으로 그러한 모양새가 되었다.

전쟁 중이라 상대의 무기가 좋다면 데드 카피 dead copy (타사 제품을 똑같이 모방해 만드는 것)할 수도 있었겠지만, 그때 당시까지 미국과 독일은 아직 교전 상대가 아니어서 그런 일은 발생하지 않았던 것으로 추정된다.

아니면 이미 기계 설비나 부품에 그렇게 새겨져 있어서 일일이 고치기 어려웠을 수도 있다. 하지만 확실한 점은 나치가 콜트사와 별도의 라이선스 계약을 맺지는 않았다는 것이다. 따라서 생산과 소비의 원 주체로만 따진다면 나치가 무단으로 사용했다는 뜻이기도 하다. 이것이 바로 또 다른 전쟁의 모습이기도 하다.

Chapter 06
and World
그리고 월드컵

■ 4년마다 세계인을 미치게 만드는 국제 이벤트가 있다. 이것 때문에 전쟁이 벌어지기도 하고 반대로 이것을 보기 위해 휴전을 하기도 한다는 월드컵World Cup이 바로 그것이다. 월드컵 하면 하계 올림픽 중간 해에 열리는 세계축구선수권대회를 일컫는 것으로 알고 있는데, 사실 월드컵이라는 타이틀은 축구뿐만 아니라 다른 경기 종목의 대회에서도 흔히 사용한다. 그렇기 때문에 다른 경기 종목의 대회와 구별하기 위해 특별히 FIFA 월드컵이라고도 한다. "더 게임 오브 더 게임The Game of The Game"이라고 불릴 만큼 축구는 인간이 만들어낸 운동경기 중 최고의 인기를 누리고 있다.

■ UN 회원국 수보다 FIFA Federation Internationale de Football Association (국제축구연맹) 회원국의 수가 더 많을 만큼 FIFA는 오늘날 세계 최대의 조직이다. FIFA 회원국들은 월드컵 본선에 출전하기 위해 장기간 치열한 지역예선을 거쳐야 하지만, 월드컵 본선에 참가하는 나라는 현재 32개국밖에 되지 않는다. 나머지 200여

Cup

개국은 관람객의 입장에서 대회를 지켜볼 수밖에 없다. 그런데도 세계인들이 워낙 축구를 사랑하고 자기 나라의 팀이 아니더라도 훌륭한 경기를 보는 것만으로도 행복해하는 골수팬들이 많아서 그 인기는 상상을 초월할 정도다. 예를 들어, 지난 2002년 월드컵 당시 브라질의 우승을 축하하기 위해 임시공휴일을 선포한 아이티의 경우처럼 축구는 모든 것을 초월한다.

■ 그런 점은 우리나라도 마찬가지다. 2010년 대회까지 여덟 번 참가해왔지만, 사실 한국 축구는 오랫동안 세계 축구계의 변방에 머물러 있다가 2002년 제17회 대회의 공동개최국으로서 행사를 주관하고 상상을 초월할 정도의 성적까지 거두었을 뿐만 아니라 거리응원으로 세계인들을 깜짝 놀라게 만들어 세계 축구사에 한 획을 그었다. 이런 이유로 월드컵에 대한 우리 국민의 관심은 상당히 크다. 이처럼 전 세계인을 울고 웃고 흥분하게 만드는 월드컵은 세계사의 흐름과 무관하지 않다. 월드컵 이면에는 전쟁과 관련된 가슴 아픈 사연과 감동적인 이야기들이 숨어 있다.

1

자존심의
경쟁장

1930년 우루과이 월드컵 결승에서 우루과이의 유명한 외팔이 공격수 헥토르 카스트로가 공격을 성공시키는 장면이다. 하지만 이 경기 후 감정이 과열된 우루과이와 아르헨티나가 단교하는 등 월드컵은 처음부터 축구를 넘어선 경쟁의 장이 되었다.

▪ 한때 IOC의 도덕률이라 할 수 있던 아마추어리즘이 세계 스포츠계를 지배하던 1920년대 말 세계축구계의 왕자가 누구인지를 놓고 설왕설래가 많았다. 당시까지 유일한 범세계 축구대회는 올림픽 축구 경기가 유일했는데, 프로선수의 참가가 금지되었기 때문에 올림픽 챔피언 국가가 축구를 가장 잘한다는 것에 대해 많은 나라의 사람들이 대부분 선뜻 동의하지 않았다. 이러한 반론을 제기하는 데 앞장선 나라들은 대부분 유럽 국가들이었는데, 그 이유는 당시 올림픽 챔피언이 남미의 우루과이였기 때문이다. 세계 축구의 양대 산맥인 유럽과 남미의 라이벌 의식은 사실 그 뿌리가 상당히 오래되었다. 이 때문에 유럽 국가들이 올림픽 축구에서 우승한 우루과이를 세계 최강이라고 한 데 동의하지 않은 것이다. 이러한 유럽의 시각에 당연히 남미 국가들은 반발했다.

▪ **1930년 제1회 FIFA 월드컵 포스터.** 1930년 우루과이에서 제1회 FIFA 월드컵이 개최되었고, 첫 우승팀은 우루과이였다.

게다가 스포츠로서의 축구를 만든 종주국은 영국이다. 축구 종주국으로서 자부심이 대단한 영국은 현재도 그렇지만 잉글랜드·스코틀랜드·웨일스·북아일랜드 축구협회가 따로 조직되어 있을 정도고, 이들 간의 경기에서 우승한 팀이 세계 챔피언이라는 오만한 생각을 갖고 있었다. 이처럼 축구 종주국인 영국은 자존심이 대단해서 처음에는 월드컵을 인정하지 않은 채 대회 참가를 거부했고, 현재는 4개 축구협

■ 제3대 FIFA 회장 쥘 리메는 "축구야말로 계급이나 인종의 구분 없이 모두를 한마음으로 만들어 세계를 행복한 한 가족처럼 단합시킬 것"이라는 취지로 월드컵을 창시했다.

회가 별도로 FIFA에 가입해 따로 출전할 정도로 특급 대우를 받고 있다. 지금도 잉글랜드의 프리미어 리그가 세계 최고의 리그 중 하나로 손꼽히고 있기는 하지만, 20세기 초에는 영국이 축구를 가장 잘하는 나라라고 자타가 공인하는 분위기였다.

이렇게 아마와 프로를 망라했을 때 세계 축구의 최강이 어느 나라인지를 놓고 말이 많자, 제3대 FIFA 회장인 프랑스의 쥘 리메 Jules Rimet 는 이들을 모두 망라한 국가대표팀 간의 세계축구선수권대회인 월드컵을 창시하여 1930년 역사적인 제1회 대회를 개최하기로 결정했다. 그런데 개최지 선정에서부터 수많은 말들이 오고갔다. 결국 1920년대 올림픽 챔피언이었으며 1930년이 독립 100주년이 되는 우루과이에서 제1회 대회를 개최하기로 결정했으나, 남미에 대해 묘한 경쟁심을 갖고 있던 유럽 각국들이 반발하면서 제1회 대회부터 제3회 대회 동안 상대편 대륙에서 열리는 대회에 유럽과 남미의 일부 국가들이 참가하지 않는 등 월드컵 초기 역사를 얼룩지게 만드는 일이 벌어지기도 했다.

개최국 우루과이는 홈그라운드의 이점을 살려 월드컵 초대 우승국의 영예까지 얻었으나 자국에서 열린 제1회 대회에 많은 유럽 국가들이 불참한 데 대한 앙갚음으로 전 대회 우승국임에도 불구하고 이탈리아에서 열린 제2회 대회에 불참했다. 게다가 우루과이의 결승전 맞상대였던 아르헨티나가 편파 판정 때문에 우승을 놓쳤다고 비난하자,

분노한 우루과이가 곧바로 국교를 단절하는 어처구니없는 일까지 벌어졌다. 월드컵은 시작부터 이미 축구를 초월한 대륙 간, 국가 간의 자존심 경쟁장이었다.

2
정치에
오염된
공

1934년 월드컵 당시 파시스트식 경례를 하는 이탈리아 팀. 이탈리아는 체제 선전을 위해 월드컵을 유치했고 우승까지 했다. 하지만 대회를 정치적으로 오염시켰다는 비판을 받았다. 이는 이후 베를린 올림픽에도 영향을 주었다.

- 올림픽 역사에서 정치적으로 가장 오염된 대회라면 두말할 필요 없이 1936년 독일의 베를린에서 열린 제11회 대회다. 나치가 과장되고 조작된 인종주의에 기초한 독일 민족주의와 편협한 사상을 선전하는 장소로 올림픽을 적극 이용했기 때문이다. 그런데 월드컵은 올림픽보다 먼저 정치적 오염을 겪었다. 1934년 제2회 월드컵이 열린 곳은 이탈리아였는데, 유치 당시부터 말이 많았다. 당시 정권을 잡고 있던 파시스트들은 월드컵을 통해 이탈리아 국민들에게 민족적 자긍심을 심어주고 대외에 파시즘의 우월성을 선전하려 했다.

- **베니토 무솔리니.** 혼란기를 이용해 정권을 잡은 베니토 무솔리니가 이끄는 파시스트들은 체제를 선전하는 데 축구를 몹시 좋아하는 국민성을 교묘히 이용하곤 했다. 그 일환으로 이탈리아 국민과 세계에 자신들의 정권의 우월성을 선전하기 위한 장으로 이용하고자 제2회 월드컵 대회 유치에 뛰어들었다.

이탈리아는 제1차 세계대전 전에 독일, 오스트리아와 더불어 3국 동맹을 맺었는데도 전쟁 도중에 연합국에 가담해 승전국의 지위를 획득했다. 하지만 전후 세계 질서 개편에서 별다른 이익을 얻지 못하고 오히려 정치적·경제적 혼란만 겪어 국가적 자긍심이 떨어져 있던 상황이었다. 베니토 무솔리니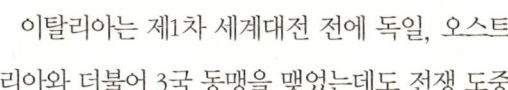가 이끄는 파시스트들이 이러한 혼란기를 이용해 정권을 잡았는데, 체제를 선전하는 데 축구를 몹시 좋아하는 국민성을 교묘히 이용하곤 했다. 그 일환으로 이탈리아 국민과 세계에 자신들의 정권의 우월성을 선전하기 위한 장으로 이용하고자 제2회 월드컵 대회 유치에 뛰어들었다.

무솔리니는 개최지 선정 회의에 참석하는 이탈리아 대표단에게 무슨 일이 있어도 대회를 유치하라고 명령했을 정도로 강한 의지를 내보였다. FIFA는 이탈리아에 개최권을 주면 정치적으로 많은 영향을 받으리라는 것을 뻔히 알고 있으면 서도 개최지로 이미 내정되어 있다시피 한 스웨덴을 탈락시키고 이탈리아의 손을 들어주는 작태를 연출했다. 그 이유는 FIFA가 파시스트를 지지해서가 아니라 흥행 때문이었다. FIFA는 우루과이의 몬테비데오Montevideo에서만 열린 제1회 대회가 흥행에 실패했다고 판단하고 차후 대회는 여러 도시로 분산해 경기를 치르도록 구상 중이었다. 그런데 문제는 그렇게 하면 개최에 많은 비용이 든다는 것이었다.

원래 개최에 적극적이었고 여러 나라로부터 지지를 받았던 스웨덴이 이러한 경제적 부담으로 말미암아 대회 유치를 잠시 주저하자, 물불을 가리지 않던 이탈리아가 FIFA의 제안을 수용하겠다는 의사를 표명했다. 결국 FIFA는 월드컵을 체제 선전의 도구로 이용하려는 이탈리아의 속셈을 알면서도 이탈리아에 개최권을 넘겨주었다. 이러한 FIFA의 분산 개최 정책은 이후 월드컵 대회의 당연한 모델이 되었고, 그 덕분에 우리나라도 최신 경기장을 각 도시마다 갖게 되었다. 올림픽은 주체 단위가 도시지만, 이런 이유 등으로 월드컵은 주체 단위가 국가가 되었다. 그 당시에도 FIFA가 흥행을 생각해서 독재 정권과 타협한 것을 보면 그때나 지금이나 비즈니스 마인드가 투철했던 조직임에 틀림없다.

어쨌든 무솔리니의 집념에 천부적인 축구 실력 그리고 홈코트의 이점이 결합하면서 이탈리아는 자국에서 개최한 대회에서 우승컵을 차지해 목적을 달성했다. 반면에 이 대회에 참가한 독일 대표팀이 2라운드에서 체코에 1대3으로 패하자, 열받은 히틀러가 귀국한 선수단을 집단구속시켜버리는 추태를 연출했다. 두 독재자 모두 월드컵 우승에 대한 집념이 컸을 만큼 월드컵은 단순히 세계인의 축제를 넘어서는 경쟁의 장이었다.

3
오스트리아의
눈물

진델라는 1930년대 최고의 스트라이커였고, 그가 속한 오스트리아 팀은 1938년 월드컵의 강력한 우승후보였다. 하지만 독일이 오스트리아를 강제 합병하면서 팀이 사라졌고, 유대인이라는 이유로 독일 팀에서 제외된 후 실의에 빠져 지내다가 결국 자살했다.

■ 지난 2010년 제19회 대회까지 월드컵에서 우승의 기쁨을 맛본 나라는 겨우 8개국뿐이다. 결승전까지 올라간 나라도 이들을 포함해 모두 12개국밖에 되지 않는다. 그만큼 우승국이 되기 위해서는 당연히 실력이 있어야 하지만 보이지 않는 천운이 따라야 한다. 반대로 당대 최강의 실력을 갖춘 국가가 월드컵 우승과는 인연이 없는 경우가 많았다. 예를 들어 1950년대의 헝가리, 1970년대의 네덜란드가 그러한 나라들인데, 당시 이 국가들은 세계 최강의 전력을 갖추고 국가대항전에서 연전연승하면서 월드컵 우승후보 1순위로 평가받았지만, 월드컵 우승 바로 직전에 눈물을 삼켜야 했다. 특히 1974년, 1978년 대회에서 네덜란드는 승승장구하며 연속해서 결승에 올랐으나, 두 번 모두 개최국인 서독과 아르헨티나의 홈 텃세를 극복하지 못하고 좌절의 눈물을 삼켰다.

제2차 세계대전 전인 1930년대에 오스트리아의 축구는 세계 최강으로 평가받고 있었다. 지금이야 그다지 강한 인상을 주고 있지는 못하지만, 1934년 대회와 1938년 대회 때는 오스트리아가 강력한 우승후보였다. 당시 오스트리아 팀의 별명이 '환상의 팀 Wonder Team'으로 불릴 정도였는데, 이때까지 알량한 자존심으로 월드컵을 단지 지방 경기대회 정도로나 생각하며 철저히 무시하고 참가하지 않던 축구 종주국 잉글랜드도 오스트리아와의 국가대항전에서 번번이 혼쭐이 나 함부로 맞상대하기를 꺼렸을 정도였다.

하지만 1934년 대회에서 오스트리아는 4강전에서 홈 팀 이탈리아의 텃세에 아쉽게 굴복하며 4위에 그쳤다. 비록 우승을 하지 못했지

■ 마티아스 진델라. '축구계의 모차르트'라는 별명을 가진 마티아스 진델라는 오스트리아 축구의 황금기를 이끈 인물이었다.

만, 오스트리아는 여전히 강팀으로 명성을 떨쳤고 1938년 프랑스에서 열릴 제3회 대회의 강력한 우승후보로 손꼽혔다. 이러한 오스트리아 축구의 황금기를 이끈 선수가 바로 '축구계의 모차르트'라는 별명으로 불린 마티아스 진델라 Matthias Sindelar 였다. 진델라는 179센티미터에 63킬로그램의 호리호리한 체격에도 불구하고 A매치 43경기에서 27골을 기록한 당대 최고의 스트라이커였다. 제2회 대회의 치욕을 씻고자 진델라를 비롯한 오스트리아 팀은 1938년 제3회 대회 지역예선전에서 승승장구하며 본선 진출권을 따냈다. 하지만 본선대회를 불과 몇 개월 앞두고 오스트리아는 나치 독일에 강제합병당했다. 망국으로 지구상에서 국가가 없어졌으니 당연히 오스트리아라는 이름으로 월드컵에 출전할 수도 없었다.

그런데 오스트리아를 강제합병한 독일도 오스트리아의 축구 실력을 익히 알고 있었기 때문에 오스트리아의 뛰어난 선수들을 흡수해 독일 팀의 전력을 보강한 뒤 본선에 참가하기로 결정했다. 그러나 이때 불세출의 스타 진델라는 대표팀 명단에서 제외되었다. 유대인이라는 이유 때문이었다. 망국의 아픔에다가 오로지 월드컵 참가를 위해 열심히 그라운드를 달려온 진델라는 충격을 받고 실의에 빠져 지내다가 1939년 1월 22일 자살로 생을 마감했다. 사실 이 시기는 오스트리아뿐만 아니라 온 세계가 나치라는 광인 집단에 의해 상상할 수 없는 피해를 입던 광기의 시기였으므로, 어찌 보면 참다운 스포츠 정신을 기대한 것은 무리였는지 모른다.

4
눈물로 조국을 등진 영웅

1954년 스위스 월드컵 결승에서 슛을 날리는 헝가리 팀의 푸스카스. 그는 당대 최고의 스트라이커였는데 헝가리 민주화 혁명 실패 후 스페인으로 망명하여 레알 마드리드를 세계 최고의 클럽으로 만들었다.

■ A매치 경기에서 그때까지 32연승을 달린 무서운 팀이 있었다. 이 팀이 한 번만 더 이기면 그 명성 그대로 진정한 축구의 세계 챔피언으로 등극하게 될 터였고 승리는 너무도 당연해 보였다. 상대는 조별 예선에서 이미 8대3으로 꺾은 바 있는 서독이었기 때문이다. 이 우승후보 0순위의 무적함대는 괴력의 마자르 Magic Magyar 로 불리던 헝가리였다. 1954년 7월 4일 스위스에서 열린 제5회 월드컵 결승은 헝가리와 서독의 대결로 압축되었다.

그런데 신은 서독의 손을 들어주었고, 32연승 끝에 첫 패배를 당한 헝가리는 우승일보 직전에서 2대3의 스코어로 통한의 눈물을 삼켜야 했다. 패전국의 국민으로서 실의에 빠져 있던 서독 국민들은 열광했고, 수상 콘라트 아데나워 Konrad Adenauer 는 귀국하는 선수단을 맞으러 국경까지 배웅 나왔을 정도였다. 서독 언론들조차도 자신들의 승리를 기적이라고 대서특필할 만큼 당시 헝가리는 세계 최강이었다. 그 누구도 이의를 제기하지 않았을 만큼 1950년대 헝가리는 가히 천하무적이었다. 하지만 헝가리 축구의 영광은 그것으로 끝이었다.

1956년 10월 31일 헝가리 수상이 된 임레 너지 Imre Nagy 는 인간적 사회주의를 주창하며 바르샤바 동맹 탈퇴와 공산당의 지도적 역할을 포기하는 등 새로운 국가 강령을 발표하고 민주화 혁명을 선도했다. 하지만 그로부터 5일 후인 11월 4일, 전차를 앞세운 소련의 침략으로 헝가리의 민주화 의지는 꺾이고 국토는 이에 격렬히 저항한 헝가리 인민들의 피로 얼룩졌다. 당시 스페인에서 원정경기를 벌이던 헝가리 축구팀 선수들은 소련에 무참히 짓밟힌 조국의 현실에 엄청난 분노와

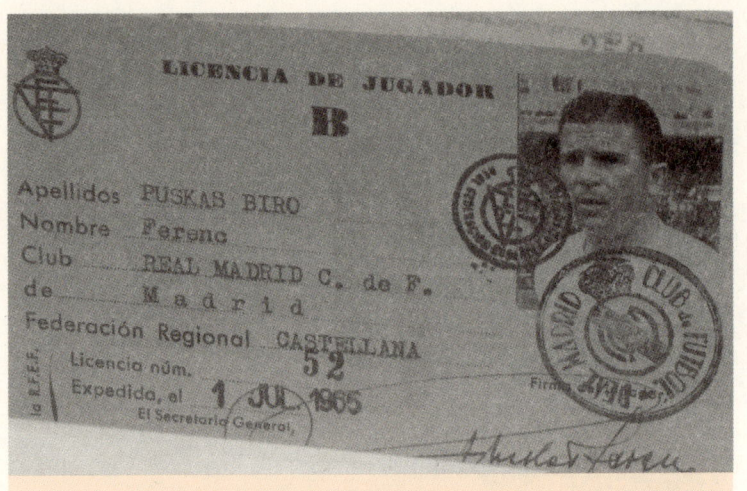

■ 무적 헝가리의 주축인 페렌츠 푸스카스는 1956년 헝가리에서 민주화 혁명이 일어나자 헝가리로 귀국하지 않고 스페인으로 망명했으며 이 때문에 그는 헝가리 정부의 압력으로 2년간 공식 경기 출장 정지 처분을 받게 되었다.

좌절감을 느끼게 되었고, 많은 선수들이 붉게 물든 조국을 등지고 망명길에 올랐다.

이중에는 무적 헝가리의 주축인 페렌츠 푸스카스 Ferenc Puskás도 있었다. 그는 1950년대 헝가리 축구의 황금기를 이끈 당대의 호나우두 Ronaldo이자 메시 Messi였다. 조국 헝가리의 스포츠 영웅이자 현역 군인이었던 푸스카스는 소련 지배하의 괴뢰 정부로부터 조국을 배신한 탈영병으로 낙인찍히고 귀국 즉시 종신형에 처할 것이라는 협박을 받았다. 하지만 이것보다 더한 압력은 헝가리가 스페인에 푸스카스를 그라운드에 세우지 말라고 압력을 가한 것이었다.

오로지 축구만을 생각하던 이 영웅은 스페인 국적을 취득한 이후에

나 운동장에 설 수 있었다. 지금도 축구의 지구방위대라고 불리는 팀이 스페인 프리메라리가_{Primera División de España}의 레알 마드리드_{Real Madrid}인데, 이 팀의 최고 황금기를 연 이가 바로 푸스카스였다. 푸스카스는 레알 마드리드 공격의 핵으로 372경기에서 무려 324골을 넣어 소속팀을 세계 최고의 명문구단 반열에 올려놓았다. 그러나 스페인 대표팀으로 출전해서는 별다른 성적을 내지 못했다. 이데올로기에 짓밟힌 조국을 등지고 비록 망명을 했지만, 스페인이 그에게 결코 마음의 조국이 될 수는 없었기 때문이다. 결국 그는 2000년에 조국이 민주화된 이후 방문할 수 있었고, 한 번 열강에서 추락한 헝가리는 아직까지도 세계 축구의 변방으로 밀려나 있다.

5
환희와 절망, 그리고 차별

패하면 현해탄에 빠져 죽겠다는 각오로 적지에서 벌어진 예선전에서 일본을 누르고 월드컵 본선 진출권을 딴 한국 대표팀이 분전하는 모습. 하지만 본선에서 연이어 참패를 겪으며 탈락했다. 이후 FIFA는 아시아 국가의 출전을 노골적으로 제한했고, 한국이 다시 월드컵 본선 무대를 밟는 데는 32년이 걸렸다.

■ 전쟁의 참화를 겪은 바로 직후인 1954년, 한국은 제5회 스위스 월드컵에 참가하기 위해 FIFA에 출전을 신청했다. FIFA는 월드컵의 취지에 맞게 아시아 몫으로 1장의 본선 출전권을 인정했는데, 당시 아시아에서 월드컵 출전을 신청한 나라는 한국과 일본뿐이었다. 따라서 두 나라 중 지역예선에서 이긴 나라가 월드컵 본선에 출전할 수 있었다. 그런데 홈 앤드 어웨이 Home and Away 방식으로 치러야 하는 지역예선에 문제가 발생했다. 이승만 대통령이 일본 대표팀의 한국 입국을 불허한다는 결정을 내렸던 것이다. 당시만 해도 일본과 국교는 고사하고 엄청난 반일감정 때문에 일본과 한국 간의 공식적인 왕래조차 어려웠던 시기였다.

문제는 만일 우리나라가 일본 대표팀의 입국을 거부해 대결을 못하게 되면 한국이 기권하는 것이 되어버려 일본이 경기도 치르지 않고 어부지리로 아시아 대표로 월드컵 본선에 진출하게 된다는 것이었다. 이때 체육계 인사들이 나서서 대통령에게 진언했다. 일본 대표팀의 한국 입국을 허락하지 않는다면, 한국 대표팀이 일본에서 두 번의 경기를 모두 치르겠으니 원정만이라도 허락해달라고 설득했다. 그들은 요지부동인 대통령에게 만일 일본을 이기지 못할 경우 현해탄에 몸을 던지겠다는 비장한 약속을 한 후 어렵사리 원정길에 올랐다.

1954년 3월 7일과 14일 연속으로 도쿄에서 사상 처음으로 열린 한국과 일본 국가대표팀 간의 경기에서 한국 대표팀이 1승1무(1차전 5대1로 1승, 2차전 2대2로 무승부)의 성적으로 적지에서 일본을 통쾌하게 누르고 당당히 월드컵 본선 진출권을 거머쥐자, 온 국민이 환희로 들끓었다.

하지만 이러한 환희도 잠시 아시아를 대표해 본선에 출전한 한국은 세계 축구의 엄청난 벽을 실감하게 되었다. 미군 군용 수송기 등을 갈아타면서 장장 64시간의 비행 끝에 한국 대표팀이 스위스에 도착한 것은 개막식이 이미 끝나고 한국 경기가 열리기 바로 하루 전이었다. 지금처럼 최고급 호텔과 전용 연습구장, 전속 요리사, 주치의 등은 꿈도 꿀 수 없던 가난한 시절이었다.

더구나 예선전에서 한국과 같은 조에 편성된 국가들은 당대 세계 랭킹 1위이자 강력한 우승후보 헝가리, 그 대회 우승국 서독, 그리고 터키였다. 스위스에 도착하자마자 그라스호퍼 경기장에서 열린 헝가리와의 예선전에서 한국은 전반 20분까지 대등한 경기를 펼쳤으나 그것이 월드컵 본선 첫 무대에서 한국이 보여줄 수 있는 모든 것이었다. 결국 세계 최강 헝가리에 0대9로 참패를 당하고 이어 벌어진 터키와의 2차전에서도 0대7로 수모를 당하는 등 월드컵사에 기록될 만한 굴욕을 당하면서 예선에서 탈락했다. 한국의 예선전 결과에 충격을 받은 FIFA는 아시아 축구의 실력이 형편없는 것으로 생각하고 이후 대회에서 아시아 출전국이 유럽 팀과 플레이오프를 하도록 하는 등의 노골적 제약을 가하며 아시아 국가의 월드컵 본선 출전을 제한했다.

그런데 이것은 엄밀히 말하면 FIFA의 만용이자 노골적인 편견이었다. 당시 대회의 우승국인 서독도 조별 예선에서 헝가리에 3대8로 패했고, 스코틀랜드가 우루과이에 0대7, 체코슬로바키아가 오스트리아에 0대5, 멕시코가 브라질에 0대5, 준결승에서 오스트리아가 서독에 1대6으로 참패하는 등 엄청난 스코어 차로 승패가 갈린 경기가 많았기 때문이다.

　전쟁의 참화를 딛고 악조건 속에서 먼 길을 달려와 좋은 컨디션으로 경기에 임할 수 없었던 한국 대표팀이 그것도 세계 최강의 다른 국가 대표팀들에게 참패를 당했다는 이유만으로 아시아 팀이 본선에 참가하는 것이 월드컵의 권위를 떨어뜨리는 것으로 해석해 이후 대회부터 출전권을 음으로 양으로 제한한 사실은 월드컵을 인류의 축제가 아닌 그들만의 경연장으로 만들고자 하는 축구 열강들의 오만방자한 행위가 아닐 수 없다.

6

냉전의 벽을
넘어서

1961년 유고슬라비아 축구 대표팀의 내한은 우리나라와 공산권 국가 간에 이루어진 최초의 교류였다. 이후 공산권 국가의 운동선수나 대표팀이 다시 한국을 찾게 된 것은 1980년대 후반이 되어서야 가능했다. 그만큼 월드컵은 이념 위에 존재했다.

■ 1986년 제10회 아시안게임이 한국의 수도 서울에서 개최되었다. 당시 가장 큰 이슈는 중공(中共)(당시는 중공으로 불렸다)이 한국에서 개최된 행사에 처음 참가했다는 것이었다. 특히 1990년에 열릴 차기 대회 개최지가 중국의 베이징이라 서울 대회에 중공 선수단이 참가했을 뿐만 아니라 대회 개최 노하우를 배우기 위해 중공 고위관계자들도 함께 내한해 우리나라 국민들의 관심은 증폭되었다. 지금이야 중국이 아니라 북한 팀이 한국에서 개최되는 국제경기대회에 참가하는 것도 커다란 뉴스가 되지 않을 정도지만, 당시에는 어쨌든 공산국가인 중공이 한국에 대규모 대표단을 보냈다는 것만으로도 커다란 센세이션을 불러일으켰다. 불과 3년 전인 1983년에 중공 민항기가 하이재킹hijacking당해 춘천에 불시착한 사건을 계기로 중국 대륙에 공산정권이 수립된 후 처음으로 한중간 교류가 있었던 것을 생각하면, 그야말로 한중 교류사에 있어서 장족의 발전을 한 셈이었다.

특히 이 대회 이전에 한국에서 개최된 1978년 제42회 세계사격선수권대회나 1979년 제9회 세계여자농구선수권대회 때는 공산권 국가들이 모두 불참했을 정도로 냉전의 한가운데 있던 한국은 세계 공산권 국가들로부터 철저하게 외면당하고 있었다. 그것은 북한 또한 마찬가지여서 1979년에 평양에서 개최된 제3회 세계탁구선수권대회 때 한국 대표팀의 참가를 북한이 막았을 정도로 이념의 골이 상당히 깊었다.

그런데 잘 알려지지 않은 사실이지만, 이보다 훨씬 이전인 1960년대에 이미 공산국가 대표팀이 한국에 내한해 우리와 공식 경기를 가진 적이 있다. 바로 월드컵 때문이었는데, 이는 공산권 국가가 최초로 한국을 공식 방문한 역사적 사건이었다. 그것도 동서 냉전 분위기가 1980년대와 비교할 수도 없을 만큼 극단으로 치달은 시기였기 때문에 그 의의는 더욱 컸다.

1962년에 칠레에서 개최될 제7회 월드컵 지역예선 때의 일이다. 1961년 아시아 지역예선 최종전에서 한국은 다시 한 번 일본과 피할 수 없는 한판 승부를 벌였는데, 다행히도 이때는 일본 대표팀의 한국 원정이 이루어졌다. 한국 대표팀은 서울에서 먼저 벌어진 홈경기에서 2대1로 이기고 일본 원정 경기에서도 2대0으로 원사이드하게 승리를 거머쥐어 월드컵 본선 일보 직전까지 갔다.

하지만 앞에서 설명한 것처럼 유럽과 남미 위주로만 대회를 진행하려던 FIFA는 아시아 최종 우승팀과 유럽 예선 10조 1위 국가와 플레이오프를 치르도록 조치했다. FIFA의 이런 조치로 1962년 대회 때는 아시아와 아프리카 국가 중에서 본선에 진출한 나라가 없었다. FIFA의 이러한 편협한 생각은 월드컵을 세계축구선수권대회가 아닌 상위 국가들만의 행사로 변질시켰다.

그런데 문제는 한국이 최종 플레이오프를 벌여야 할 상대가 동유럽 공산국가였던 유고슬라비아였다. 쿠데타로 정권을 잡고 있던 당시 군사 정부는 1961년 8월 20일 유고가 공산국가이기 때문에 한국 선수단을 유고로 보낼 수도 없으며 유고 선수들을 한국 땅에 입국시킬 수도 없다고 발표하면서 예선전은 스포츠를 넘어 이념 문제로 변질되었다. 이때 대한축구협회 장기영 회장이 1961년 9월 초 국가재건최고회의 의장실로 박정희 의장을 찾아가 "상대국이 공산권 국가라는 이유로 한국이 국제 경기에 출전할 수 없게 한다면 국제 사회에서 한국을 스스로 고립시키는 결과를 초래한다"며 간곡히 설득하자, 박 의장이 "스포츠에는 이념과 사상이 있어서는 안 된다"며 한국 대표팀의 유고 원정과 유고 대표팀의 한국 입국을 승인함으로써 공산국가 대표팀의 방한이 이루어지게 되었다.

이후 우리나라 대표팀은 1961년 10월 8일 베오그라드 국립경기장에서 열린 1차전에서 현격한 실력 차로 인해 1대5로 대패했고, 11월 24일 신축한 한국 최초의 축구전용구장인 효창구장에서 개최된 홈경기에서 1대3으로 패해 결국 본선 진출이 좌절되었다. 하지만 유고슬라비아와의 예선전은 한국과 공산국가 간에 있었던 최초의 스포츠 교류로서 스포츠가 냉전의 벽을 뛰어넘을 수 있음을 보여준 예라 할 수 있다.

7

냉전의
그림자

2002년 월드컵에서 있었던 "AGAIN 1966" 카드섹션은 이데올로기를 초월해 북한의 스포츠 성과도 우리 민족의 자랑스러운 업적으로 인정하게 되었음을 보여주는 사례였다. 하지만 한반도에서 냉전의 기운은 쉽게 가시지 않았다.

■ 2002년 월드컵 16강전이 벌어진 대전 축구경기장 관중석에서 다음과 같은 카드섹션이 벌어졌다. "AGAIN 1966" 이것을 본 해당 경기 당사자인 이탈리아 대표팀은 신경질적인 반응을 보이며 조직위원회에 강하게 항의할 정도였다. 아직도 기억에 생생한 가장 극적인 경기였던 한국과 이탈리아의 16강전 때의 일이다.

1966년 제8회 월드컵이 잉글랜드에서 개최되었다. 이때 아시아를 대표해 참가한 팀은 북한 대표팀이었다. 당시 북한 대표팀은 아시아의 실력을 뛰어넘는 최강의 팀으로 손꼽혔는데, 그 실력이 어느 정도였냐면 우리나라가 북한과 맞붙으면 질 것을 염려하여 월드컵 지역예선에 불참했을 정도였다. 지금 생각하면 조금 우스운 점도 없지 않지만 냉전의 대립이 하늘을 찌르고 있었고 더구나 남북한은 직접 전쟁까지 한 당사자들이었기 때문에 운동 경기에서 북한과 겨루어 진다는 것은 단순한 패배 그 이상을 의미하는 것이었다. 따라서 질 것 같으면 경기를 거부해버리는 일이 다반사였다.

1966년 월드컵을 기념해 영국 정부는 각국 국기가 들어간 기념우표를 발행하려고 했는데, 인공기가 들어간 우표를 서방국가인 영국에서 발행한다는 것 자체를 용납할 수 없었던 우리 정부의 항의로 계획이 취소되었을 정도로 남북 간 대립은 첨예했다. 하지만 이데올로기를 초월해 단지 운동경기 그 자체를 즐겼던 영국인들과 세계 축구팬들에게 북한 대표팀은 제8회 월드컵 대회에서 가장 인기 있는 팀이었다. 지금도 아시아는 세계 축구의 변방이지만 당시에는 더욱 그러했고 월드컵이라는 이름 때문에 참가는 허용했지만 대회의 질이 떨어질 것이

■ 세계인의 축제가 우리 땅에서 한참 벌어지고 있을 때, 북한은 군사적 도발을 가해 세계인을 경악시켰다. 당시 침몰한 참수리 357호의 인양 모습.

라는 우려 때문에 겨우 한 장의 출전권만 형식적으로 부여했다. 당시 다른 국가 대표팀들은 북한 대표팀을 자신들의 승리를 위한 제물로 생각했다.

하지만 예선 마지막 경기에서 2회 우승 경력에 빛나는 이탈리아와 맞선 북한은 놀라운 파이팅을 보여 1대0으로 거함을 침몰시키고 당당히 8강에 진출하는 쾌거를 이뤄냈다. 이것은 2002년 대회에서 한국이 4강에 진출하기 전까지 아시아 팀이 이룩한 최고의 성적이었고, 월드컵사에 최대의 이변으로 기록될 정도였다. 이후 북한의 성적에 충격을 받은 한국은 정보기관이 국가대표 축구팀을 직접 운영할 만큼 열등감에 시달렸다. 2002년 대회에서 이탈리아를 약 올리기 위한 응원

> **제2연평해전**
>
> 한일 월드컵이 막바지에 이른 2002년 6월 29일에 연평도 근해 NLL에서 대한민국 해군과 조선인민군 해군 간에 무력 충돌이 일어났다.
> 차단기동을 하던 대한민국 해군 참수리 고속정 357호를 향한 북한군 등산곶 684호의 지근거리 기습 함포공격으로 시작된 전투는 함포와 기관포를 주고받는 치열한 격전 끝에 대한민국 해군은 6명이 전사하고 18명이 부상당했으며, 참수리급 고속정 357호가 침몰했다. 한편 북한 해군은 약 30여 명의 사상자를 내고 SO-1급 초계정 등산곶 684호가 반파된 채로 퇴각했다.
> 대한민국 국방부는 처음 서해교전이라고 부르던 것을 2008년 4월에 제2연평해전으로 바꾸었다. 그리고 이와 동시에 제2연평해전 추모식을 정부기념행사로 승격시켰다.

뮤구로 등장한 "AGAIN 1966"은 이데올로기를 초월해 이제는 북한의 스포츠 성과도 우리 민족의 자랑스러운 업적으로 인정하게 되었음을 뜻하는 것이었다.

그런데 우리의 이러한 마음과는 달리, 정작 북한은 그들과도 좋은 인연이 있었던 월드컵 대회 기간 동안 NLL_{Northern Limit Line (북방한계선)}을 침범해 동족에게 총질을 해대는 만행을 저질러 제17회 한일 월드컵 대회 막판에 찬물을 끼얹었다. 세계는 냉전을 벗어나 있고 우리 또한 한반도에 평화가 정착되기를 바라는데도 그들만은 아니었던 것이다. 남과 북을 하나로 묶는 "AGAIN 1966"이라는 구호가 무색해지는 순간이었다.

8

왜 그들은
축구 전쟁을
벌였나?

축구 전쟁 당시 출격한 온두라스 공군의 F4U 전투기. 축구 경기가 마치 전쟁처럼 치열하게 벌어지기도 하지만, 월드컵 역사에서 축구 때문에 전쟁이 벌어진 황당한 경우도 있었다. 물론 온전히 축구 때문만은 아니었지만 축구가 전쟁의 도화선이 되어 세계인들을 씁쓸하게 만든 축구 전쟁이 벌어졌던 것이다.

■ 오늘날 미국 정도가 아니면 대양을 건너
가서 외국과 전쟁을 벌일 나라는 사실 없
다고 보아야 한다. 사실 대부분 국가 간
의 충돌은 국경을 접하고 있는 나라 사
이에 발생하는데, 우리나라뿐만 아니고
역사적으로 보면 서로 인접해 있는 나라
간의 사이가 좋은 경우는 그리 많지 않다. 우
리가 잘 알지는 못하지만 고만고만한 나라들이 몰

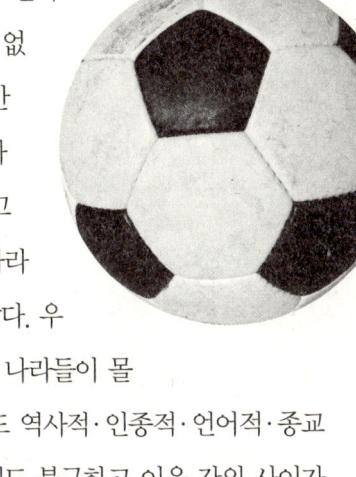

려 있는 중미 Central America의 경우만 해도 역사적·인종적·언어적·종교
적·문화적으로 많은 공통점이 있음에도 불구하고 이웃 간의 사이가
좋지 않은 경우가 의외로 많다.

그중에서 비슷한 시기에 독립한 국가들로 국경을 마주하고 있는 엘
살바도르와 온두라스 사이에 전쟁이 일어난 적이 있는데, 그 직접적인
원인이 어처구니없게도 축구 때문이었다. 이른바 축구 전쟁 Soccer War*
이라는 명칭처럼 축구가 양국 간 전쟁의 직접적인 도화선이 되기는
했지만, 그 이면에는 전쟁이 발발할 수밖에 없는 내재적 요인이 축적
되어 폭발할 순간만을 기다리고 있었다.

엘살바도르와 온두라스 모두 독립 이후 정변이 반복되어 정부가 불
안정한 전형적인 중미 국가들이었다. 여담으로 중미에서 정치적으로
안정된 역사와 전통을 갖고 있는 나라라면 코스타리카 정도가 아닌가
생각될 정도로 이 지역에서는 정치적으로 안정된 나라를 거의 찾아보
기 힘들다. 그런데 일본을 통일한 도요토미 히데요시(豊臣秀吉)가 임진

> **축구 전쟁**
>
> 1969년 엘살바도르와 온두라스 간에 벌어진 5일간의 전쟁이다. 100시간 전쟁이라고도 한다. 축구 전쟁은 1969년의 1970년 FIFA 월드컵 예선전에서 붙은 시비가 명분이 되었지만, 진짜 이유는 두 나라 간에 정치적 갈등 때문이었고, 축구 시합은 기폭제로 작용했다. 이민자 문제, 경제 문제, 영토 문제 등으로 발발했으며, 엘살바도르에서 온두라스로 간 이민자 문제도 포함되어 있었다. 전쟁은 엘살바도르군이 1969년 7월 14일, 온두라스를 전격 침공하면서 벌어졌고, 미주 기구의 중재 끝에 8월 초 엘살바도르군이 철수하는 것으로 일단 끝났다. 11년 후인 1980년, 국제사법재판소에서 영토 문제 해결 등을 포함한 양국 간 평화조약이 체결되었다. 이 일로 엘살바도르는 주변국들과의 무역이 끊기면서 경제적 타격을 입었고, 온두라스는 국토의 일부가 초토화되기도 했다.

왜란을 일으키고 군부가 통치하던 아르헨티나가 내부의 불만을 외부로 표출해 무마하기 위해 포클랜드 전쟁을 일으켰던 것처럼 1960년대 엘살바도르와 온두라스의 정부 또한 내부의 불평불만을 다른 곳으로 돌리기 위해 타국의 이익을 침해하는 정책을 용인하곤 했다.

20세기 초부터 약 30만 명의 엘살바도르 국민들이 국경을 넘어 온두라스(인구는 양국이 얼추 비슷한데, 국토는 온두라스가 여덟 배 정도 더 크다)로 이주했다. 이들은 온두라스의 경제권을 급속히 장악하고 사회의 상층부를 이루게 되었지만, 온두라스 국민들에게는 배타적인 모습을 보여왔다. 이에 1969년 온두라스 정부가 새로 농지개혁을 실시하는 과정에서 눈엣가시 같던 엘살바도르인 수만 명을 국외로 추방하자, 두 나라 사이의 감정이 급속도로 악화되었다. 이처럼 양국 관계가 악화된 와중에 1970년 제9회 멕시코 월드컵 중미 예선에서 두 나라가 맞붙게 되었다.

홈 앤드 어웨이 방식으로 치러진 예선전이 온두라스에서 1969년 6월 8일 먼저 열렸는데, 이 경기에서 일방적으로 응원을 받은 홈팀 온두라스가 1대0으로 승리했다. 그로부터 1주일 뒤 이번에는 장소를 엘살바도르로 옮겨 2차전이 벌어졌다. 홈팀인 엘살바도르의 국민들뿐만 아니라 국경을 넘어서 원정 응원을 온 대규모 온두라스 응원단의 불 뿜는 응원 대결 속에서 경기가 시작되었다. 접전 끝에 이번에는 엘살바도르가 3대0으로 승리해 승패를 원점으로 돌려버렸다. 당시 경기가 얼마나 과열되었는지 경기를 중계하던 온두라스 방송단이 "엘살바도르에게 죽음을!", "엘살바도르에게 신의 저주를!"이라는 부적절한 멘트를 쉴 새 없이 외쳐댔다.

이런 관중들의 적대감으로 가득 찬 과열된 경기가 끝난 후, 관중석에서 흥분한 엘살바도르 관중과 온두라스 관중 간에 집단난투극이 벌어졌다. 원정을 와서 상대적으로 소수였던 온두라스의 응원단은 일방적으로 집단 린치를 당해 피투성이가 된 채 국경 밖으로 추방당했다. 이 소식이 온두라스에 전해지자 온두라스에 거주하던 엘살바도르인에 대한 무차별적 보복테러가 발생했다. 6월 16일 온두라스가 엘살바도르와 통상교역금지 조치를 단행하자, 6월 18일 엘살바도르가 세계인권위원회에 온두라스를 제소하면서 두 나라 사이의 감정은 더욱 격화되었다. 결국 6월 23일 양국은 단교를 단행했다. 그야말로 다혈질의 라틴아메리카 국민들답게 모든 일이 순식간에 벌어졌다.

두 나라의 승패는 1승1패로 동일했다. 요즘은 양편의 승패가 동일하면 원정 경기에서 다득점 팀이 최종 승리한 것으로 판정하는데, 당시에는 재경기를 벌여야 했다. 축구를 넘어 폭력과 외교적 마찰을 불러왔을 만큼 감정의 골이 깊은 양국 간의 재경기가 확정되자, FIFA는 골치가 아플 수밖에 없었다. 결국 세 번째 경기는 제3국인 멕시코에서 하기로 결정했다. 단교 직후인 6월 27일, 멕시코시티에서 벌어진 최종전은 양측을 응원하는 관중들보다 경비에 나선 멕시코 경찰들이 더 많았고, 경기는 피가 난무한 집단격투기 같은 형태로 진행되었으며, 연장전까지 가는 접전 끝에 3대2로 엘살바도르가 승리를 거두며 끝이 났다.

그런데 양국 간의 감정이 풀리기는커녕 더욱 악화되어 외교적 비난과 자국에 있는 상대국 국민들에 대한 테러가 계속되었다. 특히 온두라스 정부의 방관하에 상대적으로 온두라스에 많이 살던 엘살바도르인들에 대한 피해가 늘어났다. 이에 분노한 엘살바도르는 7월 13일 새벽 온두라스에 선전포고한 후 포병부대의 포격을 시작으로 전쟁을 개시했다. 엘살바도르군 주력이 온두라스 동서 요충지인 엘포이와 아마킬로를 함락시키고 공군은 온두라스의 수도 테구시갈파Tegucigalpa와 여러 도시를 폭격했다. 기습을 받은 온두라스는 반격했지만, 초전의 충격을 극복하지 못해 2,000여 명이 넘는 전사자를 내며 치욕적인 패배를 거듭했다.

결국 이를 방관할 수 없던 미국 주도의 미주기구OAS, Organization of American States의 중재로 온두라스는 사실상 패전한 상태로 휴전하게 되었고,

100시간 만에 전쟁이 종료되었다. 이 두 국가 간의 앙금은 오랫동안 계속되다가 1980년 10월 페루의 수도인 리마$_{Lima}$에서 체결된 평화조약으로 간신히 마무리되었다. 물론 이런 사례는 극히 드물지만 재발되어서는 곤란하다.

9
극과 극

연이어 라틴 문화권에서 월드컵이 열렸는데, 그 결과는 천양지차였다. 1978년 대회를 개최한 아르헨티나는 철권 독재 정치가 계속되고 영국과 전쟁을 벌여 패하는 수모까지 당한 반면, 1982년 대회를 개최한 스페인은 월드컵을 기점으로 민주주의 선진국 대열에 진입했다.

■ 연이어 벌어진 1978년 제11회 아르헨티나 월드컵과 1982년 제12회 스페인 월드컵은 여러모로 대비가 대는 대회였다. 우선 본선 참가국이 16개국에서 24개국으로 늘어난 것만큼 규모가 커졌고, 당연히 대회 경기수와 기간도 늘어났다. 그러나 그보다 더 주목해야 할 것은 스페인어를 사용하고 비슷한 과거사를 가진 두 개최국의 대회 이후 행로다.

■ **프란시스코 프랑코.** 스페인은 비록 제2차 세계대전의 참화를 교묘히 피해갔지만, 프랑코의 철권통치로 말미암아 서유럽에서 보기 드문 구닥다리 극우 독재 정권이 집권한 국가였다. 프랑코는 축구에도 큰 관심을 가져 스페인의 축구팀 레알 마드리드를 적극 지원하기도 했다.

아르헨티나는 제2차 세계대전 직후 세계가 전화로 말미암아 곤궁에 처해 있을 때 반대로 경제 발전을 이루며 세계 6대 경제 강국으로 군림했다. 그런데 이러한 자신감에 너무 도취되어 국고를 거덜 내는 포퓰리즘 정책을 마구 남발하는 위정자들이 득세를 했고 여기에 정변을 일으켜 집권한 독재 정권의 폭압 정치로 말미암아 경제가 급속히 몰락한 전형적인 남미의 그저 그런 국가였다. 스페인 또한 비록 제2차 세계대전의 참화를 교묘히 피해갔지만, 프란시스코 프랑코 Francisco Franco의 철권통치로 말미암아 서유럽에서 보기 드문 구닥다리 극우 독재 정권이 집권한 국가였다. 비록 냉전 시기를 이용해 NATO에 가입하는 등 친미노선을 견지하고 공포정치로 반대 세력의 목소리를 짓누르며 서서히 경제를 발전시켜왔지만, 서유럽의 일원으로 대접받지 못하고 주변으로부터 경원시되어왔다.

 1978년 제11회 아르헨티나 월드컵은 내치에 어려움을 겪던 군사 정권이 대회를 유치해 자국이 우승까지 함으로써 국민들을 단결시키고 대외적인 선전에 크게 성공했으나, 후속적인 민주화 조치가 이뤄지지 않아 이 대회로 승화된 국민적 에너지를 하나로 모으지 못하고 오히려 경제는 후퇴하고 민심이 정권을 등질 지경에까지 이르게 되었다. 다음 월드컵이 열린 1982년에 아르헨티나는 국민의 불만을 잠재우고 관심을 대외적으로 돌리고자 영국과 영유권 분쟁을 벌이던 말비나스 제도(영국명 포클랜드 제도)에 대한 전쟁을 감행했다가, 결국 항복하는 국가적 굴욕까지 당했다. 그 결과 정권은 몰락하고 국가의 혼란은 이후에도 계속되었고, 이에 따른 고통은 국민에게 전가되었다. 그런데 묘하게도 축구의 강대국인 아르헨티나와 잉글랜드는 이후 월드컵 대회의 중요한 길목에서 자주 만나 경기를 벌였는데, 월드컵에서 이들의 경기는 흔히 포클랜드 전쟁으로 불릴 만큼 축구팬들 이외에도 전 세계인들의 관심을 불러일으켰다.

 반면 바로 그해에 열린 제12회 스페인 대회는 바로 직전인 1981년에 프랑코 추종세력의 반동 쿠데타를 국민의 힘으로 좌절시키고 민주화를 진전시키면서 이뤄낸 대회였다. 1975년 프랑코 사후 여전히 스페인은 극우 독재 세력이 권력의 핵심으로 막강한 영향력을 행사하고 있었으나, 후앙 카를로스 Juan Carlos I 국왕과 국민의 힘으로 민주주의를 수호해냈다. 이러한 혼란을 수습한 직후 스페인에서 개최된 월드컵은 민주 스페인을 전 세계에 자랑한 대회였고, 비록 자국 팀의 성적이 좋지 않았지만 세계에 정열적인 스페인의 긍정적인 국가 이미지를 심어주었고, 국민들의 자긍심을 높여주었다. 스페인은 이후 EC_{European Community}(유럽공동체)에 가입하는 등 서유럽의 당당한 일원이 되어 선진국 대열에 진입하는 등 국가를 발전시켜왔다.

비슷한 처지에 있었는데도 한 국가는 월드컵을 정권 유지의 도구로만 이용한 반면, 다른 한 국가는 월드컵을 국가 발전의 원동력으로 삼았다. 월드컵 개최로 확연히 다른 성과를 얻은 이 두 나라의 사례를 보면서 4년이라는 시간차를 두고 벌어진 두 대회의 의의가 확실히 달랐음을 알 수 있다. 결국 대회는 그대로인데 문제는 사람인 것 같다.

10

위대한 혁명가의
못난 후손들

위대한 혁명가 볼리바르(사진)가 초대 대통령이었던 콜롬비아는 남아메리카 합중국의 중심이 될 수도 있었다. 하지만 위정자들의 연이은 실정으로 갈수록 나라의 발전이 정체되었고, 그 결과 1986년 예정된 지구촌 축제의 개최도 포기하게 되었다.

■ 1980년 FIFA는 1986년에 있을 제13회 월드컵 개최국으로 남미의 콜롬비아를 선정했다. 사실 이 당시까지만 해도 올림픽도 그렇고 월드컵도 유치하는 데 그렇게 힘든 국제 행사는 아니었다. 2002년 월드컵을 유치하느라 우리나라와 일본이 피 말리는 경쟁을 벌이다가 결국 FIFA의 중재로 역사상 최초로 공동개최했고 삼수 만에 평창 동계 올림픽 유치에 성공한 경험이 있어 이러한 내용이 의외라고 생각할지 모르지만, 당시까지만 해도 대회 운영에 상업적인 마케팅 기법을 별로 도입하지 않아 월드컵이나 올림픽 대회를 개최하면 많은 재정적인 부담을 떠안게 되었으므로 굳이 나서서 이러한 거대한 국제 행사를 열려는 국가나 도시들이 생각보다 그리 많지는 않았다. 예를 들어 1976년 몬트리올 올림픽이나 1978년 아르헨티나 월드컵은 개최 도시나 국가에 엄청난 재정적 부담을 안겨주었다.

그런데 IOC에 의해 어지로 올림픽을 띠맡다시피 한 로스앤젤레스는 1984년 올림픽 당시 대회 조직위원장이던 피터 위버로스Peter Ueberroth가 상업적인 광고나 TV 중계권료 등을 최대한 이용함으로써 흑자 대회를 개최하는 데 성공했다. 그후부터 이러한 국제 대회는 황금알을 낳는 거위로 재탄생하게 되었고, 개최국 이미지도 함께 고양시킬 수 있는 1석2조의 효과 때문에 많은 나라들이 대규모 국제 대회 유치에 적극 뛰어들게 되었다.

어쨌든 유럽과 미주를 번갈아 돌아가며 개최하는 것을 비공식적인 원칙으로 삼아 월드컵 대회를 개최하는 FIFA는 남미에서 브라질 다음으로 인구도 많고 혁명가 시몬 볼리바르Simón Bolívar가 초대 대통령으로 통치했으며 위대한 탐험가 콜럼버스Columbus의 이름을 국호로 삼은 콜롬비아를 차후 개최지로 선정했다. 콜롬비아 또한 정권을 잡은 군부가 1978년 이웃 아르헨티나에서 열렸던 제11회 월드컵에 영향을 받아 월드컵을 국가 이미지 고양을 위한 수단으로 여겨 대회 준비에 착수했다.

그런데 콜롬비아는 20세기 들어서 여타 중남미 국가처럼 계속되는 군부의 정치 간섭과 통치 행위로 국정과 경제가 문란했고, 1970년대에 이르러서는 반정부 게릴라 활동이 많아지게 되었다. 특히 세계 최대의 마약조직이 사실상 콜롬비아의 지하정부를 구성했다고 할 정도로 막강한 영향력을 행사해 거의 매일 백주대낮에 테러가 반복되고 정부의 통치권이 제대로 미치지 못했다. 사실 이러한 사회 불안은 아직까지도 일부 계속되고 있을 정도다.

처음부터 개최지로 부적합한 국가에 개최권을 주었던 FIFA는 이러한 혼란으로 대회가 무산될 위기에 처하자, 결국 1983년 콜롬비아로부터 개최권을 반납받아 콜롬비아 월드컵을 취소하고 1970년 제9회 대회를 열었던 멕시코로 개최지를 변경해 월드컵을 치르게 되었다. 멕시코는 역사상 처음으로 두 번의 월드컵을 개최하는 영광을 얻게 되었는데, 이 대회에서 한국은 무려 32년 만에 본선에 진출하는 기쁨을 맛보았다.

위대한 혁명가 볼리바르가 1819년 8월 7일 보야카Boyacá에서 제국주의 에스파냐 군대를 격파하고 수도 보고타Bogota에 입성함으로써 지금의 페루, 볼리비아, 콜롬비아, 에콰도르, 베네수엘라, 파나마를 포함하는 그란 콜롬비아Gran Colombia 공화국을 세워 독립 당시의 미국처럼

시몬 볼리바르

시몬 볼리바르(1783년~1830년)는 남미 북부의 독립운동을 주도해서 베네수엘라, 볼리비아, 페루, 콜롬비아, 에콰도르 등을 해방시킨 장군으로, '라틴아메리카의 해방자'로 불린다. 에스파냐계 귀족의 아들로 카라카스Caracas에서 태어난 볼리바르는 누에바그라나다(지금의 콜롬비아, 베네수엘라, 에콰도르를 통틀어 말하며 1819년 당시 콜롬비아 또는 '그란 콜롬비아'라 했음)와 페루, 상(上)페루(볼리비아)에서 에스파냐의 통치에 맞서 혁명을 지도했으며, 그란 콜롬비아(1821년~1830년)와 페루(1823년~1829년)의 대통령이 되었다.

볼리바르는 미합중국을 본뜬 라틴아메리카 연방을 꿈꿨지만, 인종과 지역의 분열, 통일된 라틴아메리카의 등장을 바라지 않았던 미국과 영국의 분열정책으로 그 꿈은 무산되었다. 1830년 볼리바르가 47세를 일기로 사망한 지 2년 만에 '그란 콜롬비아'는 베네수엘라, 콜롬비아, 에콰도르의 3개 국가로 분열되었다.

남미합중국의 맹아가 될 수 있는 기틀을 만들었음에도 이후 위정자들의 무능으로 연방은 해체되고 나라는 계속해서 혼돈과 혼란의 와중에서 헤어나지 못해 국민들은 고통을 받았다.

월드컵의 개최국이 될 뻔했다가 자국 내의 혼란상만 전 세계에 널리 알린 꼴이 된 콜롬비아를 통해 아무리 위대한 혁명가가 좋은 뜻을 안고 만든 국가라 하더라도 후손들이 그 숭고한 유지를 받들어 제대로 계승·발전시키지 못한다면 세계사의 흐름에서 뒤처질 수밖에 없다는 교훈을 되새기게 된다.

Chapter 07
and 그리고
Star 스타

■ 과거에는 권력자 정도나 자의 반 타의 반으로 떠받들어졌고, 경우에 따라서는 존경을 받기도 했다. 현재는 독재자가 군림하는 국가들을 제외하면, 강요에 의해 위정자들이 대접받을 수 있는 시대가 아니다. 그래서 요즘은 오히려 권력을 잡고 유지하기 위해 많은 정치인들이 대중으로부터 인기를 얻고 싶어 한다. 이처럼 다수로부터 인기를 얻고 싶은 자들은 많은 사람들을 찾아다니며 자신을 알리려고 애쓰는데, 이때 가장 효과적인 수단이 매스미디어를 이용하는 것이다. 지금은 SNS처럼 다양한 통신 매체를 이용해 자신을 홍보하고 쌍방향으로 대화도 가능하다. 이처럼 각종 미디어 매체는 쉽고 빠르게 대중에게 다가갈 수 있는 수단이 되었다.

■ 그런데 매스미디어가 삶의 일부가 되어버리면서 대중으로부터 인기를 얻는 대상이 많이 바뀌었다. 연예 분야를 예로 든다면 매스미디어가 등장하기 전에는 소수의 사람들만이 연예인들을 접할 수 있었다. 따라서 이와 관련된 문화

는 극히 제한될 수밖에 없었고 많은 사람들이 동시에 좋아할 수노 없었다. 하지만 영화, TV 등 새로운 매스미디어의 등장은 이러한 패러다임을 바꾸었다. 특히 대중 문화나 스포츠 분야에서 즐거움을 선사해 많은 사람들로부터 사랑을 받는 이들이 생겨났는데, 이들을 우리는 소위 '스타'라 부른다.

■ 스타의 일거수일투족은 많은 사람들의 가십거리가 되었고, 그들의 대중에 대한 영향력은 점점 커졌다. 그렇다 보니 전쟁이라는 특수한 상황에 돌입하면 이들의 역할 또한 본의 아니게 커질 수밖에 없었다. 왜냐하면 승리하기 위해서 국가는 총력을 다해야 하는데 이때 스타들은 좋은 구심점이 되기 때문이다. 그렇다 보니 많은 이들의 사랑을 받았던 스타들과 관련된 전쟁 이야기도 적지 않다.

1

누가 사면초가에 빠졌는가?

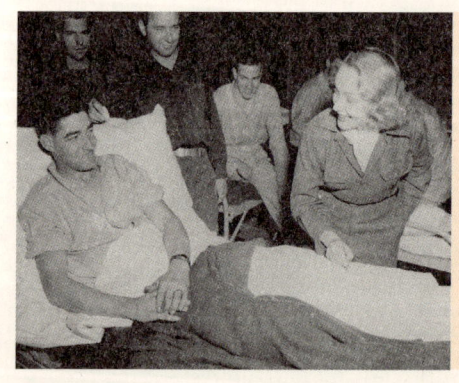

1944년 서부전선을 방문해 부상병을 위문하는 마를렌 디트리히. 그녀는 독일 출신이었지만 반나치운동에 누구보다 앞장선 연예인이었다. 특히 그녀가 부른 〈릴리 마를렌〉은 독일군의 사기를 꺾는 데 크게 일조했다.

■ 1943년경 북아프리카 전선에서 있었던 일이다. 일설에는 그보다 앞선 1941년 유고슬라비아 전선에서 처음으로 있었던 일이라고 하는데, 당시에는 미군이 참전하지 않았고 독일의 유고슬라비아 침공전이 워낙 단기간에 속전속결로 끝났기 때문에 이 주장은 그리 신빙성이 없다. 황량한 사막에 밤이 찾아오고 전투가 소강상태에 빠지자, 독일군 진지에서 한 곡의 구슬픈 노래 소리가 확성기를 통해 미군 진지를 향해 흘러 나왔다.

병영 앞

거대한 정문 앞에

가로등이 서 있었지.

아직도 그 앞에 그 가로등이 서 있어.

그곳에서 다시 만나기를 고대하며,

그 가로등 옆에 서 있고 싶어.

예전처럼 그렇게, 릴리 마를렌.

예전처럼 그렇게, 릴리 마를렌.

Vor der Kaserne,

Vor dem großen Tor,

Stand eine Laterne

Und steht sie noch davor.

So woll'n wir uns da wiederseh'n,

Bei der Laterne woll'n wir steh'n,

Wie einst, Lili Marlene,

Wie einst, Lili Marlene.

이 노래는 1915년 제1차 세계대전 당시 독일의 한스 라이프Hans Leip가 러시아 전선으로 떠나면서 그의 애인을 생각하며 쓴 사랑의 시에 1937년 당시 유명한 작곡가였던 노르베르트 슐츠Norbert A. Schultze가 곡을 붙여 만든 구슬픈 반전가요 〈릴리 마를렌Lili Marlene〉이었다.

독일은 이 애련한 사랑의 노래를 전선에서 크게 틀어줌으로써 연합군 병사들이 향수병에 걸리도록 선무공작을 했다. 언제 죽을지 모르는 만리타향 낯선 사막의 전쟁터에서 싸우던 수많은 연합군 병사들은 순식간 우수에 젖어들 수밖에 없었다. 그런데 얼마 안 가 미군 쪽에서 독일 측을 향해 대응 차원에서 노래를 틀어놓았는데, 이때의 노래도 바로 〈릴리 마를렌〉이었다. 이때 미군 측이 독일 진지를 향해 틀어놓은 〈릴리 마를렌〉은 당대 최고 섹스 심벌로 유명한 할리우드의 여배우 마를렌 디트리히Marlene Dietrich, 1901년~1992년가 부른 것이었다.

남자의 가슴을 후벼 파는 디트리히의 섹시하고 허스키한 목소리가 독일 측을 향해 울려 퍼지면서 역시 고향에서 멀리 떠나와 전쟁을 하던 수많은 독일 병사들의 심금을 울렸다. 독일 병사들도 총통의 명령에 따라 싸우기만 하는 로봇이 아니라 인간이었던 것이다. 이렇게 해서 릴리 마를렌은 독일군은 물론이거니와 연합군 병사들도 가장 사랑하는 노래가 되었다. 그 인기가 어느 정도였냐면 이 노래가 울려 퍼질

■ **마를렌 디트리히.** 독일 출신인 그녀는 제2차 세계대전 당시 독일군과 미군 병사들 사이에서 큰 인기를 끌며 평화를 사랑하는 인류의 양심의 상징이라고 일컬어졌던 명곡 〈릴리 마를렌〉을 불렀고, 나치에 반대하며 미국 국적을 취득해 미군 위문공연에 나섰다는 이유로 오랜 기간 고향인 독일에서 배신자로 낙인찍혔다.

시간이 되면 일단 전투가 중단되었다는 믿거나 말거나 하는 속설도 전해진다.

그런데 독일 측을 향한 역공작의 히로인이었던 디트리히는 베를린에서 태어난 순수한 독일 사람이었다. 처음에는 가수로 연예계에 몸담았으나, 1930년 조제프 폰 슈테른베르크 Josef von Sternberg 감독이 제작한 영화 〈푸른 천사 Der Blaue Engel〉를 통해 은막에 데뷔한 뒤 국제적으로 유명한 여배우가 되었고 세계 영화의 메카인 할리우드에서도 활약하게 되었다. 이후 디트리히는 독일과 미국에서 몇 편의 영화를 더 찍었는데, 당시 히틀러의 오른팔이었던 괴벨스 Paul Joseph Göbbles 가 나치의 선전 영화에 출연하도록 강요했다. 하지만 원래부터 정치적인 신념 때문에 그런 것인지는 정확히 모르겠으나, 나치를 혐오했던 디트리히는 제의를 단호히 거부하고 미국에 정착해 시민권을 얻어 세계적인 배우로 활동했다.

전쟁 후 마릴린 먼로 Marilyn Monroe 가 등장하기 전까지 할리우드 최고의 섹스 심벌이었던 그녀는 앞에서 예를 든 선무방송을 위한 녹음뿐만 아니라 전쟁 중 군비모금 자선행사에 적극적으로 참석해 쇼를 하기도 하고 최전선에 있는 병사들을 위문하는 등 반나치 활동에 열성적이었다. 이러한 활동으로 미국에서는 인기 연예인의 반열에 올랐지만, 반면 고향인 독일에서는 지금도 국가를 반역한 매국노로 은연중 지탄받고 있다. 나치에 반대하는 행동이었기 때문에 공개적으로 비난하지는 못하지만, 전쟁 중 그녀가 부른 노래 소리에 방심하다가 죽어간 많은 군인들의 미망인들이 그녀를 마녀로 매도할 만큼 미움을 받기도 했다.

상대를 방심하게 만들기 위해 틀어놓았던 〈릴리 마를렌〉, 그리고 이 노래 때문에 피비린내 나는 전선에서 적과 아군 모두에게 연인이 되었던 마를렌 디트리히. 이 모두가 전쟁으로 인해 예술이 불행에 빠져든 예일까? 아니면 전쟁의 혼란 속에서 오히려 예술이 빛을 발한 경우일까?

2

당연한 길을
지원한 황제

서독 주둔 미 1기갑사단 병사로 근무할 당시의 엘비스 프레슬리. 젊은이들의 우상이었던 그는 군 복무 기간 동안의 공백기가 치명타가 될 수도 있었지만 특혜를 물리치고 자신에게 부여된 의무를 솔선수범한 진정한 스타였다.

▪ 2002년 8월 13일자 미국의 금융전문지 《포브스 Forbes》에 따르면, 한 인물이 2001년 6월부터 2002년 6월까지 1년간 보통 사람은 꿈도 꾸기 힘든 총 3,700만 달러에 달하는 소득을 올린 것으로 발표되었다. 그런데 놀라운 것은 이 정도로 고소득을 올린 사람이 이미 죽은 지 25년이 넘는 고인이라는 것이었다.

그는 고등학교를 졸업하고 화물차 운전수로 일하며 평범한 삶을 살던 중 우연히 연예기획사 관계자의 눈에 띄어 스무 살이 되던 1955년에 연예계에 데뷔했고 잘생긴 외모와 훌륭한 가창력, 그리고 탁월한 무대 매너 덕분에 순식간에 젊은이들의 우상이 되면서 스타의 반열에 올랐다. 그런데 연예계에서 이름을 막 휘날리며 정력적인 활동을 벌이던 1957년, 그는 국가로부터 징집영장을 받았다. 당시만 해도 미국은 징병제였고, 징집을 당한 이상 병역 의무를 반드시 이행해야 했다. 하지만 군 복무 기간 동안의 공백기는 자칫하면 인기로 먹고사는 연예인들에게 치명

▪ **엘비스 프레슬리.** 연예계에서 이름을 막 휘날리며 정력적인 활동을 벌이던 1957년, 엘비스 프레슬리는 국가로부터 징집영장을 받았다. 그의 대중적인 상품성을 잘 알고 있던 군 당국이 군의 이미지 제고를 위해 연예 사병 근무를 제안해왔으나, 이러한 특별한 제안을 거부하고 전투병으로서 평범한 군 생활을 시작했다.

타가 될 수도 있었다.

  이때 그의 대중적인 상품성을 잘 알고 있던 군 당국이 군의 이미지 제고를 위해 연예 사병 근무를 제안해왔다. 만일 그가 연예 사병으로 근무한다면 계속해서 대중과 접촉할 수 있기 때문에 인기 유지에 많은 도움이 되었을 것이다. 하지만 그는 이러한 특별한 제안을 단호히 거부했다. 왜냐하면 징집 대상이 되는 보통의 다른 국민들과 차별이 되는 어떠한 대우도 원하지 않았기 때문이다. 그는 여느 사람들과 마찬가지로 똑같이 훈련받고 근무 규정에 따라 병역 의무를 다하기를 원했기 때문에 그의 뜻대로 전투병으로서 평범한 군 생활을 시작했다.

  1958년 신병 훈련을 마치고 자대 배치를 받은 곳은 서독 내 한 미군 기지였는데, 당시 서독은 전쟁이 막 끝난 한국과 더불어 가장 첨예하게 공산 진영과 대립하던 냉전시대의 최전선이었다. 미군으로서 가장 기피지역 중 한곳에 배속받은 것이었다. 당시 미 육군 공문에는 "그를 우러르는 많은 청소년들이 훗날 군 생활에서도 그를 본받을 것"이라고 기록되어 있다. 그의 극히 평범한 군 복무는 그를 추앙하던 수많은 젊은이들에게 병역 의무의 신성함과 고귀함을 일깨워주었다. 그에게 편안한 군 생활을 제안하는 대신 선전 도구로 활용하고자 했던 군 당국은 오히려 어떠한 특혜도 마다하고 묵묵히 군 복무를 다하는 그의 모습 덕분에 오히려 처음 생각했던 것 이상의 커다란 선전 효과를 얻었다.

  그런데 그런 행동과는 별개로 타고난 바람기와 인기는 어쩔 수 없었던지 서독에서 군 복무 중일 때도 미성년 소녀인 프리실라 보류

Priscilla Beaulieu와 염문을 뿌려 세인들의 가십거리가 되기도 했다. 하지만 그 소녀는 피 끓는 젊은이의 1회성 사랑이나 지나가는 바람의 대상이 아니었다. 그는 8년 후 그녀와 결혼함으로써 사랑에도 책임을 지는 멋있는 모습을 전 세계 팬들에게 보여주었다. 비록 5년 만에 파경을 맞았지만 적어도 공인으로서 모범적인 모습을 보여준 이 멋진 청년이 바로 로큰롤의 황제 엘비스 프레슬리 Elvis Aron Presley, 1935년~1977년다.

3

전설로
남은 별

메이저리그 역사상 최고의 강타자 중 하나로 손꼽히는 테드 윌리엄스의 호쾌한 타격 모습. 그는 두 차례의 전쟁에 참전한 용사였지만, 이러한 치명적인 공백에도 불구하고 전혀 녹슬지 않은 기량을 자랑했다.

■ 1960년 9월 26일, 펜웨이 파크Fenway Park에서 홈팀 보스턴 레드삭스Boston Redsox가 볼티모어 오리올즈Baltimore Orioles와 시즌 마지막 경기를 벌이고 있었는데, 바로 이 경기를 끝으로 은퇴를 선언한 42살의 노 타자가 타석에 들어섰다. 그가 날카롭게 휘두른 방망이에 공은 커다란 궤적을 그리며 담장을 넘어갔고, 모든 관중의 기립 박수와 아쉬움 속에 통산 521개 홈런을 기록한 이 타자는 야구복을 벗었다.

메이저리그의 전설로 남은 위대한 야구선수 테드 윌리엄스Ted Williams, 1918년~2002년의 은퇴 경기 당시의 모습이다. 1941년 시즌 그가 기록한 0.406(456타수 185안타)타율은 역대 8위의 기록이지만, 이 기록을 마지막으로 메이저리그에서 아직까지 4할대 타율이 나오지 않는 것만 보아도 그가 얼마나 위대한 야구선수였는지를 알 수 있다. 20년간 오로지 보스턴 레드삭스 소속으로 있으면서 통산 0.344타율, 2,654개 안타, 521개 홈런, 1,839타점의 놀라운 성적을 기록했고, 당연히 그의 백넘버 9번은 영구 결번되었다.

그런데 그를 평가할 때 반드시 따라다니는 하나의 가정이 있다. 바로 전쟁에 참전하지 않고 계속해서 운동을 했다면 과연 어떤 기록을 남겼을까 하는 가정이다. 윌리엄스는 선수생활 중 제2차 세계대전과 한국전쟁에 현역으로 참전해 무려 5년이라는 공백 기간이 있었다. 호사가들이 컴퓨터로 분석해보니 그 공백 기간 동안 그가 선수생활을 계속했다면 222개의 홈런을 더 쳤을 것이고, 그렇다면 통산 743개의 홈런을 기록해 행크 애런Hank Aaron보다 앞서 베이브 루스Babe Ruth의 통산 714개 홈런 기록을 경신했을 것이라는 이야기가 자주 언급되는데, 그

■ 테드 윌리엄스. '20세기 최후의 4할 타자'란 이름으로 유명한 전 메이저리그 보스턴 레드삭스 선수다. 제2차 세계 대전과 한국전쟁에 참전해 맹활약한 역전의 용사이기도 하다.

의 능력을 고려한다면 충분히 실현 가능했을 것으로 추측된다.

역사적인 4할 타율을 기록한 그는 이듬해인 1942년 타율 0.356, 36개 홈런, 137타점으로 타격 부문 트리플 크라운 Triple Crown (삼관왕)을 달성했으나 시즌 도중 전쟁에 참전하라는 영장이 떨어졌다. 그는 추호의 망설임도 없이 시즌을 끝마치기 전에 해군에 입영 신청을 하고 해병대 조종사로 태평양 전쟁에 참전해 맹활약했다. 전쟁이 끝나고 3년 간의 공백 끝에 1946년 야구장으로 돌아온 윌리엄스는 타율 0.342와 38개 홈런, 123타점의 맹타를 휘둘러 공백 기간의 우려를 무색하게 만들어버렸고, 1947년에는 리그 MVP에 오르는 등 참전 이전과 다르지 않은 훌륭한 기량을 팬들에게 선보였다. 군 복무 기간 동안 운동을 할 수 없기 때문에 경기력이 떨어질 수밖에 없다는 말이 그에게는 통하지 않았던 것이다.

그런데 절정기의 기량을 선보이던 1952년, 그에게 또 한 번의 징집 영장이 전달되었다. 즉시 현역으로 복귀해 한국전에 참전하라는 것이었다. 이번에도 윌리엄스는 망설임 없이 현역으로 다시 복귀했고, 1952년 겨울 "이번에는 죽을지도 모른다"라는 한마디를 남기고 듣지도 보지도 못한 극동의 한국으로 떠났다. 이전 참전 때도 그랬지만, 윌리엄스는 유명세를 이용해 후방에서 시간이나 보내는 그런 군인이 아니었다. 1953년 2월 16일 평양 남쪽 폭격작전에서 그의 애기(愛機)가 공산군의 대공포에 맞아 추락당할 절체절명의 위기를 맞았으나 수원 기지까지 날아와 동체착륙을 했을 정도로 군인 윌리엄스 대위는 최전선에서 종횡무진 맹활약한 역전의 용사였다.

1953년 휴전까지 총 39번의 출격작전을 수행한 그는 다시 미국으로 돌아와 레드삭스의 중심 타자로 맹활약했다. 윌리엄스는 참전 기간에도 기량이 전혀 녹슬지 않았고 1957년 시즌과 1958년 시즌에 리그 타격왕에 올랐는데, 1958년 시즌 당시의 40세 최고령 타격왕 기록은 앞으로도 깨지기 어려운 불멸의 기록이다. 2002년 7월, 그가 84세로 숨을 거두자 메이저리그는 경기 전에 그를 추념하는 행사를 갖고 게임을 시작했다. 그가 기록한 놀라운 성적도 그를 신화의 반열에 올려놓는 데 결코 모자람이 없지만, 거기에 더해서 나라의 부름을 받고 자신의 의무를 다하는 모범적인 태도야말로 미국 국민의 존경을 받을 만한 것이 아닌가 생각된다.

4

차범근의
귀국

차범근은 병역 문제로 우여곡절을 겪고 분데스리가에 진출해 뛰어난 활약을 선보이면서 리그 역사상 최고의 외국 선수라는 평가를 받았다.

■ 올림픽 3위 이상, 아시안게임 1위를 한 선수에게 병역면제 혜택을 주기 시작한 것은 1980년대부터다. 경기력을 향상시키기 위해서였는데, 사실 1981년에 서울이 올림픽 개최지로 선정되었지만 해방 후 올림픽에서 금메달을 획득한 것은 1976년 몬트리올 대회에서 양정모가 레슬링 부문에서 금메달을 획득한 것이 처음이었을 정도로 우리나라 선수들의 경기력은 미약했다. 자칫 남의 나라 선수들의 잔치로 끝날 수 있어서 우리 선수들에게 동기부여를 할 수 있는 병역면제 같은 특단의 조치가 필요했다. 이러한 체육 진흥책이 있었기에 이후 한국이 올림픽 같은 국제대회에서 스포츠 열강 대열에 진입할 수 있었던 것이 사실이다.

그런데 이러한 법 조항을 즉흥적으로 개정하면서까지 병역면제 혜택을 부여한 경우가 있었는데, 바로 2002년 월드컵 4강의 기적을 이룬 축구대표팀과 2006년 WBC대회에서 4강에 오른 야구대표팀이 바로 그 주인공이다. 그들이 이룬 업적이 많은 국민들을 기쁘게 해주었고 가장 실력이 왕성한 시기에 선수들이 군에 입대하면 이후 경기력이 후퇴되는 경우가 많으므로 계속 국위를 선양할 수 있게 병역을 면제해주는 것이 좋다는 중론 때문이었다. 하지만 이런 사례가 자꾸 발생하면 원칙이 무너지는 것 아니냐는 반대 여론도 만만찮았기 때문에 이제는 이러한 예외가 사라졌다. 그런데 이와 관련해 곰곰이 생각해볼 만한 좋은 사례가 있다.

1978년 12월 태국 방콕에서 열린 제8회 아시안게임 축구 결승전에서 한국은 북한과 연장전까지 치르는 명승부 끝에 0대0으로 공동우승을 했다. 그 경기 직후 한국 최고의 스트라이커였던 차범근은 독일행 비행기에 올랐다. 이유는 단 하나 세계 최고의 축구 무대에서 뛰고 싶다는 욕망 때문이었지만, 전문 매니저의 도움도 없이 혈혈단신으로 축구 변방인 한국에서 온 그를 반겨준 팀은 없었다. 비록 그보다 먼저 분데스리가에서 활약하던 일본인 오쿠데라 야스히코(奧寺康彦)가 있었고 아시아에서 차범근은 오쿠데라보다 실력이 뛰어난 것으로 인정받았지만, 서독 사람들은 차범근도 한국 축구도 관심 밖이었다.

그러한 와중에 겨우 입단 테스트 기회를 준 구단이 있었는데, 바로 리그 최하위 다름슈타트 Darmstadt였다. 짧은 테스트에서 차범근은 높은 기량을 선보이며 다름슈타트를 만족시켜 전격적으로 입단 계약이 이루어지게 되었고 12월 31일 경기에 곧바로 데뷔했다. 그 전까지 한국인 운동선수가 세계적인 빅리그에 데뷔한 적이 없는 당시 상황에서 국내에 전달된 이러한 소식은 대서특필감이었다. 그 후 한두 차례의 경기에서 돋보이는 활약을 보여준 차범근은 곧바로 분데스리가의 관심 대상 선수가 되었고 그의 선전에 국민들은 기뻐했다. 그런데 바로 그때 우리나라 정부가 차범근에게 소환명령을 내렸다. 그것도 최대한 빨리 귀국하라는 것이었다.

현역 군인으로 당시 공군 축구팀인 성무(星武) 소속인 그가 병역을 완전히 마치지 않았기 때문이었다. 정부는 하루 빨리 잔여 군 복무를 이행하라고 명령했다. 그러자 사회 일각에서 차범근이 어렵게 분데스리가에 진출했으니 국위를 선양할 수 있도록 조기 제대를 시켜주어 계속 활약할 수 있도록 하자는 여론이 벌 떼처럼 일어났다. 요즘 사회적 분위기라면 바로 직전에 아시안게임에서 금메달을 땄으니 충분히 그렇게 해줄 수도 있는 일일지 모르나, 당시 정부는 병역에 관한 원칙을 절대로 훼손할 수 없다고 천명했다.

결국 차범근은 어쩔 수 없이 봇짐을 싸들고 돌아와 1979년 5월까지 잔여 군 복무를 마친 다음에야 다시 서독으로 향할 수 있었다. 사실 일반병이 아니었던 그는 원대 복귀해도 성무팀에서 계속 운동할 수 있었으므로 환경이 크게 달라지는 것은 아니었다. 경기 감각도 계속 유지할 수 있었고, 정부도 군 복무 후 즉시 팀에 합류할 수 있도록 개인 트레이너와 함께 운동할 수 있도록 편의를 봐주기도 했다. 어쩌면 이 점도 특혜라 할 수 있을지 모르지만, 가장 중요한 점은 어떤 사유로도 가장 중요한 원칙을 훼손하지 않았다는 점이다.

서독 복귀 후 차범근은 예전에 그의 기량을 눈여겨보았던 명문 프랑크푸르트 Frankfurt 팀에 입단했다. 그는 원리원칙을 지켜 병역 의무를 이행하느라 5개월간 공백이 있었지만, 결코 그것이 이후 그의 경기력이나 경력에 지장이 되지 못했다. 10년간 분데스리가에서 활약한 그는 총 98골을 기록하며 외국 선수 가운데 최다 득점자에 올랐고, 그의 기록이 경신된 것은 이후 10년이 지나서였다. 현역에서 은퇴했지만 차범근은 분데스리가 최고의 외국 선수라는 명성은 아직도 남아 있다.

5

그녀는
너무 예뻤다

혹한의 날씨에도 불구하고 반라의 차림으로 열정적인 위문공연을 펼치는 노마 모텐슨. 신혼여행 중인데도 군의 요청을 받아들여 흔쾌히 최전방까지 달려왔던 당대 최고의 스타였던 그녀가 바로 마릴린 먼로다.

- 1954년 2월, 당시까지만 해도 미국에서 그렇게 많이 찾지 않던 극동의 일본으로 신혼여행을 떠난 세기의 스타 커플이 있었다. 교통편이 불편한 극동은 서구의 보통 사람들에게는 쉽게 찾아가기 힘든 곳으로 인식되어 은밀하게 허니문을 보내고 싶은 이 스타 커플에게 좋은 여행지였다. 신랑은 당시 메이저리그에서 수차례 MVP에 오른 대스타 조 디마지오 Joseph P. Dimaggio 였는데, 그는

- 신혼여행 중에 도쿄 임페리얼 호텔에서 사진을 찍은 조 디마지오와 마릴린 먼로. 이 세기의 스타 커플은 일본으로 신혼여행을 갔다.

세계 최고의 명문야구단인 뉴욕 양키스 New York Yankees 소속의 선수로 1941년에 지금도 불멸의 기록으로 남아 있는 56게임 연속 안타라는 경이적인 기록을 세우기도 한 강타자였고, 노마 모텐슨 Norma Mortenson, 1926년~1962년 이라는 이름을 가진 신부 또한 유명 연예인이었다.

결혼 직전인 1953년에 제작된 영화 〈나이아가라 Niagara〉의 주연을 맡으면서 일약 세계적인 섹스 심벌이 된 인기 절정의 그녀와 강타자 디마지오는 모두 이혼 경력이 있었기 때문에 이것이 두 번째 결혼이었고, 둘 다 미국 내에서 워낙 유명한 대중 스타라서 그들의 결혼은 만인의 가십거리가 되기에 충분했다. 노마는 당시 최고의 헬멧 걸(군인들의 방탄모 안에 오려 붙인 애인이나 여자 연예인의 사진)이었는데, 그녀가 일본에 온다고 하자 한국에 주둔 중인 미 8군사령부는 한국을 방문해 위문공

■ 마릴린 먼로. 대중에게 받은 큰 사랑을 그들에게 되돌려주고 국가를 위해 봉사할 줄 아는 모범적인 마음가짐을 갖고 있었기 때문에 신혼여행 중에도 쉽게 행동으로 나설 수 있었던 것이다. 아마 그녀의 이런 노블레스 오블리주 정신은 제2차 세계대전 당시에 군수공장에서 페인트 작업 등 막일을 한 경험이 큰 밑거름이 되지 않았나 싶다.

연을 해줄 수 있겠냐는 어쩌면 상당히 실례가 되는 요청을 했다.

사실 아무리 대중의 사랑을 먹고사는 연예인이라 하지만 은밀히 사적 시간을 보내고 싶어 멀리 극동으로까지 신혼여행을 왔던 터라 완곡하게 거절을 할 수도 있었을 텐데도 그녀는 흔쾌히 미 8군의 요청을 받아들여 일본 신혼여행 일정을 조정하고 한국으로 날아왔다. 그것도 남편인 디마지오를 일본에 홀로 남겨둔 채로 말이다. 여담이지만 상당히 이기적이고 자존심이 강한 디마지오는 아내가 자기를 남겨두고 홀로 한국에 간 것보다 자기도 스타인데 아내만 와달라고 부탁한 주한 미군의 요청에 상당히 섭섭함을 느꼈다고 한다. 그후 그는 그녀와 틈이 벌어져 결국 1년도 살지 못하고 그해 10월 이혼하게 되었다.

어쨌든 한국으로 날아온 그녀는 병사들의 엄청난 환영을 받게 되었고, 이런 환영에 보답하기 위해 엄동설한인 2월 산골 야외에 가설된 특설무대도 마다하지 않고 반라의 차림으로 성심성의껏 공연을 하고 부상 장병들을 찾아가 위문하는 등 외국에서 고생하고 있는 미군들을 위해 봉사활동을 했다. 1954년 2월 당시 한국은 비록 총성이 멎기는 했지만 한국전쟁이 휴전된 지 불과 6개월밖에 되지 않아 상당히 어수선한 상태였다. 지리산 같은 후방의 첩첩산중에서는 아직도 게릴라들이 준동하고 전선에서도 수시로 총격이 오가는 준전시상태에서 사회 기반 시설도 완전히 파괴되어 방문하기 불편했는데 이러한 곳을 그녀는 망설임 없이 찾아온 것이었다.

이것은 대중에게 받은 큰 사랑을 그들에게 되돌려주고 국가를 위해 봉사할 줄 아는 모범적인 마음가짐을 갖고 있었기 때문에 쉽게 행동으로 옮길 수 있었던 것이다. 아마 그녀의 이런 노블레스 오블리주 Noblesse Oblige 정신은 제2차 세계대전 당시에 군수공장에서 페인트 작업 등 막일을 한 경험이 큰 밑거름이 되지 않았나 싶다. 그녀가 바로 우리가 너무나 잘 알고 있는 그 유명한 마릴린 먼로 Marilyn Monroe 다.

6

제인 러셀 고지를 아시나요?

〈신사는 금발을 좋아해〉에 출연 중인 제인 러셀. 한국전쟁 당시 치열한 전투가 벌어진 고지 중에는 그녀의 이름을 딴 고지가 있다. 그러한 인연 때문인지 그녀는 한국을 방문해 주한미군 위문공연을 펼치기도 했다.

▪ 이제 외국의 유명 연예인들이 우리나라를 방문하는 것은 그리 낯선 광경이 아니다. 이들이 한국을 방문하는 이유는 한마디로 돈 때문인데, 그만큼 우리나라가 문화, 예술 분야에 있어서 세계적으로 중요한 시장이 되었다는 의미다. 예전에는 우리나라가 그리 의미 있는 시장이 아니었기 때문에 공연을 위해 한국을 찾는 외국 유명 연예인들은 대부분 전성기가 지난 경우가 많았다.

그런데 의외라고 생각할 수 있겠지만, 최근 못지않게 할리우드의 톱스타들이 우리나라를 빈번히 방문한 적이 있다. 한국전쟁이 발발하고 휴전 이후에도 남북이 첨예하게 대치하던 지난 1950년대가 바로 그랬는데, 당대 초특급 스타들이 줄지어 내한했다. 그때 한국을 찾은 유명연예인들을 살펴보면 밥 호프 Bob Hope, 마릴린 맥스웰 Marilyn Maxwell, 미키 루니 Mickey Rooney, 마릴린 먼로 등 이루 거명할 수 없을 정도다.

당시 우리나라는 세계에서 가장 못사는 극빈국이었기 때문에 문화, 예술 분야에서 세계의 주목을 끌 만한 시장이 당연히 아니었다. 그런데도 불구하고 그들이 평생 이름도 들어본 적 없는 한국을 찾아온 이유는 주한미군을 위문하기 위해서였다. 금전적인 대가도 없이 자발적으로 찾아온 그들은 최전선의 불편한 시설을 결코 탓하지 않았다. 대중의 사랑을 먹고사는 그들은 오히려 이것을 당연한 의무로 생각했다. 사실 할리우드의 유명 스타들만 그런 것은 아니었고 당시 우리나라의 연예인들도 위험한 최전선으로 병사들을 찾아가 사지에서 고생하는 국군을 위문하는 데 노력을 아끼지 않았다.

그런데 당시 그런 이유로 방한한 할리우드 스타들 중에는 제인 러

■ 제인 러셀은 본의 아니게 한국전쟁과 관련이 있다. 한국전쟁 당시 중동부 전선의 요충지 금화에 있는 무명 고지의 툭 튀어 오른 쌍둥이 봉우리가 마치 러셀의 풍만한 가슴을 닮았다고 해서 미군들은 이 고지를 '제인 러셀 고지'라고 불렀다.

셀 Jane Russell, 1921년~2011년도 포함되어 있었다. 그녀는 1953년 빅히트를 기록한 영화 〈신사는 금발을 좋아해 Gentlemen Prefer Blondes〉에서 마릴린 먼로와 주연으로 함께 나온 또 한 명의 유명 섹시스타였다. 방한한 그녀는 경무대를 방문해 이승만 대통령을 예방하고 전방부대를 찾아가 위문공연도 펼쳤다. 그런데 러셀이 잘 알고 있었는지는 모르겠으나, 본의 아니게 그녀는 한국전쟁과 관련이 있다.

흔히 철의 삼각지대라고 불린 중동부 전선의 요충지 금화에 있는 쌍둥이 고지를 미군들이 '제인 러셀 고지'라고 불렀기 때문이다. 제인 러셀 고지는 피로 흘러넘친 격전지였던 단장의 능선, 피의 능선, 저격능선 부근에 있던 무명 고지였는데, 이곳이 제인 러셀 고지로 불리게 된 것은 툭 튀어 오른 쌍둥이 봉우리가 마치 러셀의 풍만한 가슴을 닮았다고 해서 그렇게 이름이 붙여진 것이었다. 당시 러셀의 가슴은 할리우드 여배우 중 최고라고 할 만큼 유명했는데, 병사들이 수없이 죽어가는 전쟁터에서 만인의 여인인 그녀의 가슴을 상상하며 고지의 이름을 지었다는 것은 어찌 보면 아이러니가 아닐 수 없다. 한편으로는 그렇게 함으로써 지옥 같은 전쟁터에서 잠시나마 두려움을 잊으려고 한 것 같아 측은하기까지 하다.

1951년 휴전회담이 개시된 이후 한국전쟁의 양상은 양측 모두 이기려고 하지도, 그렇다고 지려고 하지도 않는 방향으로 변화했고, 그 결과 고지전이 가열되었다. 만일 전선을 돌파해 전선을 밀어붙일 생각을 했다면 그냥 지나쳐도 될 수많은 무명의 고지들을 차지하기 위해 싸우는 과정에서 수많은 병사들이 총과 폭탄에 의해 사라져갔다. 따라서 사람의 발길이 미치지 않는 깊숙한 곳에 있던 이름 모를 수많은 고지들은 지옥으로 바뀌었다. 그 와중에서 그들은 잠시 동안 전쟁을 잊고 싶었는지 전쟁과 관련 없는 많은 이름들을 전선의 무명 고지 위에 남겼다. 화채그릇을 빗댄 펀치볼 Punch Bowl 전투, 먹음직스런 돼지갈비를 연상시키는 폭찹 고지 Porkchop Hill 전투도 그러한 예 중 하나였고, 제인 러셀 또한 본의 아니게 선택된 이름이었다. 하지만 고지의 이름과 달리 제인 러셀 고지 전투는 결코 아름다울 수 없었다. 단지 이름만으로 바뀔 수 없는 것, 그것이 바로 전쟁이기 때문이다.

7
브라이언의
전쟁

1988년 캘거리 동계 올림픽 당시 홈팀 캐나다의 기수였던 브라이언 오서. 그는 브라이언 보이타노와 운명적인 대결을 펼쳤는데, 두 브라이언의 대결을 유명한 영국 본토 항공전의 약자인 BOB에 빗대어 언급하곤 한다.

■ 스포츠 중에서 우리가 절대 성공하지 못할 것이라고 오랫동안 여겼던 분야 중 하나가 바로 피겨스케이팅이다. 선천적으로 기다란 상체에다가 철저하게 그에 반비례하는 짧은 다리, 상대적으로 떨어지는 체력, 그리고 서양적인 안무를 소화하기 힘든 감정상의 문제 등 여러 이유로 한국인이 이 분야에서 절대 성공할 수 없다고 지레짐작하고 체념한 적이 있었다. 우리나라 피겨스케이팅은 당연히 세계 정상과는 거리가 멀었고 국내에서 비인기 종목으로 설움을 당해야 했다. 그런데 이러한 고정관념을 통쾌하게 깬 신세대가 홀연히 등장해 우리를 깜짝 놀라게 만들었다.

바로 2010년 밴쿠버 동계 올림픽 챔피언 김연아 선수인데, 그녀는 아무도 관심 갖지 않는 미개척 스포츠 분야에서 각고의 노력 끝에 세계적 선수가 되었고 각종 국제대회에서 수상해 우리 국민들을 행복하게 만들어주었다. 자기주장이 강한 개성 만점의 신세대답게 그녀는 "그동안 안 하니까 못한 것"이라는 평범한 진리를 우리에게 확실히 알려주었다. 그러다 보니 그녀의 일거수일투족은 항상 뉴스거리가 될 정도였고, 굳이 알 필요 없는 이전 소속사와의 소송 문제 등과 같은 잡음도 종종 보도되었다. 그중에는 이전 코치였던 브라이언 오서Brian Orser와의 결별 소식도 포함되어 있었다. 세계선수권대회와 올림픽 제패 당시 함께한 코치여서 사람들이 많이 놀랐지만, 사실 이 두 사람 사이의 일은 제3자가 왈가왈부할 일은 아니다.

그런데 브라이언 오서 역시 김연아 못지않게 세계 피겨 역사에 커다란 획을 그은 유명한 피겨스케이팅 선수였다. 1981년부터 캐나다

국내선수권을 제패한 오서는 1984년 세계선수권과 올림픽에서 연속해서 은메달을 땀으로써 세계 최고 선수 반열에 올랐고, 마침내 1987년 세계선수권에서 대망의 1위에 오름으로써 다음 해에 있을 올림픽의 강력한 우승후보가 되었다. 더구나 1988년 올림픽은 고국인 캐나다 캘거리 Calgary에서 개최될 예정이었다. 그는 캐나다 팀의 기수였을 만큼 국민들의 기대를 한 몸에 받았다.

김연아와 아사다 마오(浅田真央)처럼 그에게는 필생의 적수가 있었는데, 바로 미국의 브라이언 보이타노 Brian Boitano였다. 둘은 올림픽 전에 있었던 두 번의 세계선수권대회에서 서로 1, 2위를 했을 만큼 호각지세를 펼치던 라이벌 중의 라이벌이었고, 캘거리 올림픽의 우승후보이기도 했다. 그리고 이 둘은 예상대로 올림픽 역사상 최고의 명승부를 연출했다. 흠잡을 데 없는 훌륭한 연기를 펼친 둘은 모두 합계 81.8을 받아 동점인 상황에서 9명의 심판 중 5명이 보이타노를 1등, 오서를 2등으로 평가했고 4명은 반대로 오서를 1등, 보이타노를 2등으로 평가해 결국 종이 한 장 차이로 보이타노가 금메달을 차지하게 되었다. 이때의 경쟁이 얼마나 치열했는지 이를 흔히 '브라이언의 전쟁 BOB, Battle Of the Brians'이라고 표현할 정도다.

그런데 BOB는 원래 전쟁사에서 유명했던 전투를 의미하는 약자다. 영국해협 전투 또는 영국 본토 항공전*이라 불리는 BOB Battle of Britain가 바로 그것이다. 1940년 독일과 영국 사이에 벌어진 이 전투는 흔히 공군만의 전쟁이라고 불리기도 하는 역사상 최대, 최고의 항공전이었다. "이렇게 많은 사람들이 이렇게 적은 사람들에게 큰 은혜를 입은 적은 없었다"고 처칠이 치하했을 만큼 영국 공군은 밤낮 없이 출격해 적을 막아냈고, 그 결과 나치 독일은 바다사자작전을 중단했다. 이 때문에 서구 역사에서 BOB는 상당한 비장함을 뜻하는 것이기도 하다.

공교롭게도 이름이 같았던 오서와 보이타노가 펼친 경쟁이 여기에 빗대어 BOB로 불릴 정도라는 것은 그만큼 그들의 대결이 치열했다는 의미다. 전쟁사의 중요 전투와 비교될 만큼 스타들의 대결은 그야말로 별을 따기 위한 보이지 않는 전쟁이나 다름없다.

영국 본토 항공전

독일 공군이 해상 공격과 공수부대를 투입해 영국 본토를 침공하기 위한 바다사자작전을 위해 제공권을 장악하고자 벌인 항공전으로, 제2차 세계대전 초기에 일어난 가장 큰 전투 중 하나다. 프랑스 붕괴 이후 히틀러는 영국의 항복을 받아내기 위해 바다사자작전이라는 상륙작전을 준비하고 있었다. 하지만 히틀러와 괴링은 영국 공군을 무찌르지 않는 한 이 상륙작전은 불가능하다고 여겼다. 이 항공전은 제공권 장악 외에 다른 목적도 있었다. 그것은 항공기 생산 시설과 지상 시설을 파괴해 영국인들을 공포에 빠뜨려 휴전이나 항복을 받아낸다는 것이었다.

영국의 역사가들은 격렬한 주간 공습이 있었던 1940년 7월 9일부터 10월 31일까지를 전투 기간이라고 보지만, 독일의 역사가들은 1940년 중반부터 소련 침공을 위해 공습을 중단한 1941년 5월까지를 전투 기간이라고 보고 있다. 이 전투에서 나치 독일은 영국 국민을 오히려 더욱 단결시켰고 항공 생산을 중단시키지도 못했다. 이 전투는 제3제국에 첫 번째 대패를 안겨주었다.

8
거장의 눈으로
본 전쟁

전쟁을 배경으로 다수의 멜로 영화를 제작한 거장 머빈 르로이. 그의 영화에는 은유적인 반전 메시지가 담겨 있다.

- 모든 것이 항상 극단적으로 치열하게 작용하는 전쟁이라는 상황은 영화의 좋은 재료가 된다. 〈도라! 도라! 도라!Tora! Tora! Tora!〉처럼 전쟁 그 자체를 다큐멘터리처럼 사실 그대로 묘사한 영화도 있지만, 〈벌지 대전투Battle of the Bulge〉나 〈멤피스 벨Memphis Belle〉같이 사실을 바탕으로 하되 일부 내용을 재미나게 각색한 영화가 전쟁영화의 대부분을 차지한다. 하지만 이처럼 전쟁 자체를 사실적으로 묘사한 영화보다 전쟁을 영화의 중요한 배경으로 사용하는 경우가 오히려 더 많다. 예를 들어 〈진주만Pearl Harbor〉, 〈나바론 요새The Guns of Navarone〉, 그리고 최근 개봉된 장동건 주연의 〈마이 웨이My Way〉는 전쟁이라는 실제 상황에 허구를 적절히 가미해 창작한 영화들이다.

그런데 전혀 어울리지 않을 것 같은 여성 취향의 멜로물 중에서도 전쟁과 관련된 작품이 상당히 많다. 멜로물의 기본은 당연히 남녀 간의 사랑이다. 너무나 유명한 〈누구를 위하여 종은 울리나For whom the bell tolls〉나 〈카사블랑카Casablanca〉 같은 영화는 멜로물이지만 전쟁이 줄거리 전개의 중요한 요소다. 이런 유명 작품도 있지만 잘 알려지지 않은 통속 작품들도 전쟁을 배경으로 많이 사용하고 있다. 남녀 간의 극적이고 안타까운 사랑을 묘사하는 데 있어서 전쟁이라는 비극적인 상황은 무엇보다 훌륭한 배경이 되기 때문이다.

거장 머빈 르로이Mervyn LeRoy, 1900년~1987년 감독은 전쟁이라는 상황을 적절히 활용해 여성들의 심금을 울리는 영화사에 길이 남을 멜로물을 만들어내는 데 일가견이 있던 인물이다. 그가 만든 이러한 작품 중 대표작으로 1940년에 만든 〈애수Waterloo Bridge〉가 있다. 너무나 유명한 로

■ 로버트 테일러와 비비언 리가 주인공으로 열연한 〈애수〉의 배경은 제1차 세계대전이었는데, 아마도 머빈 르로이 감독은 바로 직전에 있었던 거대한 전쟁의 비극을 영화화해 사람들에게 전쟁의 해악을 알리고 싶었는지 모른다.

버트 테일러Robert Taylor와 비비언 리Vivien Leigh의 인상적인 명연기와 더불어 배경음악으로 쓰인 애절한 리듬의 〈올드 랭 사인Auld Lang Syne〉 그리고 다리 위에 낀 두터운 안개와 사랑의 징표로 등장하는 마스코트 조각은 이 영화를 불후의 명작으로 두고두고 기억하게 만드는 중요한 아이콘이 되고 있을 정도다.

대부분의 영화는 흥행을 목적으로 하고 있지만, 종종 특정 목적으로 제작되기도 한다. 특히 전시에 제작된 전쟁 관련 영화는 대부분 아군의 무용담을 국민에게 선전하는 내용이 담겨 있기 마련인데, 제2차 세계대전 당시 제작된 수많은 할리우드 영화도 이런 틀에서 크게 벗어나 있지 않았다. 하지만 당시 멜로 영화는 전쟁의 비극과 반전사상을 은유적으로 표현했는데, 영화 〈애수〉도 마찬가지였다. 영화 제작 당시 미국은 중립국이었지만, 유럽에서는 이미 전쟁의 화마가 무섭게 타오르고 있었다. 〈애수〉의 배경은 제1차 세계대전이었는데 아마도 르로이 감독은 바로 직전에 있었던 거대한 전쟁의 비극을 영화화해 사람들에게 전쟁의 해악을 알리고 싶었는지 모른다.

그런데 〈애수〉도 그렇지만 1942년 제작한 〈마음의 행로Random Harvest〉도 르로이가 만든 최고의 반전영화로 손꼽을 만하다. 이 영화도 전쟁의 비극과 반전사상을 은유적으로 표현하고 있다. 1941년 제임스 힐튼 James Hilton 이 쓴 동명 소설을 바탕으로 제작한 영화인데, 상대적으로 〈애수〉의 출연진보다 덜 유명한 로널드 콜먼 Ronald Colman 과 그리어 가슨 Greer Garson 이 연기해서 그런지 〈애수〉보다 많이 알려져 있지 않다.

■ 그리어 가슨과 로널드 콜먼이 주인공으로 등장한 감동적인 결말이 돋보이는 〈마음의 행로〉도 전쟁의 비극을 그리고 있다.

〈애수〉처럼 〈마음의 행로〉도 영국이 공간적 배경이고 제1차 세계대전이 시대 배경인 영화였는데, 여기에서도 안개는 중요한 복선으로 등장한다. 치열한 전투 포격으로 심각한 부상을 입고 후방의 병원으로 후송된 남자 주인공은 육체적으로 어느 정도 회복되었지만, 자기가 누구인지도 모르는 기억상실증에 걸려 고통을 겪는다. 이러한 처지를 괴로워한 남자는 안개가 자욱한 어느 날 병원을 빠져나와 거리를 헤매던 중 거리에서 봉변을 당하게 되는데, 마침 인근을 지나가던 밤무대 무희인 폴라로부터 도움을 받는다. 폴라는 남자의 딱한 처지를 동정하며 그를 돌봐주는데 이후 둘 사이가 급속히 가까워져 결혼까지 하게 되고 이후 시골로 내려가 새로운 삶을 시작하게 된다.

남자는 전쟁의 고통스런 기억을 떨쳐버리고 아내가 지어준 존 스미티라는 이름으로 행복하게 살아가는데 틈틈이 신문사에 투고한 글이 좋은 반응을 얻는다. 그는 신문사와 계약을 하기 위해 열쇠로 집 현관

문을 잠근 후 도시로 왔는데 도로를 건너던 중 교통사고를 당한다. 그런데 그 충격으로 그동안 잃어버렸던 과거의 기억을 되찾았지만, 이번에는 전쟁터에서 부상당한 이후부터 교통사고 직전까지 최근 몇 년간의 일들을 기억하지 못한다. 스미티는 이제 영국 명문가의 외아들 찰스 라이너로서 고향으로 돌아가 지위도 회복하고 사업가로 대성공한다. 많은 여자들이 그에게 프러포즈를 하지만 사고 당시 주머니 속에 들어 있던 열쇠와 잃어버린 지난 몇 년간 누군가를 사랑하고 있었던 것 같은 아련한 감정 때문에 청혼을 거절하고 독신으로 산다. 이때 찰스의 비서로 새로운 여자가 채용되는데, 그녀가 바로 폴라다.

폴라는 실종된 스미티를 찾기 위해 백방으로 노력하다가 어느 날 청년 사업가로 유명해진 찰스가 바로 스미티임을 알게 된 것이다. 하지만 그의 증세를 잘 알고 있던 폴라는 그를 가까이에서 지켜보고 보호하기 위해 비서로 입사해 찰스가 충격을 받지 않도록 과거의 사실을 숨기고 기억이 돌아오기만을 안타까운 마음으로 지켜본다. 그러던 중 사업장 파업을 해결하기 위해 지방을 방문한 찰스는 불현듯 그곳이 낯설지 않음을 깨닫고 자기도 모르는 사이에 폴라와 살던 시골집까지 찾아간다. 그리고 그동안 고이 간직해왔던 열쇠로 현관문을 여는 순간 바로 뒤에서 스미티를 부르는 사랑하는 아내의 목소리를 듣게 된다. 그녀는 바로 비서 폴라였고 순간 주인공은 모든 기억이 돌아와 사랑을 되찾는 것으로 영화는 끝난다.

〈마음의 행로〉는 비극적인 사랑을 담고 있는 〈애수〉와 달리 해피엔딩으로 끝나기 때문에 여운이 덜하지만, 영화 속 전반에 걸쳐 흐르는 폴라의 헌신적인 모습은 상당히 인상적이다. 특히 사랑하는 남자를 보호하려고 자신의 처지를 본의 아니게 감추고 비서로 취직해 그저 안타깝게 바라보기만 하는 그녀의 지고지순한 모습은 비록 영화지만 서양 사람에게도 저런 정서가 있나 하고 감탄할 정도다.

무엇보다도 전쟁으로 인해 고통을 받는 사람들의 모습을 잘 표현한 영화라는 생각이 든다. 사실 20세기 초반만 하더라도 부상병들이 육체적으로 회복되면 치료가 끝나고 정신적인 문제는 개인 탓으로 돌리는 경향이 많았는데 이러한 정신적 고통까지도 중요한 사회 문제로 승화시켰다는 점과 전쟁의 불길이 한창 타오르는 시점에서 반전을 이야기하고 감동까지 선사한 점 등은 마빈 르로이 감독의 전쟁 영화들이 수작으로 평가받게 하는 요인이 아닌가 생각된다.

Chapter 08
and 그리고 과학
Science

■ 각론적으로 전쟁을 파고 들어갔을 때 과학은 전쟁과 가장 떼어놓고 말하기 힘든 분야가 아닌가 생각된다. 전쟁을 제일선에서 수행하는 군대는 사람과 장비로 구성되는데, 그중 장비는 과학의 산물이다. 특히 장비 중에서 무기는 직접적인 교전 수단인데, 무기 없이 전쟁을 벌인다는 것은 패배하겠다는 의미와 다름없다. 무기는 인류의 등장과 더불어 그 역사가 시작되었다고 해도 과언이 아니다. 인간이 여타 동물과 크게 다른 점 중 하나는 바로 도구를 자유자재로 사용한다는 것이다. 따라서 도구의 역사는 인간의 역사와 함께 시작되었고, 그 도구에는 그것이 원시적이든 현대적이든 무기도 함께 포함되어 있다. 바로 이 점 때문에 육체적으로 그다지 강하지 않은 인간이 지구를 지배할 수 있었던 것이다.

■ 몸을 보호하고 음식물을 구하는 데 사용된 도구가 인간의 싸움에 동원되면서 무기로 발전했고, 그러면서 차츰 전쟁은 그 규모가 커졌다. 싸움에서 이기

기 위해서는 남보다 좋은 장비를 개발해야 한다. 인간은 최신 과학 기술을 동원해 좋은 장비들을 개발해냈다. 그런데 역설적인 것은 전쟁으로 인해 과학 기술의 발전이 더욱 촉진되었고, 전쟁을 위해 개발된 것들이 이제는 그 영역을 벗어나 우리 삶에까지 큰 영향을 미치게 되었다는 사실이다. 그러한 결과물들은 우리도 모르는 사이에 우리 삶에 가까이 다가와 있다.

1
포탄 때문에 등장한 새로운 문명의 이기

문명의 이기인 컴퓨터의 시초라 할 수 있는 에니악은 탄도의 궤적을 계산하기 위한 목적으로 탄생했다.

▪ 한국 경제는 물론 세계 철강사에 커다란 발자취를 남긴 박태준 포스코 명예회장이 지난 2011년 12월 13일 타개했을 때 그와 관련된 많은 일화가 언론에 대거 소개되었다. 그중에는 그와 떼어놓고 한국 철강의 역사를 논하기 힘든 박정희 전 대통령과의 관계도 포함되어 있었다. 그들은 사제지간으로 처음 인연을 맺었는데, 박태준이 남조선경비사관학교 6기생 생도 시절에 대위였던 박정희는 탄도학 교관이었다.

어느 날 수업 시간에 박정희가 포탄의 탄도 계산 문제를 칠판에 적어놓고 생도들에게 이것을 풀라고 했는데 오로지 박태준만이 이를 일사천리로 풀어냈고 그때부터 박정희는 박태준을 눈여겨봤다고 한다. 탄도 궤적을 예측하려면 기하학, 미분, 삼각함수 등 각종 수학 원리를 알아야 하므로 상당한 사전 지식이 있어야 한다. 따라서 궤적 계산 문제를 쉽게 풀었다는 것은 사전에 공부를 충분히 했다는 의미였다.

이처럼 탄도를 계산하는 작업은 매우 복잡하고 시간이 많이 소요되는 일이다. 이를 쉽게 계산해 예측할 수 있다면 사격 준비에 걸리는 시간을 단축할 수 있을 뿐만 아니라 초탄부터 적에게 큰 타격을 가할 수 있으니 상당히 유리하다. 더구나 V-2처럼 제2차 세계대전 말기에 등장한 로켓은 장거리 타격을 가능하게 해주었지만, 거리가 멀어질수록 탄도를 정확히 예측하기는 더욱 힘들었다. 만일 계산이 잘못되어 값비싼 장거리 로켓이 엉뚱한 곳에 떨어진다면 그야말로 낭패였다.

명중률을 높이려면 포탄이 날아가는 궤적은 물론 온도, 습도와의 관계를 함께 계산해야 하는데, 60초 정도의 비행시간이 걸리는 탄도를 정확히 알아내기 위해 수학자들이 평균 약 20시간 이상 계산을 해야

■ V-2처럼 제2차 세계대전 말기에 등장한 로켓은 장거리 타격을 가능하게 해주었지만, 거리가 멀어질수록 탄도를 정확히 예측하기는 더욱 힘들었다.

했다. 미군 당국은 편리하고 빠른 계산 방법을 찾기 위해 노력했다. 당시에도 기계식 계전기를 이용한 계산기가 있었지만, 탄도 같은 고난도 문제를 해결하기에는 역부족이었고 속도도 느렸다. 골머리가 아팠던 미 육군 탄도연구소는 1943년 펜실베이니아 대학교 공학 교수였던 존 모클리John Mauchly에게 해결책을 의뢰했다.

모클리는 졸업생인 존 에커트John Presper Eckert와 팀을 결성해 프로젝트를 진행했는데, 이를 '프로젝트 PX'로 명명했다. 그리고 연구에 착수한 지 3년이 되던 1946년에 신속 정확하게 탄도를 계산하는 새로운 기계를 완성했다. 난제 해결의 상징답게 그 규모도 엄청났다. 20평 크기의 방 전체를 차지하는 무게 30톤의 계산기는 1만 7,000여 개의 진공관과 7,000여 개의 다이오드, 7만여 개의 레지스터로 이루어졌는데, 가동에 들어가면 인근 마을의 전기 공급에 문제가 생길 정도였다.

하지만 결과는 엄청났다. 숙련된 수학자보다 20만 배나 빠른 속도인 30초 만에 탄도 계산을 정확히 해낸 것이었다. 이 기계는 십진수 10자리의 곱셈을 0.0028초, 나눗셈을 0.006초 이내에 처리할 수 있었는데, 이는 당시에 상상도 할 수 없는 속도였다. 사람들은 탄도 계산에만 사용하기 아까운 이 기계를 난수 연구, 풍동 설계, 일기예보 등에도 사용하기 시작했다. 이 놀라운 기계가 바로 에니악ENIAC, Electronic Numerical Integrator And Computer이라고 불리는 최초의 전자식 컴퓨터다. 현재 사용 중인 프로그램 내장식 컴퓨터와는 개념이 다르지만, 에니악의 탄생은 인류사에서 새로운 문명의 태동을 뜻하는 것이었다.

■ **에니악 진공관.** 20평 크기의 방 전체를 차지하는 무게 30톤의 에니악은 1만 7,000여 개의 진공관과 7,000여 개의 다이오드, 7만 여 개의 레지스터로 이루어졌는데, 가동에 들어가면 인근 마을의 전기 공급에 문제가 생길 정도였다.

1942년에 제작된 아타나소프-베리 컴퓨터Atanasoff-Berry Computer를 최초의 컴퓨터로 보기도 하지만, 실용적으로 사용된 최초의 전자식 컴퓨터로 에니악을 거론하는 데는 별다른 이론을 제기하지 않는다. 그만큼 에니악이 컴퓨터 역사에 남긴 발자취는 어마어마했다. 컴퓨터는 오늘날 우리 삶에서 단 1초도 떼어놓고 생각할 수 없는 최고의 이기(利器)다. 그리고 탄생 이후 오랫동안 거대한 조직이나 기관만이 사용할 수 있다고 생각하던 컴퓨터를 개인들도 쉽게 접할 수 있도록 만든 스티브 잡스Steve Jobs 같은 인물 덕분에 발달이 더욱 가속화되었다. 하지만 탄생 없이 발달이 있을 수 없으므로 에니악의 등장은 그만큼 역사의 위대한 전환점이었다고 할 수 있다.

그런데 에니악이 탄생하게 된 것은 아이러니하게도 지금까지 살펴본 것처럼 전쟁에서 승리하기 위한 군사적 이유 때문이었다. 물론 이런 요구가 없었어도 언젠가 컴퓨터는 등장했겠지만, 군사적인 이유는 분명히 그 탄생을 앞당겼다. 그리고 그렇게 탄생한 컴퓨터는 탄도 계산뿐만 아니라 거의 모든 분야에 사용되고 있다. 한마디로 컴퓨터 없이 전쟁을 할 수 없는 시대가 된 것이다. 하지만 그보다도 당장 컴퓨터가 사라진다면 지금 우리가 누리는 삶 자체가 곧바로 혼란스러워질 것이다. 어쩌면 이것이 전쟁보다 더 무서운 상황일지 모른다.

2
두려움이 만들어낸 통신망

오늘날 세계를 하나로 묶어주고 있는 인터넷은 군사적 목적으로 개발되었다. 하지만 오늘날 인터넷은 군사적 목적을 초월해서 현대인의 삶에 없어서는 안 되는 공기 같은 존재가 되어버렸다.

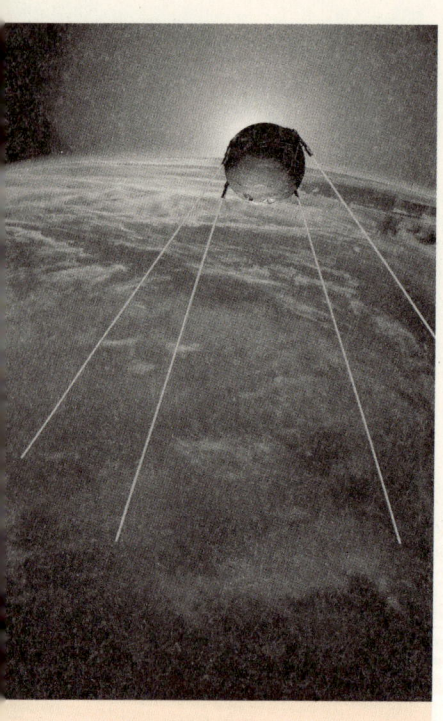

■ **스푸트니크 1호** 세계 최초의 인공위성으로, 1957년 10월 4일 발사되어, 이듬해 1월 4일 소멸했다. 금속구에 4개의 안테나가 달린 모양이었으며, 내부에는 측정기와 2대의 송신기 등을 장비하고 있었다. 소련의 스푸트니크 1호 발사 성공으로 미국을 비롯한 자본주의 진영은 엄청난 충격을 받았는데, 이를 '스푸트니크 쇼크'라 한다.

■ 1957년 10월 5일 소련의 관영 매체들이 다음과 같은 소식을 일제히 전 세계에 전했다.

"위대한 소비에트연방은 어제 세계 최초의 인공위성 스푸트니크Sputnik 1호를 발사해 지구 궤도에 성공적으로 올려놓았습니다. 스푸트니크 1호는 현재 최대 950킬로미터 최소 230킬로미터의 타원형 궤도를 96분마다 선회하면서 신호를 보내오고 있습니다. 이것은 당과 인민의 위대한 승리이자 자랑입니다."

이 소식을 접한 서방, 특히 미국은 엄청난 충격에 휩싸였다. 오늘날의 입장에서 생각한다면 인공위성과 그 발사체 분야에서 소련이 미국보다 조금 먼저 업적을 이룩한 것 정도로 단순하게 생각할 수 있겠으나, 당시 미국은 이 사건을 평범하게 분석하고 있을 만큼 느긋한 입장이 아니었다. 왜냐하면 제2차 세계대전이 끝나자마자 냉전이라는 새로운 날카로운 대립각을 세워 치열하게 경쟁하던 공산권의 맹주 소련이 모든 과학 기술 분야에서 미국을 앞서고 있을 것이라는, 이전까지는 상상하지도 못했던 커다란 두려움이 미국을 비롯한 서방 세계를 덮쳤기 때문이다.

하지만 그보다 더 큰 두려움은 스푸트니크 1호의 성공으로 미국 본토 위로 폭탄이 곧바로 날아올 수 있다는 것이었다. 그것도 그냥 폭탄이 아니라 무시무시한 핵폭탄일 가능성이 커서 미국이 느낀 충격은 곧 공포로 바뀌었다. 그동안 미국도 대륙간탄도탄ICBM, Inter-Continental Ballistic Missile을 연구하고 있었지만, 이 경쟁에서 소련이 앞서가고 있음이 전 세계에 여실히 입증되었다. 후일 대통령이 된 상원의원 린든 존슨Lyndon Johnson이 "소련은 이제 육교 위 아이들이 지나가는 차를 향해 돌을 던지듯 우리 머리 위로 폭탄을 퍼부을 것이다"라고 한탄했는데, 그만큼 미국이 받은 충격은 실로 엄청났다.

당연히 스푸트니크가 불러온 충격은 미국의 국방정책을 엄청나게 변화시켰다. 동일한 수준의 발사체를 보유하기 위한 직접적인 경쟁도 있었지만, 그와 더불어 소련의 대륙간탄도탄이 미국 본토를 공격할 경우를 가정한 대응 수단도 연구하기 시작했다. 전쟁이 벌어지면 반드시 확보하고 있어야 할 중요 시설이 많은데, 그중에는 통신도 당연히 포함된다. 만일 소련이 발사한 장거리 미사일의 공격으로 미국 본토의 주요 통신망이 파괴된다면 그 여파는 상상을 초월할 것으로 예측되었다. 한마디로 전쟁을 수행할 방법이 없었다.

따라서 국가의 비상 경영과 군대 지휘를 위한 별도의 비상 통신 수단이 필요하다는 것을 깨닫게 되었다. 연구 결과, 기존의 전화 통신망 이외에 케이블이나 무선 데이터 교신 같은 여러 종류의 정보 이동 수단을 동시에 이용하는 것이 바람직하다고 결론 내렸다. 이런 수단은 전화망과 별도로 구축되어 있어서 개별적으로 작동할 수는 있었지만, 문제는 통합해 관리하기가 힘들다는 점이었다. 예를 들어, 전화와 전신용 케이블은 데이터가 호환되지 않아서 각각 별도의 단말기를 운용해야 하기 때문에 자칫하면 네트워크가 있어도 비상사태 시 사용하지 못하고 무용지물이 될 가능성이 있었다.

이때 이질적인 통신망을 이용해 원거리 상에 있는 서로 다른 이기종 컴퓨터 간의 정보를 공유할 수 있는 기술이 확보되면서 기존의 유선 전화망과는 또 다른 중요한 통신 수단이 세상에 등장했다. 이때 군과 정부 주요 기관 간에 시험적으로 구축해 성공한 정보 통신망이 ARPANET이었는데, 이로써 기존의 통신망보다 더 빠르고 많은 양의 정보를 정확히 주고받을 수 있게 되었다. 그리고 1970년대 초, ARPANET망이 기관이나 군이 아닌 일반에게도 공개되면서 미국 내 50여 개 대학과 연구소들이 이 통신망으로 연결되었고, 그 활용도가 기하급수적으로 증가했다.

워낙 사용량이 늘어나다 보니 민간단체가 사용하는 ARPANET이 따로 분리되었다. 이렇게 발전을 거듭한 이 통신망은 미국을 벗어나 통신망이 연결된 곳이면 세계 어느 곳을 가리지 않고 접속과 연결이 가능하게 되었다. 더불어 1980년대 이후 기술의 발달과 더불어 개인들도 컴퓨터를 소유하고 운용할 수 있게 되자, 통신망이 연결할 수 있는 범위는 ARPANET이 처음 고안되었을 당시에 상상하지 못했던 수준으로까지 확대되어나갔다. 그것이 바로 오늘날 세계를 실시간으로 묶어버린 거대한 정보 통신망인 인터넷INTERNET이다.

오늘날 인터넷을 제외하고 세상이 돌아간다는 것은 상상할 수 없을 정도로 환경이 바뀌었다. 단지 삶의 질을 향상시킨 것뿐만 아니라 선거나 민주화 운동의 주요 수단이 되었을 만큼 체제와 역사를 바꾸는 수단으로까지 변했다. 전시 비상 상황에서 기존의 유선 전화망보다 더 빠르게 더 많은 양의 정보를 정확하게 주고받을 수 있는 새로운 통신망을 찾고자 하는 군사적 필요에 의해 출발했지만, 이제 인터넷은 처음에 목표로 삼았던 군사적인 수단을 초월해 우리 삶에 없어서는 안 되는 공기와 같은 존재가 되어버렸다.

3
비를 내리게 하거나
혹은 막거나

위세가 많이 감소했지만, 할리우드는 아직도 세계 영화 산업의 메카다. 이곳이 영화의 중심지가 된 데는 건조한 날씨도 크게 한몫했다.

- 할리우드 Hollywood는 로스앤젤레스 인근에 있다. 1911년 네스터 Nestor라는 영화사가 처음으로 영화촬영소를 건설한 것을 시초로 이곳의 영화 산업이 시작되었다. 이전에는 뉴욕 같은 동부지역에서 제작이 이루어졌으나 갈수록 이곳의 여건이 좋아져 비약적인 발전을 이루었고 오늘날과 같은 큰 명성을 얻게 되었다. 오늘날 영화는 세트를 벗어나 대규모 해외 로케나 컴퓨터그래픽 등을 많이 이용해 제작하는 관계로 더 이상 할리우드의 촬영장만을 고집하지는 않지만, 아직도 이곳 인근에 많은 영화 관련 산업체가 포진해 있고 그 명성 때문에 할리우드 자체만으로도 훌륭한 세계관광명소 역할을 하고 있다.

- 네스터 스튜디오. 1911년 네스터라는 영화사가 처음으로 영화촬영소를 건설한 것을 시초로 할리우드의 영화 산업이 시작되었다.

그런데 그 넓은 미국에서도 굳이 할리우드에 영화 산업이 발달한 이유는 따로 있다. 로스앤젤레스라는 대도시 인근에 위치해 있어 자본이나 인력을 조달하기 편리하다는 점도 있지만, 결정적인 이유는 날씨 때문이다. 할리우드는 사막 부근의 건조지대에 위치해 있다. 당연히 비 오는 날이 적고 날씨가 맑을 수밖에 없는데, 이것은 영화 제작과 관련해 상당히 중요한 요소다. 날이 맑더라도 물을 뿌려서 비가 오는 장면을 연출할 수 있지만, 그 반대로 비가 오는 날 맑은 장면을 일부러 연출하기는 불가능하다. 당연히 촬영 스케줄을 잡아놓았는데 비가 오면 계획이 어긋날 수밖에 없다.

물론 최근 기술의 발달로 이런 제약은 많이 사라졌다. CG와 같은 여러 가지 새로운 제작 기법들은 예전보다 날씨의 영향을 많이 받지 않고 영화를 만들 수 있게 해주었다. 하지만 그렇다 하더라도 시간과 장소 섭외가 돈이기도 한 영화 산업의 여건을 고려한다면 날씨를 무조건 무시할 수는 없다. 아무래도 맑은 날이 많으면 영화 제작이 쉽고 편리한 것은 사실이기 때문이다.

앞에서 영화를 예로 들었지만, 살수장치를 이용해 비 오는 장면을 연출하는 수준이 아니라 인공비를 내리게 하는 기술은 생각보다 오래되었다. 1946년 미국 제너럴일렉트릭GE사 연구원인 빈센트 섀퍼Vincent Schaefer는 구름에 드라이아이스를 뿌려 비를 만들 수 있음을 입증했고, 이것이 인공강우의 시초가 되었다. 이후 인공강우 기술은 많은 전제 조건이 따르지만 극심한 가뭄지대에 비를 내리게 하는 것이 일부 가능할 정도까지 발달했다. 반면 오는 비를 멈추게 하는 것은 그리 쉽지만은 않다.

인간의 힘으로 비를 멈추게 할 수 있다면 그것은 한마디로 날씨를 제어할 수 있다는 의미이기도 하다. 이러한 인공 기후의 연구와 실용에 앞선 나라가 러시아인데, 처음에는 군사적 목적으로 연구했다. 사실 날씨는 군사적 목적뿐만 아니라 모든 인간사와 관련해 상당히 중요하다. 하지만 군사적 목적으로 연구가 먼저 진행되었다는 의미는 날씨나 기후만큼 무서운 무기도 없다는 반증이기도 하다. 사실 전사를 살펴보면 날씨로 인해 작전 차질을 겪은 예를 어렵지 않게 볼 수

■ 러시아(소련)은 앞선 강우 제어 기술을 보유하고 있다. 이 기술은 군사적 목적으로 개발되었는데, 공개적으로 사용되기도 했다. 2005년 대독전쟁 승전 60주년 기념행사장에 내리는 비를 제어한 것이 대표적인 예다. 사진은 당시 흐린 하늘을 배경으로 기념 비행 중인 러시아 공군의 Su-27 편대.

있다.

당연히 이와 관련된 기술은 특급비밀일 수밖에 없다. 하지만 굳이 비밀이 아니어도 이를 시행하는 데 엄청난 비용이 들어서 쉽게 사용할 수는 없고, 현재 개발된 기술로는 아주 국지적인 영역에만 강우를 제어할 수 있는 것으로 알려져 있다. 이처럼 기술은 있어도 막상 자주 사용하지 못하는 특급비밀 기술이지만, 러시아(소련)가 이를 공개적으로 유감없이 발휘한 적이 두 번 있다. 이 두 번 모두 세계인의 주목 속에 러시아(소련)에서 개최된 국제 행사를 성공적으로 개최하기 위해서 사용했다.

1980년 7월 19일 소련의 수도인 모스크바에서 제22회 하계 올림픽이 개최되었다. 개막식 당일 모스크바에 폭우가 쏟아질 것이라는 일

기예보가 있었다. 당국은 비밀작전에 의거해 주경기장인 레닌 스타디움 반경 500미터 이내에 내리는 폭우를 개막식이 진행되는 동안 내리지 못하게 했다. 폭우는 개막식이 끝난 후 쏟아졌다. 이때까지만 해도 이러한 소련의 과학 기술은 극비에 붙여졌다.

 2005년 5월 9일 러시아는 옛 영광을 재현하고자 모스크바에 세계 54개국 정상들을 초청한 가운데 제2차 세계대전 승전 60주년 기념행사를 성대히 개최했다. 간간이 비가 쏟아지는 가운데 호스트인 푸틴 Vladimir Putin 대통령 내외가 우산을 쓴 채 내외귀빈을 맞이했는데 행사의 절정인 군사 퍼레이드가 개시되자, 특수 화학약품을 살포할 11기의 비행기가 투입되어 모스크바 상공의 비구름을 없애는 작전을 실시했고, 이로써 기념식을 잘 치렀다.

 이와 같이 특정 행사를 위해 강우를 제어하는 기술을 선보였지만, 이러한 기술이 군사적 목적이나 행사 목적이 아니고 인류의 복지를 위해 광범위하게 쓰일 수 있는 시대가 오면 얼마나 좋을까? 하지만 살상을 위한 도구로 이용된다면 두말할 필요 없이 무서운 일이 아닐 수 없다. 2010년 동일본 지진 때도 보았지만 자연재해보다 파괴적인 것은 없는데 만일 이런 무서운 자연섭리를 인간이 제어할 수 있다면 득보다는 독이 될 가능성이 크기 때문이다.

4

전쟁의 빛과 그림자

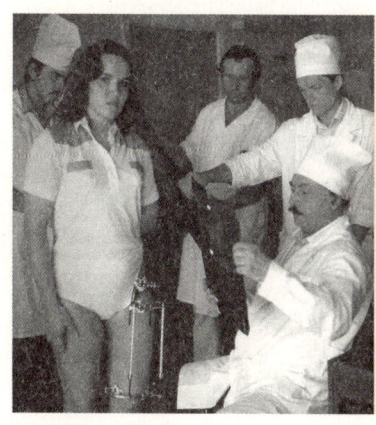

새로운 골절 수술법을 개발한 일리자로프 박사와 시술받은 환자의 모습. 서방에는 1970년대에 알려졌지만, 소련에서는 이미 1950년대부터 실시되었다. 일리자로프 박사는 상이용사를 부상 이전의 상태로 되돌리겠다는 일념으로 수술법을 개발해 많은 인류에게 혜택을 주었다.

▪ 무기 분야의 경우가 특히 그러한데 흔히 통용되는 말로 "전쟁은 과학 기술의 발전을 앞당긴다"는 이야기가 있다. 상대를 이기기 위해 무한경쟁을 해야 하는 전쟁이라는 환경은 과학과 기술을 응집해 적들이 보유하고 있는 것보다 성능이 뛰어난 무기를 먼저 개발하도록 재촉하게 만든다. 따라서 그 개발 속도가 평시보다는 당연히 빠르다.

그와 동시에 전쟁터에서 다친 사람들을 치료하는 기술도 발전하기 마련이다. 한편에서는 사람을 죽이거나 다치게 하는 기술을 개발하는 데 혈안이 되고, 또 다른 한편에서는 이러한 살상무기로 인해 다친 사람들을 살려내기 위해 노력하는 것을 보면 모순이 아닐 수 없다.

그나마 다행이라면 파괴가 목적인 무기와 달리, 인간을 고치는 의학 기술은 평시에도 꼭 필요하다. 특히 산업화된 요즘 시대에는 전쟁 중 부상당하는 것 못지않게 재해 사고가 빈발해 불의의 피해를 입는 사람들이 많기 때문에 더욱 그렇다. 재해를 입은 피해자들 대부분은 외상에 의한 질환이어서 외과, 정형외과, 신경외과 등의 진료를 받는 경우가 많다. 특히, 사고로 신체 일부의 골절 혹은 절단으로 인한 외상 환자를 집중 치료하는 진료 과목이 정형외과다. 그런데 제2차 세계대전 당시 탄생한 정형외과 치료 방법으로 현재까지도 전 세계적으로 많이 시술되고 있는 기법이 있다.

전쟁 중 제일 많이 발생하는 상해 중 하나가 뼈가 손상을 입는 골절이다. 단순 골절의 경우는 뼈를 맞추는 접골시술 후 캐스트(깁스) 등을 하여 장기간 고정하면 시간이 지나면서 뼈가 자연적으로 붙지만 총상이나 폭발처럼 강력한 외력에 의한 골절 상해는 뼈가 조각난 복합 골절이나 뼈가 피부 밖으로 튀어나오는 개방성 골절의 형태가 많고 이런 경우는 치료도 어렵다. 특히 전투 중에 발생한 골절상의 경우는 보통 의료 환경이 열악한 야전에서 응급처치를 하는 것이 일반적이기 때문에 정밀한 진료 행위가 힘들고, 따라서 응급치료가 완료되더라도 장애가 남게 되는 경우가 많다. 특히 복합 골절이나 개방성 골절 등은 굳이 전시가 아니더라도 골수염, 굴절, 단축, 부정교합 등 장애가 남기 쉬운 한마디로 치료가 까다로운 상해다.

이러한 골절 상해, 특히 경골이나 대퇴골같이 체중을 많이 받는 부위의 상해 수술 방법 중에 일리자로프 수술법 Ilizarov Technique이 있는데, 글자에서 유추할 수 있듯이 소련에서 개발한 혁신적인 골절 수술법이다. 이 수술법은 경골 골절상으로 장애를 입고 18년 동안 목발을 사용하던 이탈리아의 유명한 산악탐험가 카를로 마우리 Carlo Mauri가 1979년 소련에서 수술을 받고 장애를 극복함으로써 세상에 널리 알려지게 되었다. 그런데 일리자로프 수술법은 1970년대에 나온 새로운 수술법이 아니라 소련에서는 이미 1951년부터 본격적으로 시술되던 오래된 수술법이었다. 다만 냉전 당시 동서간의 의학

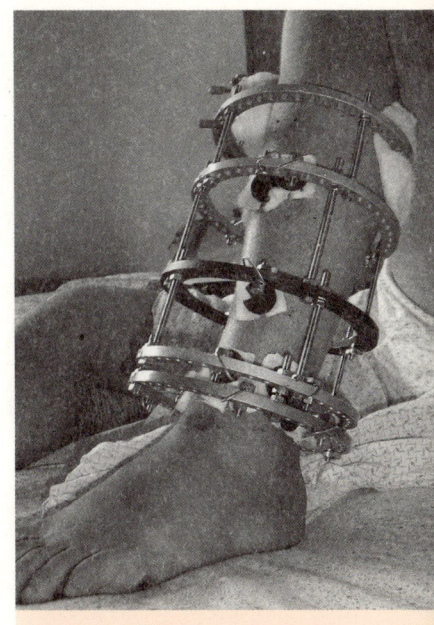

■ 일리자로프 수술법은 골절 부위를 3차원적으로 고정시키는 원통형 기구를 이용해 골절로 단축되거나 기형이 된 뼈를 늘리거나 교정하는 수술법이다.

■ 일리자로프 박사(맨 왼쪽)와 그의 집도로 새로운 삶을 찾고 서방 세계에 일리자로프 수술법을 소개한 이탈리아 산악인 마우리(맨 오른쪽).

기술 교류가 더디 늦게 알려졌을 뿐이고, 서방측도 소련의 의학 기술에 대해 애써 관심을 갖지 않았다. 하지만 서방측이 소련의 의술을 평가절하하고 있었는데도 기초 과학의 대국답게 소련은 의학 분야에서도 많은 선도적 업적과 원천 기술을 갖고 있었다.

이 수술법은 제2차 세계대전 당시 상이군인들의 진료를 담당하던 쿠르간Kurgan의 조그만 지방 병원의 정형외과 의사였던 가브릴 일리자로프Gavriil Ilizarov, 1921년~1992년 박사가 고안한 기구를 이용한 수술 방법이다. 그는 골절 부위를 3차원적으로 고정시키는 원통형 기구를 이용해 골절로 단축되거나 기형이 된 뼈를 늘리거나 교정하는 수술법을 개발했다. 이 방법은 뼈 조직뿐만 아니라 신경, 혈관, 근육도 조금씩 늘어나게 해 전쟁이나 교통사고 등으로 팔다리가 절단되거나 골수염 등으로 뼈를 절단한 많은 환자들에게 보다 손쉬운 방법으로 뼈를 늘이고 기형을 막을 수 있다는 희망을 안겨주었다. 그리고 오늘날에는 선천적으로 키가 작은 사람들의 진료에도 일부 이용되는 등 세계적으로 널리 사용되고 있다. 그렇다고 최고의 치료 방법이라는 의미는 아니다.

일리자로프는 수많은 상이군인들을 진료하면서 환자들을 다치기 전 상태로 최대한 돌려놓겠다는 일념으로 수많은 고민을 했고 각고의 노력 끝에 상해환자 및 선천적으로 사지골 계통이 기형인 사람들에게 효과적인 새로운 수술법을 창안했다. 그리고 그가 모든 열정을 바쳐 연구에 매진했던 쿠르간 병원은 일리자로프 병원으로 개칭되어 세계 최고의 정형외과병원 중 하나로 그 명성을 날리고 있다.

파괴와 살상을 목적으로 무기를 만들고 이를 이용해 전쟁을 벌이는 주체는 인간이지만, 전쟁의 참상으로부터 회복하고자 노력하는 것도 인간이다. 전자의 경우는 벌어지지 않기를 모두가 바라지만 그렇지 못하고, 후자의 경우는 널리 빠르게 퍼지는 것이 좋지만 냉전 시기에 등장한 일리자로프 수술법처럼 좋은 것은 뒤늦게 알려지는 경우도 있다. 그럼에도 불구하고 일리자로프 박사와 같은 따뜻한 인간애를 가진 인간에게서 우리는 희망을 본다.

5
발맞추지 말고 가

현수교 붕괴 사고의 대명사가 된 타코마교의 붕괴 모습. 이를 계기로 교량 설계에 많은 개선이 이루어졌다.

■ 신병이 훈련소에 입소 후 제일 먼저 받는 훈련이 행군이다. 단체 규율을 중요시하는 군대 문화 특성상 당연히 이런 훈련이 기본일 수밖에 없다. 때문에 대오를 갖추어 절도 있게 발맞춰 행군하는 모습이야말로 군기 잡힌 군인들의 표상이다. 부대가 발을 맞추지 않고 행군하는 어수선한 모습은 군기라고는 실종된 패잔병의 후퇴 모습이거나 포로들이 수용소로 끌려가는 모습 또는 훈련소에 오랜만에 입소한 예비군들의 집합 모습 정도일 것이다. 그런데 "부대가 행군할 때 다리 위에서는 절대로 발을 맞추어 걸어가지 않는다"고 하는데, 교범에 있는 내용인지는 모르겠지만 어쨌든 그런 경우가 있다고 한다. 특히 교량 중 상판을 교각에서 늘어뜨린 케이블로 지탱해 그 모양이 미려하고 최대한 교량 사이를 넓게 한 현수교Suspension Bridge를 통과할 때 발맞추어 행군하는 것은 엄격히 규제하는데 여기에는 그만한 사유가 있다.

상판이 긴 현수교가 바람 같은 외부의 압력을 견딜 수 있는 이유는 다리가 갖고 있는 고유의 진동 때문이다. 이 때문에 다리에 전해지는 외부의 압력이 분산·상쇄되어 충격을 견딜 수 있는 것이다. 그런데 드물지만 다리에 발생하는 고유의 진동과 같은 사이클의 진동이 외부에서 더해질 경우 다리를 더욱 요동치게 만들 수 있고 결국은 다리가 진동을 견디지 못하고 무너지게 될 수도 있다. 대표적인 예로 1940년 11월 7일, 미국 워싱턴주 타코마Tacoma시에 있던 타코마교 붕괴 사고를 들 수 있다. 완공된 지 불과 4개월밖에 되지 않은 최신 다리가 측면 바람에 진동하면서 요동치는 폭이 점점 커지다가 붕괴했는데, 다행히도 사전에 다리를 통제해서 인명 피해는 없었다.

■ 붕괴 사고로 행군하던 군인들이 떼죽음을 당한 브로턴 현수교. 사진 속의 다리는 붕괴 이후 1914년 같은 자리에 들어선 새 현수교의 모습.

그런데 이보다 오래전인 1831년에도 이러한 무서운 다리 붕괴 사고로 엄청난 인명 피해가 발생한 적이 있다. 영국 맨체스터Manchester시 인근에 설치된 브로턴Broughton 현수교 위를 영국군 1개 대대 500여 명이 발맞추어 행진하고 있었다. 바로 그때 병사들이 동시에 발을 구르는 진동 폭이 다리의 진동 폭과 일치하면서 다리가 심하게 요동쳤다. 이러한 진동으로 흔들림이 증폭된 다리가 순식간에 붕괴하면서 200여 명이 사망하는 대참사가 발생했다. 그 이후부터 부대 행군 시 다리 위에서 절대로 발을 맞추지 말라는 지침이 하달되었다고 전해진다.

최근 서울 한복판에서도 이와 비슷한 일이 벌어졌다. 지난 2011년 7월 초 지은 지 얼마 되지 않은 테크노마트 빌딩이 10여 분간 흔들려

입주자들이 긴급히 대피하고 건물이 잠시 강제 폐쇄된 적이 있다. 전문가들의 조사 결과, 12층에 있던 피트니스 센터에서 발맞추어 운동을 하던 사람들의 진동이 증폭되어 건물이 흔들린 것으로 드러났다. 아마도 건물의 안전 때문에 이와 관련한 후속 조치가 있을 것으로 예상된다.

이는 평소에 신경 쓰지 못할 만큼 작게 취급하는 일도 엄청난 결과를 초래할 수 있다는 것을 보여주는 대표적인 사례들이다. 또한 그것은 안전을 위해 종종 상식이나 일상과 다르게 행동해야 하는 경우도 있다는 의미이기도 하다. 이러한 대비는 군이라는 특수한 조직도 당연히 예외가 아니다. 혹시 다리 위에서 행군하는 군인들이 발맞추지 않고 중구난방으로 행진하더라도 이상하게 여기지 말라. 이것은 그들 나름의 안전조치인 셈이니, 이때만큼은 발맞춰 행군하는 군인의 모습이 군대의 표상이라는 고정관념은 잠시 집어둬야 할 것 같다.

6

비둘기로 전쟁을 하던 시절

제1차 세계대전 당시 영국군 전차에서 대외 통신을 위해 전서구를 날려 보내는 모습.

▪ 우리나라에서 전화가 희귀했던 시절에는 전화를 갖고 있다는 사실이 부의 상징으로 여겨지던 때가 있었다. 믿기지 않겠지만 아주 오래전도 아닌 1980년대 중반까지만 해도 우리나라의 통신 인프라가 워낙 열악해 전화 개통이 상당히 어려웠다. 당시 청색전화니 백색전화니 해서 통신권 자체가 프리미엄이 붙어 거래되었을 정도였다. 그리고 전철역이나 버스터미널처럼 사람이 많이 모이는 공공장소에는 대규모 공중전화 부스가 설치되어 있었다. 지금은 길거리에서 공중전화를 찾기가 힘들지만, 그때만 해도 공중전화가 설치된 곳에는 전화를 걸기 위해 사람들이 길게 줄을 서 있는 모습은 일상이었다. 게다가 지금 같으면 상상하지도 못할 어처구니없는 사고도 종종 일어나곤 했다.

▪ 지금은 길거리에서 공중전화를 찾기가 힘들지만, 휴대폰이 등장하기 이전에는 공중전화가 설치된 곳에는 전화를 걸기 위해 사람들이 길게 줄 서 있는 모습은 일상이었다. 게다가 지금 같으면 상상하지도 못할 어처구니없는 사고도 종종 일어나곤 했다.

워낙 줄이 길다 보니 통화를 간단명료하게 하는 것이 예의였는데, 앞사람의 통화가 길어지면 성질 급한 뒷사람이 전화를 빨리 끊으라고 재촉해 싸움이 발생하곤 했다. 대부분은 말싸움으로 끝나지만 경우에 따라서는 주먹다짐까지 오고가는 경우도 많았고, 심하면 살인까지 벌어지는 경우도 있었다. 휴대폰 대중화의 순기능 중 하나를 들라면 이런 어처구니없는 모습이 사라지게 만들었다는 점인데, 반면 언제 어디서나 접하는 소음 공해는 그 이상의 역기능이라 할 수 있다. 앞의 예처럼 공중전화 때문에 살인사건까지 발생했다는 것은 역설적으로 그만큼 통신이 교통과 더불어 인간과 인간을 연결해주는 중요 사회간접자본이라는 것을 말해준다.

통신은 군에서 특히 더 중요한데, 전쟁의 승패에 결정적인 요인으로 작용할 정도다. 통신이 차단된 백만 대군을 통신이 원활한 정예 십만 군대가 이길 수 있는 것처럼 통신이 승패의 결정적 요소로 작용한 예를 전사에서 찾는 것은 그리 어렵지 않다. 이처럼 전쟁터에서 통신은 과거와

■ 휴대폰이 대중화되면서 공중전화 사용 시절의 주먹다짐과 같은 불미스런 모습은 사라졌다. 통신은 예나 지금이나 교통과 더불어 인간과 인간을 연결해주는 중요한 사회간접자본이다.

현재는 물론이고 앞으로도 아주 중요한 요소다.

지금이야 휴대폰이 현대인의 생활필수품이 되었지만, 사실 이동통신의 필요성을 제일 먼저 제기하고 그러한 수단을 제일 먼저 실용화한 것은 군이고, 그 역사는 오래되었다. 그중에서 현대의 휴대폰은커녕 무전기 개념조차 희미했던 제1차 세계대전 당시까지만 해도 전서구傳書鳩, Homing Pigeon는 전장에서 유용하게 쓰였던 이동통신 수단이었다. 비둘기는 살던 곳으로 회귀하는 성질이 강하고 사육하기도 쉬운

편이라 유무선 통신이 실용화되기 전까지 가장 빠른 통신 수단으로 애용되었다. 기원이 정확히 알려지지 않았을 만큼 오래전부터 사용되어왔기 때문에 당연히 전쟁과도 관련이 많다. 이를 위해 별도의 전서구 관리부대가 있을 정도였는데, 2005년 제작된 애니메이션 〈발리언트Valiant〉에서 볼 수 있는 것처럼 제2차 세계대전 당시에도 종종 사용되었다.

그만큼 전쟁은 가용할 수 있는 모든 수단이 동원되는 치열한 경쟁의 장이다. 그런데 요즘 통신업계의 무한경쟁은 전쟁 때보다 오히려 더 무서운 속도인 것 같다. 덕분에 언제 어디서든 휴대폰만 있으면 즉시 상대방의 목소리는 물론 얼굴까지 보면서 통화할 수 있는 시대가 되었다. 또 최근에는 스마트폰까지 등장해 단순한 통신을 넘어서 그 이상이 가능한 세상이 되어버렸다. 하지만 너무 편해서 그런가? 휴대폰을 비롯한 통신 수단의 대중화와 다양화는 예전에는 없던 새로운 예의가 요구될 만큼 또 다른 많은 문제를 양산했다. 문명의 이기를 사용하면서 남을 배려하지 않는 사례가 많아졌기 때문이다. 전서구를 이용해 전쟁을 하던 시절보다 통신이 자유로운 지금이 더 삭막하다면 그것은 좋은 수단을 제대로 사용하지 못하는 인간들이 문제가 있기 때문이 아닐까?

7

천사인가
악마인가

하버는 인류를 기아의 공포에서 해방시켜주는 단초를 제공한 인물이다. 하지만 그가 만든 독가스는 엄청난 범죄 행위에 사용되었고, 특히 그가 만든 살충제는 대학살의 도구로 사용되기도 했다.

- 1918년 노벨위원회는 그해 노벨 화학상 수상자로 암모니아 합성법을 발견한 독일의 화학자 프리츠 하버 Fritz Haber, 1868년~1934년가 선정되었음을 밝혔다. 그는 1908년 기체 상태의 질소와 수소를 이용해 저렴한 가격에 암모니아를 대량으로 생산할 수 있는 방법을 만드는 데 성공했고, 이러한 공로를 인정받아 최고 권위의 상을 받게 된 것이었다. 사실 이것만 놓고 본다면 그의 업적은 노벨 화학상이 아니라 노벨 평화상을 받아도 결코 모자람이 없는 업적이었다. 왜냐하면 그의 암모니아 합성법은 질소 비료를 대량생산할 수 있는 길을 열었기 때문이다. 19세기 이후 산업화와 더불어 인구가 급격히 늘자, 필연적으로 식량 문제도 커져갔다. 농업 생산물의 수확을 늘리려면 비료가 필요했는데, 그중에서도 생산성이 좋은 질소 비료에 대한 수요량은 급증했다.

  하지만 당시 유일한 질소 비료의 공급원은 칠레초석 Chile Saltpeter이었는데, 공급이 한정되다 보니 가격도 비쌌고 제때 공급이 이루어시기도 힘들었다. 극단적인 가정이지만, 만일 질소 비료를 저렴하게 대량으로 생산할 수 있는 방법이 개발되지 않았다면 인류는 심각한 기아에 허덕였을 것이다. 인류에게 직면한 이러한 난제를 해결해준 것이 바로 하버의 암모니아 합성법이다. 현재 인류는 약 70억 명으로 추산되는데, 만일 농업 생산량을 획기적으로 늘리게 해준 암모니아 합성법을 개발하지 못했다면 인구의 최대 추정치는 36억 정도에 불과했을 것이라고 한다. 오늘날 세계 인구가 섭취하는 단백질의 약 3분의 1이 질소 비료로부터 나올 정도로 그가 인류에게 끼친 영향은 그야말로 대단하다.

더불어 암모니아 합성법은 폭발물 제조에 필수적인 질산을 대량으로 생산할 수 있는 방법이기도 하다. 제1차 세계대전 당시 해상이 봉쇄되어 각종 원자재를 구하는 데 어려움이 많을 텐데도 독일이 아무런 문제 없이 폭발물을 생산하는 것을 보고 연합군은 의아하게 생각했다. 그 이면에 바로 하버의 공이 있었다. 사실 지금도 질소 비료 관련 원자재는 폭발물과 관련이 있어서 국제 거래에서 많은 제한이 있다. 그런데 그가 노벨상을 받게 되었다고 하자, 국제 사회에서 엄청난 반발이 일어났다. 암모니아 합성법이 폭발물과 관련이 있어서가 아니었다.

그는 화학 무기의 아버지라고 불리기도 했다. 애국심이 투철하고 일견 군국적인 행동을 보이기도 했던 그는 제1차 세계대전이 발발하자 독가스를 만드는 데 앞장섰고, 1915년 4월 이프르 전투Battle of Ypres(제2차 이프르 전투)에서 프랑스군을 상대로 직접 독가스 실험에 나서기도 했다. 결과는 상상 이상으로 참혹했다. 전후에 국제 사회는 화학 무기를 제한하는 데 동의했고 제2차 세계대전 당시에 나치도 보복이 두려워 전선에서 화학 무기를 사용하지 못했을 만큼 제1차 세계대전 당시의 화학 무기가 보여준 살상력은 엄청났다. 하지만 그는 결과에 몹시 고무되었고 이를 자랑스럽게 생각했다. 오히려 더 강력한 독가스를 만들기 위해 연구에 매진하다가 동료 화학자이기도 했던 아내 클라라Clara Immerwahr가 이를 반대하며 자살했을 정도였다.

이 때문에 국제 사회는 하버의 노벨상 수상이 부적절하다고 강하게 반대했던 것이다. 더구나 그는 제1차 세계대전에서 독일이 패망하자 전범으로 몰려 스위스로 피신해 있던 상태였다. 그 또한 자신이 어떤

죄를 지었는지 알고 있었지만, 자신의 행위가 순전히 애국을 위한 것이라고 믿고 합리화했다. 하지만 그는 다시 독일의 카이저 빌헬름 연구소의 소장으로 영전해 독일의 화학 발달을 주도했다. 하지만 자신의 의지대로만 살아오고 승승장구하던 그도 1933년 나치의 등장과 함께 몰락했다. 유대인이었던 하버는 쫓겨나듯 영국의 케임브리지 대학으로 옮겨갔으나 제1차 세계대전 참전 경험이 있던 동료 교수들은 그를 경원시하며 배척했다. 의지할 곳이 없어진 그는 1934년 회의 참석차 찾아간 스위스 바젤Basel에서 객사했고 그곳에 묻혔다. 하지만 하버가 남긴 원죄는 다시 시작되었다.

■ **치클론 B 독가스 깡통.** 프리츠 하버가 개발한 시안화계 화합물로서, 원래 살충제로 쓰였으나, 제2차 세계대전 당시 유대인을 제거하기 위한 독가스로 사용되었다.

1920년대 그가 살충제로 만든 치클론 B Zyklon B가 동족인 유대인 수백만 명을 대량학살하는 데 사용된 것이었다. 하버는 지구상의 수십억 인류가 더 살아갈 수 있는 결정적인 방법을 만들어준 인물이기도 했지만, 수백만 명의 생명을 죽인 인물이기도 하다. 단지 혜택을 받은 이들이 더 많다는 이유로 그에 대한 비난이 사라지지는 않을 것이다. 왜냐하면 그가 만든 화학 무기나 화학 물질로 죽어간 사람들의 고통이 워낙 컸기 때문이다.

Chapter 09

and 그리고 크리스마스
Chris

■ 크리스마스는 단순하게 따진다면 기독교의 기념일이지만 그러한 의미를 넘어선다. 기독교인이 그리 많지 않은 이웃 일본이나 중국, 그리고 동남아에서도 대대적인 행사가 펼쳐질 정도다. 연말연시가 겹치고 대목을 노리는 상인들이 일부러 들뜬 분위기를 조성하는 경향이 없지 않지만, 이처럼 크리스마스는 종교나 민족을 초월해 어느덧 전 지구인이 함께 축하하고 즐기는 축제가 되었다.

■ 그것이 가능한 이유는 크리스마스의 정신이 바로 사랑과 평화이기 때문이다. 아무리 다른 종교를 믿거나 종교를 믿지 않는 사람이라도 이러한 이상이 옳지 않다고 감히 이의를 제기할 수 없다. 왜냐하면 사랑과 평화는 다른 종교에서도 추구하는 근본 가치이기도 하지만 종교를 초월한 영원불멸의 가치이기 때문이다.

tmas

- 그런데 인간들은 이를 망각하고 서로 다투기를 한시도 멈추지 않았다. 종교를 창시한 성인들의 가르침에는 아랑곳하지 않고 오히려 종교를 명분으로 서로 대립하고 싸웠다. 그렇다 보니 특정 종교를 초월해 세계인들이 기념하는 크리스마스에도 지구 한편에서는 총소리와 비명이 끊이지 않고 들린다.

하지만 죽고 죽이는 극한의 전쟁 상황에서도 크리스마스의 정신을 엿볼 수 있는 기적 같은 일들이 벌어지곤 한다. 아무리 상대를 제거하기 위해 전쟁을 벌이고 싸워도 인간들의 심성 한가운데는 사랑과 평화를 추구하는 마음이 있기 때문이다.

1

1914년
이프르

바로 직전까지 치열하게 전투를 벌였던 양측 병사들이 함께 어울려 사진을 찍은 모습을 보도한 당시의 신문. 그것은 크리스마스의 기적이었다.

▪ 1914년 여름, 유럽의 열강들이 앞다퉈가며 서로에게 선전포고를 하면서 순식간에 제1차 세계대전이 발발했다. 사전에 세워놓은 계획에 따라 쾌속 진공하던 독일군의 진격이 마른 전투 Battle of Marne 에서 프랑스군의 강력한 반격에 막혀 한 번 멈춘 후, 전쟁은 급격히 소강상태에 빠져들었다.

이후 양측 모두 고착화된 전선을 돌파하려고 애썼으나, 이미 깊게 판 참호를 뛰어넘을 수는 없었고 전쟁은 예상과 달리 장기전이 되었다. 영국대륙원정군 BEF, British Expeditionary Force 과 독일 제1군이 치열하게 대치하던 벨기에의 이프르 Ypres 도 그러한 전선 중 한곳이었다.

시간이 흘러 어느덧 눈발과 더불어 크리스마스이브가 찾아왔고 밤은 점점 깊어갔다. 춥고 습한 참호 속에 웅크린 채 언제 있을지 모를 독일의 공격에 대비하던 바로 그때, 영국군들의 귀에 독일어로 부르는 낯익은 낭랑한 노래 소리가 들려왔다. 노래 소리는 서서히 독일군 참호 쪽 전체로 퍼져가더니 합창처럼 전 전선에 울려 퍼졌다. 그 노래는 〈고요한 밤 거룩한 밤 Stille Nacht Heilige Nacht〉이었다.

19세기 초 오스트리아의 시골 소도시인 오베른도르프 Oberndorf 에 살던 사제인 조제프 모어 Joseph Mohr 와 시골 학교 선생이었던 프란츠 그루버 Franz Xaver Gruber 가 함께 만든 〈고요한 밤 거룩한 밤〉은 어느덧 오스트리아를 넘어 크리스마스가 되면 세계인이 즐겨 부르는 애창곡이 된 지 오래되었고, 지금도 마찬가지다. 그러자 영국군 진영 쪽에서도 하나둘 이를 영어로 따라 부르기 시작했고, 순식간에 참호는 합창 소리로 가득 찼다.

한낮 동안 포격이 반복되던 전선은 밤이 되자 누가 시키지도 않았

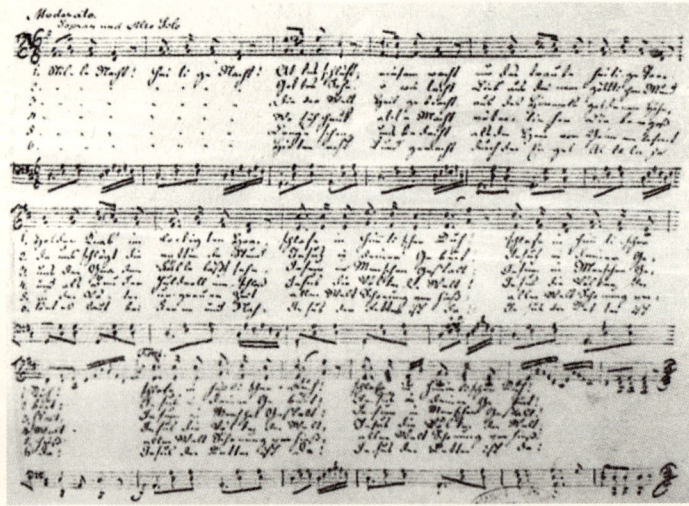

■ 19세기 초 오스트리아의 시골 소도시인 오베른도르프에 살던 사제인 조제프 모어(왼쪽)와 시골 학교 선생이었던 프란츠 그루버(오른쪽)가 함께 만든 〈고요한 밤 거룩한 밤〉은 오스트리아를 넘어 크리스마스가 되면 세계인이 즐겨 부르는 애창곡이 되었다.

는데 순식간에 크리스마스 캐럴 아카펠라 경연장이 되었다. 총성이 잠시 멈춘 전선의 밤은 고요했지만, 거룩한 분위기와는 거리가 먼 긴장된 순간의 연속이었다. 하지만 아름다운 노래 소리가 퍼져나가는 이 순간만큼은 독일군과 프랑스·영국 연합군 모두 전선의 팽팽한 긴장감을 잠시 잊고 있었다.

기록에 따르면, 처음에는 사면초가(四面楚歌)처럼 크리스마스를 맞아 바다를 건너 대외 원정을 온 영국군의 사기를 떨어뜨리기 위한 독일군의 심리전이 아닌가 하고 의심했을 정도로 전선의 분위기는 순식간에 바뀌었다. 피비린내 나는 전선과 전혀 어울리지 않는 크리스마스 캐럴은 오늘이 크리스마스이브임을 모든 병사들에게 인식시켜주었다. 그리고 그러한 노래 소리는 다음날 크리스마스 아침까지 계속되었다.

밤새 캐럴이 울려 퍼진 전선에 서서히 동이 터오자, 한 독일 병사가 참호 밖으로 나와 손을 흔들며 조심스럽게 영국군 참호 쪽으로 걸어오기 시작했다. 참호 속에 몸을 숨긴 채 무의식적으로 방아쇠에 손이 올라간 영국 병사들은 독일 병사를 향해 총을 조준했으나 얼마 가지 않아 무기를 내려놓을 수밖에 없었다. 자신들을 향해 다가오는 독일 병사의 손에 총 대신 초를 매단 작은 나무가 들려 있었기 때문이다.

바로 크리스마스 트리였다. 순간 영국군 측에서도 몇몇 병사들이 참호 밖으로 나가 그 병사 쪽으로 걸어가기 시작했고, 화들짝 놀란 양측 지휘관들은 병사들을 제지했으나 그러한 제지에도 불구하고 우르르 몰려 나간 양측 병사들은 중간지대에서 만났다. 한 치의 머뭇거림도 없이 양측 병사들은 손을 뻗어 반갑게 악수를 하면서 크리스마스 인사를 나누었다. 밤새 크리스마스 캐럴 경연을 펼친 양측 병사들에게서 서로에 대한 적대감은 찾아볼 수 없었다.

비록 말은 통하지 않았지만, 단지 크리스마스를 축하하고 싶었을 뿐이었던 그들은 굳이 많은 말이 필요치 않았다. 전쟁터 한가운데서 목숨을 걸고 싸우던 그들이 갖고 있던 것은 그리 많지 않았다. 손때 묻은 담배가 오고갔고 지갑 속에 고이 간직한 가족사진을 보여주는 것으로 서로를 위로해주었다. 그 속에는 병사들을 제지하기 위해 쫓아온 장교들도 함께 있었다. 이런 작은 행위만으로도 그들은 죽음이 만연한 전쟁터에서 크리스마스의 평화를 느낄 수 있었다. 무인지대 No Man's Land로 불리던 죽음의 땅에 잠시 기적이 일어난 것이었다.

참호 밖으로 나온 병사들은 그때서야 양측 참호 사이에 무수히 널려 있는 병사들의 시체를 보게 되었다. 돌격 명령을 받고 상대의 참호로 달려가다가 전사한 동료들의 시신이었는데, 양측 진지 사이에서 쏘아대는 빗발치는 총탄 때문에 어쩔 수 없이 전선 한가운데 방치된 상태였다. 그동안 딱히 수습할 방법이 없었던 양측 군 관계자들은 시체 수습을 위해 잠시 동안 휴전을 하기로 즉석에서 합의했다. 곧바로 병사들이 몰려나와 그동안 참호 사이에 방치되어 있던 전사자들의 시신을 거두기 시작했다.

비록 상대에 의해 죽은 시신들이었지만, 이들의 시신을 수습하는 동안 상대에 대한 적개심은 없었다. 영국 병사들을 묻을 때는 곁에 있던 독일군들이 기도하고, 독일 병사들을 묻을 때는 반대로 영국군들이 명복을 빌어주었다. 시체가 말끔히 치워진 들판 한가운데 어디선가 축구공이 굴러 들어왔다. 누구랄 것도 없이 양측 병사들은 편을 나누어 축구경기를 벌였다. 진흙 벌판은 공을 차고 쫓는 병사들의 함성소리로 가득 찼다. 경기 후에는 병사들끼리 함께 모여 기념사진을 찍었다.

이후 이 사실을 알게 된 양쪽 군 수뇌부는 경악했고, 그 즉시 적군 병사와 어떤 형태의 접촉도 금한다는 명령을 내렸다. 또한 일선의 지휘관들에게는 참

- 소수 위정자들에 의해 전쟁이 벌어졌지만, 최전선의 말단 병사들이 원한 것은 평화였다. 하지만 저렇게 어울려 사진을 남긴 병사들이 종전까지 살아남았을지 궁금하다. 그만큼 제1차 세계대전 당시 서부전선은 지옥이었다.

호를 벗어나 적군 병사에게 접근하는 경우에는 이적 행위자로 간주해 현장에서 총살해도 좋다는 지침을 하달했다. 잠시나마 평화로웠던 1914년의 크리스마스가 그렇게 지나고 다시 아침이 찾아오자 포탄이 상대편의 머리 위로 떨어지기 시작했다.

이렇게 최전선의 병사들에 의해 기적적으로 멈춘 전쟁은 상부의 명령에 의해 다시 시작되었고, 전쟁이 끝날 때까지 크리스마스의 평화는 다시 오지 않았다. 치열한 전투 중에 있었던 1914년 12월의 이 아름다운 기적 같은 이야기는 크리스마스의 휴전 Christmas Truce 라는 전설로 지금까지 전해지고 있다.

2

1944년
휘르트겐

크리스마스에 있었던 아름다운 작은 사건을 경험하고 이를 세상에 알린 프리츠 빈켄의 당시 모습.

- 1944년 12월 서부전선에서 '히틀러의 마지막 도박'이라 불리는 치열한 공방전이 벌어졌다. 이른바 벌지 전투 Battle of the Bulge로 알려진 격전이었는데, 이는 제2차 세계대전 당시 독일군이 실행한 마지막 공세였다. 1944년 6월 노르망디에 성공적으로 상륙해 독일 본토로 진군하던 연합군은 전혀 예상치 못한 독일군의 거센 공세를 받았다.

- 휘르트겐 숲 전투는 제2차 세계대전 당시 서부전선 전투 중 가장 치열하고 길었던 전투 중 하나다. 히틀러의 소방수 발터 모델은 지그프리트선 유지를 위해 휘르트겐 숲 방어의 중요성을 강조했다. 발터 모델은 전투 중 포위되자 자살했다. 이 전투에서 미군과 독일군 모두 막대한 병력을 잃었다.

　벌지 전투는 비록 초전에 연합군이 많은 피해를 입었지만 결국 자원과 예비대가 부족했던 독일의 패배로 종결되었는데, 흔히 "연합군의 진격을 6주 늦추었지만 독일의 패망을 6개월 앞당겼다"는 말로 정의될 만큼 독일의 무의미한 마지막 발악으로 전쟁사에 기록되었다. 다음은 그 당시 독일과 벨기에 국경 부근의 작은 시골 마을인 휘르트겐Hürtgen 숲속의 오두막집에서 있었던 이야기다.

　아헨Achen에서 살던 프리츠 빈켄Fritz Vinken은 연합군의 계속된 공습을 피해 가족과 함께 한적한 이곳의 오두막집으로 피난 온 12살 먹은 소년이었다. 비록 앞날을 내다보기 힘든 상황이었지만, 어느덧 시간이 흘러 크리스마스이브가 되었다. 어린 빈켄은 국민방위군으로 근무 중인 아버지가 일을 마치고 집으로 돌아오면 온 가족이 함께 모여 조촐한 크리스마스 파티를 할 수 있다는 기대에 들떠 있었고, 어머니도 분주히 저녁 준비를 하고 있었다. 전쟁 통이라 식품을 구하기 어려워서 오늘을 위해 고이 기르고 있던 닭들로 조촐한 성찬을 준비할 참이었다. 그때 느닷없이 오두막 문을 두드리는 소리가 났다.

  어머니가 촛불을 끄고 문을 열자, 눈이 쌓인 겨울나무들을 배경으로 2명의 병사가 유령처럼 서 있고, 부상을 당한 1명의 병사가 고통스러워하며 눈 위에 누워 있었다. 어머니와 빈켄은 거의 동시에 그들이 독일의 적인 미군임을 알아챘다. 갑작스런 일을 당한 어머니는 흥분을 가라앉히려 빈켄의 어깨 위에 손을 올려놓고 가만히 서 있었다. 무장한 미군은 구태여 그들의 허락을 받지 않고도 강제로 집 안으로 들어올 수 있었으나, 문 앞에 서서 잠시 쉬어가게 해달라는 간절한 눈빛으로 도움을 요청하고 있었다. 어머니는 그중 한 사람과 프랑스어로 말문을 열었다.

  전투 도중 부대에서 낙오한 그들은 독일군을 피해 사흘이나 숲속을 헤맸고, 더구나 동료 중 하나는 심각한 부상까지 입었다는 것이었다. 철모 속에서 드러난 그들의 얼굴은 겨우 소년티를 벗은 앳된 모습이었다. 비록 적군이었지만 어머니의 눈에는 단지 도움이 필요한 아들 같은 소년들로만 보였다. 약간의 침묵이 흐른 후 어머니가 허락하자, 그들은 부상자를 들어다가 빈켄의 침대 위에 눕혔다.

  환자를 옮기고 병사들이 난로 옆에 모여 몸을 녹이는 사이 어머니는 수탉 한 마리를 가져와서 요리를 만들기 시작했다. 얼마 후 고소한 냄새가 방 안에 가득 차기 시작하자, 그동안 추위와 굶주림에 고통받던 미군들의 얼굴에 잔잔한 미소가 흐르기 시작했다. 바로 그때 누군가 산골 오두막집의 문을 두드렸다. 아버지가 돌아왔다고 생각한 빈켄이 반가운 마음에 문을 열었는데, 뜻밖에도 거기에는 4명의 독일군이 서 있었다.

순간, 빈켄의 몸은 그 자리에 얼어붙고 말았다. 적군을 숨겨주는 것은 즉결처분도 가능한 최고의 반역죄였음을 어린 빈켄도 너무나 잘 알고 있었기 때문이다. 무서워 떨고 있던 빈켄의 뒤로 요리를 하다 말고 어머니가 부엌에서 나왔지만, 문 밖에 서 있던 독일군을 보고 얼어붙을 수밖에 없었다. 얼떨결에 "축 성탄!"이라고 어머니가 인사를 하자, 문 밖에 도열한 독일 병사들은 날이 밝을 때까지 집 안에서 쉬어가게 해달라고 간청하기 시작했다.

어머니는 그들에게 집 안으로 들어오라고 손짓했다. 막 구워낸 통닭 냄새에 코를 벌름거리던 병사들은 어머니의 허락이 떨어지자, 기뻐서 어쩔 줄을 몰라 했다. 바로 그때 어머니가 작지만 단호한 목소리로 말했다.

"우리 집에 이미 다른 손님들이 와 있습니다. 그들은 당신들의 친구가 아닐 수도 있습니다."

그 찰나 독일군들은 총의 방아쇠에 손가락을 걸었고 숨어서 문 밖을 살피던 미군들도 마찬가지였다. 사방에 팽팽한 긴장이 감도는 순간, 어머니가 다시 말을 이었다.

"오늘은 크리스마스이브입니다. 우리 집에서 싸움이 벌어지는 것은 절대로 허용할 수 없습니다. 모두가 아프고 배고프고 지친 몸입니다.

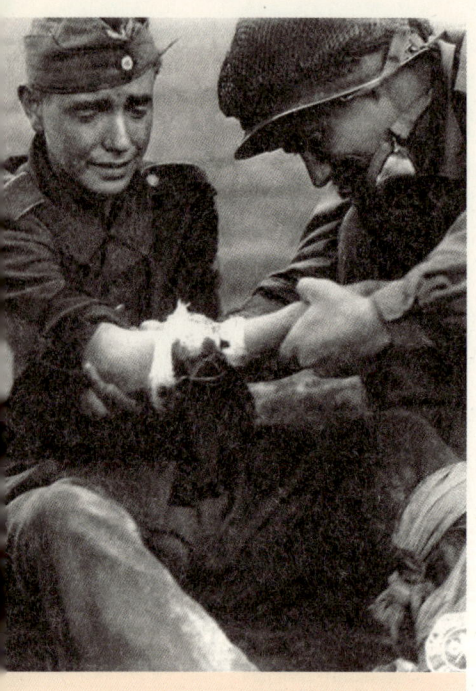

■ 제2차 세계대전 당시 부상당한 독일 소년병을 돌보는 미군 위생병. 전쟁은 치열하고 잔인했지만, 그렇다고 항상 상대를 적대시하고 증오한 것만은 아니었다.

오늘 밤만은 죽이는 일을 서로 잊어버립시다."

무거운 침묵이 흘렀다. 그러한 어색한 적막을 깨뜨린 것은 다시 어머니의 목소리였다.

"뭣들 해요? 우리 빨리 맛있는 저녁을 먹읍시다. 총은 모두 이 장작더미 위에 올려놓아요."

그러자 젊은 독일군과 미군들은 동시에 말 잘 듣는 아이처럼 고분고분 총을 장작더미 위에 올려놓았다. 갑자기 손님이 늘어난 관계로 저녁을 더 준비하기 위해 어머니는 빈켄에게 광에 가서 감자를 더 가져오라고 했다. 빈켄이 감자를 가득 안고 돌아와 보니 독일군 1명이 부상당해 신음하고 있던 미군의 상처를 돌보고 있었다. 이전에 의학을 공부했다는 독일 병사는 꽤 유창한 영어로 다른 미군들에게 환자의 상태에 대해 이야기하고 안심을 시켰다. 처음 마주쳤을 때의 무시무시한 적개심은 이미 사라진 상태였다.

쾰른 Köln 에서 온 하인츠와 빌리는 겨우 16살밖에 안 되었고, 23살인 하사가 가장 나이가 많았다. 바로 전까지 적이었던 미군과 사이좋게 나눠 먹기 위해 하사가 배낭에서 포도주 한 병을 꺼내자, 하인츠는 호밀 빵 한 덩어리를 꺼내놓았다. 이렇게 숲속 오두막에서 조촐한 식사가 준비되자, 어머니는 모든 병사들을 불러 식탁에 모아놓고 기도를 드렸다. "주님이시여, 오셔서 저희들의 손님이 되어주십시오"라는 구절을 읊조릴 때 어머니의 눈에 눈물이 맺혔다. 집에서 멀리 떨어진 이곳 전쟁터까지 오게 된 병사들은 그 순간 어린 소년의 모습으로 돌아가 눈물을 훔치기에 바빴다.

자정 직전에 어머니는 문 밖으로 나가 함께 베들레헴의 별을 보자고 제안을 했고, 모두들 어머니의 곁에 서서 하늘을 올려다보았다. 가장 밝게 빛나는 별을 찾는 동안 그들에게서 전쟁은 어디론지 사라지고 없었다. 다음날 크리스마스 아침, 독일군과 미군들은 오두막집 앞에서 악수를 나누었다. 독일군 병사가 미군들에게 부대로 돌아가는 길을 상세히 가르쳐준 뒤, 그들은 서로 헤어져 반대편으로 걸어갔다. 그것은 그들만의 작지만 소중한 크리스마스의 기적이었다.

3

1950년
서울

당대 할리우드 최고의 배우들이 출연한 〈전송가〉는 한국전쟁 당시의 감동적인 실화를 각색한 작품이다.

- AIDS로 유명을 달리했지만, 명화 〈자이언트 Giant〉에 출연한 미남 배우 록 허드슨 Rock Hudson, 당대의 섹스 심벌인 마사 하이어 Martha Hyer, 인도 출신으로 말론 브란도 Marlon Brando의 첫 번째 아내이기도 했던 안나 카슈피 Anna Kashfi, 안창호 선생의 첫째 아들로 할리우드에서 활동하는 동양계 영화인의 대부 필립 안 Philip Ahn이 한국전쟁을 배경으로 함께 출연한 영화가 있다. 1957년 미국 유니버설 영화사에서 제작한 〈전송가 Battle Hymn〉인데, 실존 인물인 딘 헤스 Dean Hess 대령의 동명 자서전을 기반으로 해 만든 영화였다.

- 영화 〈전송가〉의 실제 주인공이자 원저작자인 딘 헤스 대령은 전쟁고아들을 구출하는 데 많은 공을 세우기도 했지만, 전쟁 중 한국 공군을 교육하고 이끈 산파이기도 하다.

　지금도 외국 영화를 보면 우리나라의 이미지가 잘못 묘사되는 경우가 종종 있는데, 당시에는 더더욱 한국에 대해 알려진 것이 없어서 태국식 불상이 소품으로 나오는 등 고증이 잘못된 부분이 많았다. 더구나 전쟁을 배경으로 하다 보니 어둡고 비참한 모습이 자주 나오는데, 이것은 당시의 제작 여건상 어쩔 수 없었던 것으로 보인다. 실화에 바탕을 둔 스토리는 비록 극적인 효과를 높이기 위해 각색된 부분이 많지만, 모든 이의 심금을 울리고 잔잔한 미소를 짖게 만들 만큼 감동적이다.

　록 허드슨이 분한 실제 주인공 헤스 대령은 제6146기지 부대장으로

1950년 7월 부임해 최초로 한국 공군의 전투기 조종사들을 훈련시켜 배출시킨 교관단의 단장이었으며, 직접 전투기를 몰고 250여 차례나 출격하기도 한 용맹한 파이터였다. 이러한 전과로 그는 미국 공로훈장뿐만 아니라 대한민국 무공훈장도 수여받았다. 특히 그가 조종한 F-51 무스탕 18번 기체에 기념으로 써넣은 '信念의 鳥人(신념의 조인)'은 현재도 한국 공군의 모토가 되고 있을 정도다.

한마디로 실질적인 한국 공군의 아버지라 불릴 만한 군사적 업적을 이룬 인물이라 할 수 있다. 그런데 헤스 대령은 한국전쟁 당시 전쟁고아들을 전쟁의 위기에서 극적으로 구출하는 데 결정적인 도움을 준 인물로 더욱 유명하다.

전쟁 당시에 제5공군 사령부 군목이었던 러셀 브레이즈델Rusell Blaisdell 중령은 황온순 원불교 보살의 도움을 받아 수복된 서울 인근에서 전쟁고아들을 돌보고 있었다(한국보육원 설립자인 황온순 보살은 전쟁고아들의 어머니이고 이를 도운 브레이즈델 목사는 한국전쟁의 쉰들러로 추앙받고 있다). 그러던 중 중공군의 개입으로 1950년 12월 아군의 후퇴와 서울 소개가 결정되자, 황온순 보살과 브레이즈델 목사는 고아들을 인천에서 배편으로 피난시키려 했다. 그러나 선편이 부족해 일부 어린이만 겨우 배를 탈 수 있었고, 나머지 907명의 고아들은 적진에 고립될 위기에 빠졌다.

급박한 후퇴작전 와중에 이들을 구원하기는 거의 불가능해 보였다. 하지만 브레이즈델 목사로부터 애타는 소식을 접한 헤스 대령이 사방팔방으로 도움을 구해 16기의 C-54 수송기를 확보하는 데 기적적으로 성공했고, 김포공항에서 제주도로 고아들을 공수할 수 있었다. 덕분에 중공군이 서울에 입성하기 바로 전인 1950년 12월 20일, 모든 전쟁고아들이 제주도로 탈출할 수 있었고 그해 크리스마스를 안전하고 따뜻하게 보낼 수 있었다. 이것은 미군의 전사에 '아기 자동차 공수작전Operation Kiddy Car Airlift'으로 기록된 보기 드문 인도주의 작전이었다.

이를 회고한 헤스의 자서전을 극화한 것이 바로 앞에서 소개한 〈전송가〉인데, 영화에 출연한 어린이들은 실제로 공수작전으로 제주도로 피난한 한국보육원생들이었다. 당시의 전쟁고아들 대부분이 지금은 70세 가까이 되거나 고인이 되었을 만큼 오래전의 일이 되었지만, 지금으로부터 60여 년 전 전쟁의 폐허 속에 내버려졌던 수많은 고아들이 급박한 상황에서도 안전한 곳으로 극적으로 피신할 수 있었던 것은 바로 크리스마스의 기적이라 할 수 있다. 이것은 결코 영화 속의 모습이 아니라 바로 지금 살고 있는 이 땅에서 전쟁으로 인해 벌어진 우리 아버지, 할아버지 세대의 가슴 아픈 역사이기노 하다.

4

1950년
흥남

흥남부두에는 수십만의 군과 피난민이 몰려들었다. 하지만 자유를 찾아 북한을 탈출하려는 민간인들의 소개에 대해서는 사전에 논의된 것이 없었다.

- 통일의 기대가 한껏 부풀어 올랐던 달콤했던 1950년 10월이 지나고 서리가 내리는 11월이 되자 전선의 상황은 뭔가 이상해지고 있었다. 한만국경(韓滿國境) 일대의 산속 깊숙한 곳에서 강력히 저항하는 적들이 지금까지 상대하던 북한군이 아니었던 것이다. 대규모 중공군이 개입

■ **중공군 개입** 1950년 11월 27일 대규모 중공군 개입으로 아군은 후퇴하기 시작했다.

했다는 사실이 확인된 순간 지금까지의 전쟁은 무효가 되어버렸다. 12월 중공군에게 속절없이 각개격파당한 아군 부대들은 후퇴하기로 하고 지금까지의 진격로를 뒤로한 채 북한 땅에서 빠져나가기 시작했다.

이러한 혼란의 와중에 동해의 전략거점이자 함경도의 초입인 원산이 12월 7일 중공군에게 점령당하자, 한반도 동북부 방향으로 진격해 싸우고 있던 미 10군단, 국군 1군단은 순식간에 배후가 절단되면서 적진 한가운데 고립될 위기에 봉착했다. 다행히도 제해권, 제공권을 쥐고 있던 유엔군은 강력한 화력을 발판 삼아 한반도 동북부의 요충지인 흥남 일대에 집결해 교두보를 마련한 후, 바다로 철수할 준비를 했다.

항구도시 흥남에는 병력 10만 5,000명에, 차량 1만 8,422대, 그리고 3만 5,000톤의 각종 군수물자들이 모여들었고, 이를 나르기 위해 총 125척의 각종 선박이 동원되었다. 그리고 미 7함대의 엄청난 화망이 철수작전 동안 흥남항을 향해 접근하던 중공군을 차단했다.

1940년 프랑스 북부의 됭케르크 Dunkirk에서 독일군에게 포위된 연합군 30만 명이 기적 같은 해상철수에 성공한 이후 사상 최대의 해상 철수작전이 한반도에서 이루어지려던 참이었다. 그런데 아군이 배를 타기 위해 흥남항을 향해 속속 집결하는 것과 발맞추어 군인들보다 많은 엄청난 수의 민간인들이 부두로 모여들고 있었다. 그들은 자유를 찾아 남쪽으로 가고자 했던 북한 주민들이었다. 수많은 이들이 평생 대대로 살아온 고향을 등지고 간단한 소지품만 챙겨 남쪽으로 가려고 했을 만큼 지난 5년간 벌어진 공산당의 학정은 말로 형언할 수 없을 만큼 극악했다. 그렇게 후퇴하는 아군을 따라 흥남으로 몰려든 한반도 동북부의 주민들은 20만 명 가까이 되었다.

  철수작전을 총지휘한 미 10군단장 에드워드 아몬드 Edward Almond는 고민에 빠질 수밖에 없었다. 안전하게 탈출시켜주겠다고 이들에게 사전에 약속한 적은 없지만, 한국전쟁에 발을 들여놓은 이후로 한반도 곳곳에서 벌어진 엄청난 학살 현장을 익히 보아왔기 때문에 흥남항에 모여든 대부분의 피난민들이 그러한 학살이 두려워 피난하려 한다는 것을 잘 알고 있었다.

  잔혹한 이데올로기 전쟁으로 변한 한국전쟁은 후방의 민간인들조차 결코 안전하지 않은 상황으로 바뀐 지 오래였다. 하지만 아몬드에게는 당연히 군의 철수가 우선이었기 때문에 미 10군단 민사부 고문이자 통역이었던 현봉학 박사에게 3,000여 명의 민간인만 소개하겠다는 의중을 밝혔다. 사실 당시의 상황을 고려한다면 이 정도도 결코 적다고는 말할 수 없는 숫자였다. 하지만 북풍한설에도 뜬눈으로 서서 밤을 새며 부두에 몰려든 수십만 피난민의 애끓는 눈초리를 그 누구도 외면하기 힘들었다. 이때 국군 1군단장이었던 김백일 장군이 이들의 동반 탈출을 강력히 주장했고 현봉학 박사도 아몬드를 설득했다. 특히 김백일 장군은 국군 1군단은 중공군 포위망을 뚫고 육지로 탈출하겠으니 피난민을 태워달라고 요청했다. 그리고 기적이 일어났다.

배의 빈 곳이라면 어디든 상관없이 배가 침몰하지 않을 수준까지 피난민을 태우고 철수하라는 긴박한 명령이 하달되면서 장엄한 인도주의 작전이 12월 12일에 시작되었다. 영하 20도를 밑도는 맹추위와 더불어 눈보라가 흩날리는 흥남부두는 군인들과 각종 물자를 비롯해 남녀노소 구분 없이 괴나리봇짐을 짊어진 피난민들로 가득했다. 그들은 차례차례 자유를 향한 탈출 길에 올랐다. 비록 모든 피난민을 다 구할 수는 없었지만, 1950년 크리스마스이브인 12월 24일 마지막 철수선이 불타는 흥남항을 떠나면서 군사적 철수를 완료함과 동시에 총 9만 8,000명의 피난민이 함께 북한을 탈출하는 데 성공했다.

그중 기적의 절정은 12월 23일 흥남항을 탈출한 7,600톤 규모의 화물선인 '메러디스 빅토리 Meredith Victory,' 호에서 벌어졌다. 원래 이 배에는 13명의 피난민만 태울 예정이었으나 배에 실린 무기를 버리고 피난민을 최대한 태우라는 극적인 명령이 하달되었다. 이 사실을 알게 된 피난민들도 자신의 짐을 버리면서까지 1명이라도 더 태우기 위해 노력했다.

최대 1,000명 정도 태울 수 있을 것으로 예상했던 메러디스 빅토리 호에는 화물칸이나 갑판 가리지 않고 빈 공간에 빽빽하게 무려 1만

■ 엄청난 피난민을 싣고 자유를 찾아 힘차게 항해하는 메러디스 빅토리 호의 극적인 모습. 그것은 1950년 크리스마스에 벌어진 기적이었다.

4,000명의 엄청난 피난민들이 타는 장관이 연출되었다. 자유를 찾아 3일간 혹한의 겨울 바다를 제대로 먹지도 못하고 항해하는 동안 단 1명의 피난민들도 죽거나 다치지 않았고, 오히려 거제도의 장승포에 무사히 도착했을 때 5명의 신생아가 배 위에서 태어나 출발 당시보다 인원이 늘어났을 정도였다.

 이러한 흥남철수작전은 이후 한민족 역사상 최단 시기에 가장 많은 사람들이 거주지를 옮긴 문화인류학적 기록으로 남게 되었다. 하지만 그보다도 1950년 눈보라 속의 크리스마스가 빛났던 이유는 지금까지 인류의 전쟁사를 살펴보아도 찾아보기 힘든 인도주의 때문이다. 죽고 죽이는 전쟁에서 인간의 존엄성을 생각한다는 것은 어쩌면 사치일지 모른다. 하지만 1950년 흥남부두에서 벌어진 크리스마스의 기적은 전쟁이라는 극한 상황 속에서도 중요한 것은 인간이라는 만고불변의 진리를 다시 돌아보게 만든다.

지금까지 살펴본 1914년, 1944년 유럽에서의 이야기와 1950년 이 땅에서 벌어진 일들은 잔혹한 전쟁터에서는 좀처럼 찾아보기 힘든 사례들이다. 그래서 사람들은 이것을 기적이라고 부른다. 하지만 전쟁이라는 극적인 배경을 제외한다면 이는 그저 평범한 이야기에 지나지 않을 것이다. 그러한 평범한 행위가 기적이 되도록 잔인한 전쟁을 일으킨 것은 바로 탐욕에 사로잡힌 인간들이다. 지구상에서 전쟁이 사라진다면 그것이 바로 진정한 기적이 아닐까?

5

1951년
어은산

1951년 여름 이후 휴전이 논의되면서 한국전쟁의 양상은 좋은 위치를 선점하려는 고지전으로 바뀌었다.

▪ 앞에서 살펴본 것처럼 우리 역사에서 1950년 크리스마스는 상당히 고통스러운 시기였다. 눈앞을 가리는 눈보라를 동반한 엄청난 혹한도 견디기 힘들었지만, 더욱 힘들게 만든 것은 갑작스런 중공군의 출현과 더불어 통일의 꿈이 좌절되었기 때문이었다. 천신만고 끝에 탈환한 서울을 불과 석 달 만에 다시 적에게 내어주어야 했고, 수십만의 병력과 피난민이 흥남항을 통해 공산 치하를 빠져나와야 했다. 하지만 여러 차례의 패배와 후퇴를 거듭하면서 겪은 아픔과 절망의 반대급부로 중공군의 약점을 알게 되면서 고난은 정지되었다. 우리도 강하다는 사실을 망각하고 단지 중공군을 몰랐기 때문에 두려워하고 있었다는, 어쩌면 너무 단순한 사실을 알고 난 이후부터 전세는 또다시 바뀌었다. 어느덧 전쟁이 발발한 지 1년이 지났을 때 전선은 전쟁 발발 전에 남북을 나누던 38선 일대에서 고착화되었다.

그런데 이러한 전선의 정체는 의도적으로 이루어진 것이었다. 전쟁이 장기화되고 피해가 기하급수적으로 증가하자, 전쟁을 주도하던 미군과 중공군, 양측 모두는 이기겠다는 의지보다는 지지 않고 전쟁을 끝내겠다고 생각하기 시작했다. 이때부터 본격적인 휴전협상이 시작되었고 그러는 동안 양측 모두 지난 1년 동안 행한 거대한 공세를 심정적으로 중단한 상태가 되었다. 하지만 그렇다고 전선이 평화로웠던 것은 결코 아니었다. 군사분계선을 염두에 두고 유리한 위치를 점하기 위해 국지적인 전투가 더욱 치열해지는 양상으로 전쟁의 패턴이 바뀌었던 것이다. 그 결과 고지쟁탈전이 격화되었고, 이것은 한국전쟁 후반부를 대변하는 단어가 되었다. 그렇게 시간이 흘러 어느덧 한국전쟁 발발 이후 두 번째 크리스마스를 맞게 되었다.

한국전쟁 발발 후 후퇴의 악몽으로 가득한 첫 번째 크리스마스도 피와 눈물로 얼룩졌지만, 두메산골에서 벌어지는 피비린내 나는 끊임없는 격전으로 두 번째 크리스마스도 이에 못지않게 고통스러웠다. 그중에서도 1951년 12월 25일부터 동부전선의 어은산 일대에서 벌어진 1090고지 전투는 크리스마스의 평화와 사랑과는 거리가 멀었다.

휴전협상에 의해 1951년 11월 군사분계선을 가조인하고 후속 합의를 이끌기 위해 1개월간의 한시적 휴전을 결정했으나, 중공군은 이를 어기고 북쪽으로 돌출되어 있는 국군 7사단의 전초진지 일대에 은밀히 전력을 증강시켜 크리스마스에 기습공격을 감행했다. 참전 이후 줄곧 하던 대로 중공군이 포격을 집중해 아군 진지를 타격한 후 심야에 압도적인 병력으로 고지로 다가오면서 격전이 시작되었다. 하지만 전쟁 발발 이후 산전수전을 다 겪은 국군은 어느새 쉽게 물러서지 않는 용맹한 군대로 바뀌어 있었다. 압도적인 적의 심야공격에 일시적으로 진지를 피탈당하기도 했지만 날이 밝자 곧바로 반격에 나서 적을 압박했다. 결국 아군의 강력한 응전에 엄청난 사상자를 남긴 채 12월 28일 중공군은 후퇴할 수밖에 없었다. 이를 기념해 1090고지는 '크리스마스 고지'로 불리게 되었다. 이후 중공군은 1952년과 1953년에 걸쳐 크리스마스 고지를 세 차례 공격했지만 모두 실패했다.

1090고지는 전쟁과 전혀 어울리지 않는 크리스마스 고지로 명명되었지만, 그 이면에는 이를 지키기 위해 쏟아 부은 피와 땀, 그리고 눈물이 담겨 있다. 이는 크리스마스 고지뿐만 아니라 휴전선 일대에 연

■ 무명의 고지를 차지하기 위한 격전은 생각보다 많은 피를 요구했고 피아 모두를 곤혹스럽게 만들었다. 사진 속의 엄청난 탄피가 말해주듯이 아군은 병력의 열세를 화력으로 만회하곤 했다.

이어 솟아 있는 모든 고지 역시 마찬가지다. 단장의 능선처럼 고통스러운 이름이건 크리스마스 고지처럼 아름다운 이름이건 그곳에는 예외 없이 젊은 영혼들의 외침이 스며 있고, 시간이 아무리 흘러도 지워지지 않을 역사의 흔적이 고스란히 새겨져 있다.

Chapter 10 and 그리고 국가 Natio

■ 언론에서 조직 폭력배들 간의 영역 싸움도 전쟁으로 표현하곤 하지만, 전쟁의 사전적 의미는 "국가 또는 이에 준하는 집단 간에 군사력을 포함한 각종 수단으로 상대의 의지를 강제하려는 행위"라고 되어 있다. 따라서 전쟁은 인간이 만든 가장 큰 조직체 간의 충돌이다. 그런데 비슷한 힘을 가진 나라 간의 전쟁은 그리 많지 않은 편이지만, 이런 경우의 전쟁은 세계대전처럼 커다란 비극을 잉태한다.

■ 역사를 살펴보면 거의 대부분의 전쟁은 이길 수 있다고 확신하는 나라가 먼저 일으킨다. 강자가 자신의 의도를 따르지 않으려는 약자를 도발하면서 시작되다 보니 극히 예외적인 경우를 제외하고는 강자의 뜻대로 종결되는 경우가 많다. 그렇다 보니 역사에 기록된 전쟁은 강자의 시각에서 쓰인 경우가 대부분이고, 약자들의 고통이나 어려움에 대한 내용은 그리 많지 않다. 하지만 아무리 그렇다 하더라도 약자 역시 전쟁의 중요한 당사자로서 역사의 또 다른

주체이기도 하다.
- 특히 1950년 비극적인 한국전쟁이 벌어졌을 때 많은 나라들이 우리를 도와주었다. 그중에는 지금도 낯설고 생소한 나라들이 참전해 그들의 목숨을 기꺼이 바쳐 싸웠는데, 정작 그 사실을 우리는 모르고 있거나 그들에 대한 기록조차 발견하기 쉽지 않다.
- 10장에서는 전쟁과 관련되어 있거나 전쟁사의 한 부분을 차지하고 있으면서도 제대로 알려지지 않은 약소국들에 대한 이야기를 소개해보겠다.

1

사자에게
대든
하룻강아지

근해에서 조업 중인 영국 어선을 몰아내는 아이슬란드 해안경비대. 자국의 이익을 사수하려고 군사적 대치까지도 불사한 아이슬란드의 용기는 영국을 당혹하게 만들었다.

■ 대서양의 북극권에 있는 아이슬란드Iceland는 국토가 대략 우리나라와 비슷한 제법 큰 섬나라지만, 총인구가 불과 30만 명에 불과한 약소국으로 어업과 관광이 주요 산업이다. 군사적으로 볼 때도 지상군이 약 120명 정도이고, 경비정이 4척인 해양경비대, 공군은 없으며 헬기만 4대인 그야말로 웬만한 국가의 지역 경찰력에도 미치지 못하는 민망한 수준이다. 따라서 1949년 NATO 창설 12개국 일원이었을 만큼 국가의 방위를 대외 동맹에 전적으로 의지하고 있다. 엄밀히 말하면, 아이슬란드의 전략적 중요성 때문에 본인들 의사와 상관없이 국제 동맹 체제에 가담하게 되었다고 보는 것이 맞을 것 같다.

■ 아이슬란드는 본래 무인도였는데, 874년 노르웨이로부터 첫 정착민이 들어왔다. 그 뒤 930년 의회가 생겼다. 1262년 노르웨이령이 되었다가, 1380년 덴마크의 지배하에 들어갔다. 1814년 아이슬란드는 킬 조약으로 덴마크령이 되는 것을 인정받았다. 1904년에는 자치가 인정되었고, 1918년 12월 1일 덴마크 국왕과의 동군연합으로 독립국이 되었다. 그러나 제2차 세계대전 당시 나치독일에 의해 동군연합은 강제로 해체되었다(그러나 아이슬란드는 전쟁이 끝날 때까지 중립을 지켰다). 그 후, 1944년 6월 17일부터 지금까지 공화국으로 운영되고 있다.

아이슬란드는 징검다리처럼 유럽과 북미를 연결하는 대서양 항로 한가운데 있어 상당히 중요한 위치를 점하고 있는데, 제2차 세계대전 당시에 공식적으로는 중립을 유지했음에도 영국과 미국에 의해 군사적으로 점령당했다. 대서양을 통해 생명선을 유지하고 있던 영국과 바다를 건너가 유럽에서 싸워야 할 미국에게 약소국 아이슬란드의 중립 선언은 그리 중요한 문제가 아니었던 것이다. 이처럼 지리적으로 미국과 소련의 중간에 위치해 있기 때문에 1986년 냉전체제의 해체를 예고한 레이건Ronald Reagan과 고르바초프Mikhail Gorbachev의 역사적인 회담이 열린 곳이 바로 아이슬란드의 수도 레이캬비크Reykjavik였을 만큼 냉전 시기에는 미국이 소련을 감시하기 위한 전략 시설물들을 이곳에서 비밀리에 운용했고, 이를 역감시하기 위한 소련의 함대가 주변 해역에 수시로 출몰하곤 한 곳이기도 하다.

이처럼 군사적으로 자위를 행사하기에도 터무니없이 작은 초미니 국가가 지난 1976년 영국에 일전불사를 외치고 나왔던 적이 있었다. 영국이 늙은 사자(영국의 상징이 사자)이기는 했지만 건방지게도 하룻강아지가 사자에 덤빈 형국이었다. 전쟁이 벌어지면 영국이 아이슬란드를 요리하는 데 불과 반나절도 걸리지 않겠지만, 정작 영국은 곤혹스럽기 짝이 없었다. 한마디로 초등학생이 격투기 챔피언에게 싸움을 걸었다고 결투를 할 수는 없는 노릇이었다. 영국 입장에서는 한마디로 세계의 이목이 두려웠던 것이다. 그런데 전쟁도 불사하겠다고 선언한 아이슬란드도 자신들이 이길 가능성이 전무하다는 것은 너무나 잘 알고 있었지만, 결코 장난으로 영국과 대결하려 했던 것은 아니었다. 영국의 경우는 아주 작은 자존심만 걸린 문제였을지 모르지만, 아이슬란드의 경우는 모든 것이 걸린 문제였다.

분쟁은 1976년 초 아이슬란드가 선포한 200마일 배타적 경제수역과 관련이 있었다. 영국 트롤 어선단이 아이슬란드의 선언을 무시하고 수역 안에서 조업을 계속하자 이를 쫓아내기 위해 아이슬란드 해양경비대가 출동했고, 반대로 영국 해군이 자국 어선단 보호를 명분으로 군함들을 출동시켰다. 열받은 아이슬란드는 펄펄 뛰며 영국과 단교하고 전쟁 일보 직전까지 갔지만, 노르웨이의 중재로 간신히 실전은 면했다. 그런데 이런 일이 처음은 아니었다. 이미 1958년과 1972년에 두 차례 충돌이 있었다. 그때마다 아이슬란드는 두려워하지 않고 영국과 처절히 맞섰다. 아이슬란드가 영국 해군을 상대하기 위해 동원한 장

■ 아이슬란드 근해는 한랭어종인 대구의 황금어장이다. 아이슬란드는 어업이 국가의 생명선이기 때문에 이 황금어장을 지키기 위해 영국과 전쟁까지 불사했다.

비는 어선을 개조한 작은 보트뿐이었지만, 북해의 거친 바다 위에서 영국의 구축함들과 당당히 대치했다.

그렇다면 도대체 아이슬란드 근해에서 무슨 고기가 잡히기에 이렇게 나라의 운명을 걸고 전쟁까지 불사하는 것일까? 바로 유럽인들에게는 최고급 어종에 속하는 대구Cod 때문이다. 아이슬란드 근해는 한랭어종인 대구의 황금어장인데, 앞에서도 언급한 것처럼 아이슬란드에서 어업은 국가의 생명선이기 때문에 이처럼 전쟁 불사까지 외치고 나왔던 것이다. 결국 원만하게 타협이 이루어졌지만, 혹자는 만일 1970년대 영국이 아니라 제국주의 시대의 영국과 맞붙었다면 아이슬란드의 생존을 장담할 수 없었을 것이라며 무모한 만용이었다고 말하기도 한다. 하지만 나의 모든 것을 누군가 빼앗으려 든다면 과연 가만히 있을 자가 있을까? 적어도 국익을 지키기 위한 그들의 노력만큼은 본받아야 하지 않을까?

2
이스라엘군의 이슬람 용사들

드루즈계 이스라엘군 전사자 장례식 모습. 이스라엘 거주 드루즈인들은 이스라엘 건국 당시부터 최대의 협력자이자 국가적 어려움을 유대인들과 함께 헤쳐온 주역으로, 당연히 병역 의무 대상이다.

- 한국인의 시각으로 쉽게 이해하기 힘든 곳 중 하나가 중동 Middle East 지역이다. 중동의 모든 곳이 다 그런 것은 아니지만, 외신을 통해 소식을 들으면 민족적·종교적으로 반목이 심해 하루라도 총소리가 끊이지 않을 정도다. 유대인과 아랍인 간의 대립, 같은 아랍인이라도 차별을 받는 쿠르드Kurd족 문제, 그리고 같은 이슬람이라도 수니파Sunni와 시아파Shi'a로 갈려 반목하는 모습과 더불어 최근의 민주화 항쟁까지도 뉴스가 되고 있다. 하지만 차이만 있을 뿐이지 사람 사는 곳에서 벌어지는 반목은 지구촌 어디에나 다 내재되어 있다.

그럼에도 유독 중동지역이 이슈화되는 근본적인 이유는 바로 검은 황금, 즉 석유 때문이다. 만일 석유라는 자원이 그곳에서 그 정도로 많이 나오지 않았다면 사막의 중동지역이 강대국들의 지나치다 싶을 정도의 간섭을 받는 일도, 세상의 주목을 받는 일도 그렇게 많지는 않았을 것이다. 예를 들어, 아프리카 소말리아 내전이나 다르푸르 분쟁 Darfur Conflict의 잔인함과 치열함, 그리고 일반인의 삶에 끼친 영향은 중동지역의 분쟁 못지않았다. 하지만 그렇게 국제적인 시선을 많이 끌지 못한 이유는 그곳이 특별히 세계 경제적으로 중요하지 않은 지역이기 때문이다. 극단적으로 표현하면, 아프리카 내전 지역에 폭탄이 떨어져 수십 명이 죽은 것보다 런던 증권거래소에서 발견된 불발탄이 더 큰 뉴스거리라는 말이다.

이처럼 중동은 복잡 미묘한 대립구도를 보이는 세계의 화약고로 세계의 이목이 집중되어 있는 곳이다. 그중에서도 가장 치열하게 원초적인 대립구도를 보이고 있는 나라는 이스라엘과 주변 아랍국이다.

사실 언어학상으로는 같은 셈어족이면서도 유대인과 아랍인은 오랜 역사를 거치며 종교의 차이 때문에 견원지간으로까지 사이가 멀어졌다. 이러한 대립구도는 이스라엘의 건국 직후부터 지금까지 수차례의 전쟁을 거치면서 더욱 첨예화되어왔는데, 아랍의 여러 국가들에 둘러싸이고 인구도 적은 이스라엘은 이때마다 전사에 길이 남을 명승부를 벌여 승리를 거두면서 고슴도치 같은 이미지를 전 세계에 각인시켰고, 이스라엘 군대가 세계적인 강군의 반열에 오르도록 만들었다.

그러나 이스라엘이 비록 유대인들의 국가지만, 종교적으로는 엄연히 제정이 분리된 세속주의 국가여서 국민들 모두가 유대교를 믿는 것은 아니다. 최근 급격한 갈등관계를 보이며 사이가 틀어졌지만 이스라엘과 합동군사훈련을 할 정도로 가까웠던 나라가 터키일 만큼 우리가 막연히 알고 있는 상식과는 달리 이슬람교를 믿는 국가라고 모두 이스라엘과 적대적인 것은 아니다. 어쨌든 주변 아랍국가와 관계가 소원한 이스라엘은 국가의 방위를 위해서 여성에게도 병역의 의무를 부과할 만큼 세계에서 가장 강력한 병역제도를 갖고 있다. 그런데 이스라엘에서 병역 의무 대상은 종교적으로 조금씩 차이가 있다. 예를 들어, 프로테스탄트와 이슬람교도는 징집 대상은 아니지만 지원하면 군 복무를 할 수가 있다.

반면, 종교적 자유와는 별개로 유대인들은 당연히 병역 의무 대상이다. 그것은 한편으로 생각하면 유대인만큼 확실한 최고의 병역 자원은 없다는 의미이기도 하다. 여기까지는 어쩌면 당연한 것이라 별 의미가 없지만, 이스라엘에서 반드시 병역을 필해야 하는 대상이 또 하나 있는데, 그들이 바로 드루즈Druze인들이다. 드루즈교는 이슬람교의 한 종파로 11세기 초 시아파에서 분파했는데, 코란을 배척하고 이슬람교, 유대교, 기독교가 절충된 형태의 경전을 따르고 있다. 그래서 다른 이슬람 종파로부터 이단으로 취급받고 있다. 약 100여 만 명으로 추산되는 드루즈인들은 이스라엘, 레바논, 시리아, 요르단 일대에 퍼져 살고 있는데, 이중 이스라엘 거주 드루즈인들은 이스라엘 건국 당시부터 최대의 협력자이자 국가적 어려움을 유대인들과 함께 헤쳐온 주역이다.

  이스라엘 내각은 지금도 반드시 일정 비율의 드루즈인을 각료로 선임하는 등 유대인과 동등한 대우를 해주고 있고, 이것은 병역 의무 이행 과정 또한 마찬가지다. 굳이 드루즈인이 아니더라도 앞서 언급한 것처럼 이슬람교를 믿는 이스라엘인이 자원한다면 군대에 갈 수가 있다. 따라서 막연한 상상과 달리 이스라엘 군복을 입고 있는 이슬람교도를 보게 되더라도 하나도 이상할 것이 없다. 이처럼 중동은 단순하게 생각해서는 이해하기 힘든 곳이다.

3
벙커의 나라

알바니아에는 현재도 전국 곳곳에 벙커가 산재해 있다. 세상 모두를 적으로 여긴 독재자가 남긴 광란의 유산이다.

■ 냉전 종식은 또 다른 의미에서 전 세계의 민주화를 촉진시킨 계기가 되었다. 냉전 당시에 철권 독재자들은 적어도 친미나 친소 정책을 확실하게 유지하면 일단 체제 유지에는 성공했지만, 냉전 종식 후에는 이러한 명분이 더 이상 통용되기 힘든 세상이 되었기 때문이다. 현재는 좌익이든, 우익이든 민중을 억압하는 독재 정권 자체가 비난을 받고 있다.

북한이 세계 최악의 폐쇄국가이자 병영국가라는 데 이의를 제기할 사람은 지구상에 없다. 특히 탈레반이나 알카에다도 인터넷을 이용해 그들의 주장을 펴는 것처럼 전 세계적으로 정보의 소통이 전광석화같이 이루어지는 요즘 철저한 폐쇄 고립주의를 고집하는 북한은 오히려 뭔가 색다른 것을 느끼고 싶어 하는 외국인들에게 호기심의 대상이 될 정도다. 북한이 언제까지 이런 정책을 고수할지는 몰라도 북한 역시 사람 사는 곳이기 때문에 영원히 그렇게 할 수는 없을 것이다. 소수 권력 집단의 영원한 안위만을 위해 고립을 자처하며 그런 체제를 고수하는 것이지만, 한때는 북한이 그런 방식으로 체제를 유지해도 그리 외롭지 않았다. 왜냐하면 1991년 냉전 종식 이전까지 이런 고립적 철권통치 방법을 사용하는 국가가 상당히 많았기 때문이다.

그중 엔베르 호자 Enver Hoxha, 1908년~1985년와 그를 추종하던 후계자들이 통치하던 1992년 이전의 알바니아는 북한의 복사판이라 할 정도로 철저한 폐쇄주의 국가였다. 어느 정도로 폐쇄적이었냐면 우리나라에서 통용되는 교통 지도 수준의 지도를 소지하고 있는 것 자체가 반역 행위로 취급받을 정도였고, 1967년 세계 최초로 무신론 국가를 선언

■ 엔베르 호자. 제2차 세계 대전 중 파시스트 이탈리아와 나치 독일에 맞서 알바니아 민족해방전선을 이끌었으며, 종전 뒤 사망(1985년)때까지 공산주의 정당인 알바니아 노동당의 총서기로 알바니아를 다스렸다. 소련이 체코슬로바키아, 헝가리 등지에 군을 투입하는 것을 보면서 국토 곳곳과 해안가에 전투벙커와 방공호를 설치하고 전 국민에게 무기를 지급하는 등 소련을 적대시했다.

했을 만큼 종교와 사상까지 탄압했다. 제2차 세계대전 직후에는 이념적으로 공산당 일당 독재 정권이 수립된 인근의 동유럽 국가들과 교류했지만, 흐루시초프 Nikita Sergeevich Khrushchyov가 정권을 잡은 후 개혁을 추진하자 소련을 수정주의로 공격하며 소련 및 바르샤바조약기구* 회원국들과 관계를 단절했을 정도였다. 또 이와 더불어 알바니아인들이 90퍼센트를 차지하는 코소보와 통합 문제* 등으로 말미암아 이웃한 제3세계의 맹주 유고슬라비아와도 교류가 없었을 만큼 공산주의 국가 내에서도 가장 폐쇄적이었다.

1970년대 들어서 대안적 후견인으로 삼고자 접근한 나라가 교조적인 문화혁명을 주도한 마오쩌둥의 중국이었다. 하지만 1980년대 초 중국마저 개방에 나서자 역시 관계를 과감히 단절했다. 이러한 별종 알바니아가 탄생 후부터 줄곧 친하게 지낸 나라가 있었는데, 바로 북한이었다. 이 두 나라는 특히 국민에 대한 철저한 탄압과 통제, 그리고 통치자의 신격화 같은 우상화 작업이 누가 먼저랄 것 없이 유사했다. 알바니아는 오히려 북한보다 한 술 더 떠서 올림픽이나 월드컵 같은 이념이나 사상을 초월한 국제경기대회에도 출전하지 않았을 만큼 폐쇄적이었다. 세상 모두를 적으로 여기고 자국 인민을 탄압하는 데

바르샤바조약기구

제2차 세계대전 후 심각한 동서 대립 속에서 서독의 재무장과 NATO North Atlantic Treaty Organization (북대서양조약기구)에 대항하기 위해 소련을 비롯한 동구권 8개국의 총리가 1955년 5월 11일~14일 폴란드 바르샤바에 모여 체결한 군사동맹조약기구다. 조약체결국은 소련, 폴란드, 동독, 헝가리, 루마니아, 불가리아, 알바니아, 체코슬로바키아의 8개국이었으나, 알바니아는 소련과 의견을 달리해 1968년 9월에 탈퇴했다.

코소보 사태

알바니아계와 세르비아계 간 유혈인종충돌을 말한다. 코소보 사태는 세르비아 민족주의의 영웅인 슬로보단 밀로셰비치 Slobodan Milošević 가 국제사회의 심판을 받고 코소보 평화안이 받아들여지면서 코소보 사태는 일단락되었다. 유고연방 해체 과정에서 세르비아의 밀로셰비치 대통령이 1989년 코소보 지역의 자치주 지위를 박탈하고 세르비아 공화국에 편입시키자 코소보 내 알바니아계가 이에 반발해 1992년 이래 자치 획득 및 분리 독립을 위해 무장투쟁을 전개했으며, 1998년 2월 세르비아군과 코소보해방군 KLA 의 유혈충돌로 인해 본격적으로 국제문제화된 사건이다.
코소보는 신유고연방 세르비아공화국 남부에 위치한 인구 200만 명 안팎의 소규모 자치주로 인구의 90퍼센트가 알바니아계 주민이다.

모든 노력을 기울였을 만큼 악랄했다. 호자가 주변국을 얼마나 적으로 생각했는지 알려주는 유물이 지금도 알바니아 전국에 여기저기 흩어져 있는 벙커Bunker다.

알바니아에는 전국에 걸쳐 약 70만여 개로 추정되는 벙커가 있고, 일부는 핵 공격에도 견딜 수 있을 만큼 튼튼하게 지어졌다고 한다. 우리나라 경상도만한 크기의 영토에 그 정도 규모의 벙커라면 말 그대로 '전 국토의 요새화'라고 볼 수 있다. 전쟁이 발발할 경우에 이 벙커들에는 무장한 알바니아인들이 즉시 배치되도록 되어 있었는데, 이쯤이면 '전 인민의 무장화'로 볼 수 있다. 마치 북한의 4대 군사노선을 보는 것 같다. 이들 벙커는 해안가를 중심으로 이탈리아를 견제하고 있고 내륙으로는 유고슬라비아와 그리스와 마주하고 있다. 호자가 벙커를 만든 결정적인 이유는 1956년 헝가리 봉기와 1968년 체코슬로바키아 혁명 당시 소련과 바르샤바조약기구 회원국의 침공 때문이었다. 이것을 보고 믿을 것은 오로지 자기 자신뿐이라는 생각을 하게 되었고 체제를 수호하기 위해 전 국토에다 삽질을 했던 것이다.

1985년 호자가 사망하고 소련과 동유럽에서 공산주의가 붕괴된 이후에도 한참 동안 경직된 체제를 유지하던 알바니아는 1997년에야 겨우 개혁과 개방을 실시했지만, 지금도 유럽 한가운데 있으면서도 가장 가난한 나라다. 그런 가난한 나라의 전국에 산재한 견고한 벙커는 광기에 가득 찬 독재자가 국가를 어떻게 절단 내고 인민을 막장으로 몰고 갔는지를 보여주는 생생한 증거물이다. 그런데 우리에게 잘 알려지지 않은 유럽의 약소국 알바니아에서 벌어진 일들이 왠지 낯설지 않은 것은 무슨 이유 때문일까? 아마도 우리와 가장 가까운 곳에서 벌어지고 있는 기막힌 현실과 너무나 같기 때문이 아닐까? 평화통일 후 알바니아의 벙커처럼 북녘 땅에 계속 남아 있게 될 광기의 흔적은 과연 무엇일까?

4

과연 그들은
바보들이었나?

독일 전차부대를 향해 돌격한 폴란드 기병대의 이야기는 오랫동안 시대에 뒤처진 한심한 군대의 우매한 행동으로 매도되어왔다. 하지만 과연 그것이 진실일까?

■ 일본이 1931년 9월 18일 만주사변을 일으켰을 때를 제2차 세계대전 개시일로 보자는 일부의 의견도 있고 필자도 이에 동의하는 편이지만, 역사교과서나 백과사전 같은 많은 공인자료에는 독일이 폴란드를 기습 침공한 1939년 9월 1일을 제2차 세계대전의 시작으로 본다. 아마도 당시까지 세계사의 주역이었던 서구를 중심으로 역사를 기록하다 보니 그런 것이 아닌가 생각된다. 따라서 제2차 세계대전과 관련된 대부분의 서적들은 폴란드 전역을 시작으로 제2차 세계대전사를 기술한다. 독일의 침공을 받은 폴란드는 불과 한 달 만에 역사 속으로 사라져버렸고, 이것은 독일의 급속한 팽창을 알리는 신호탄이 되었다. 그런데 이와 관련해 승자인 독일군에 대해서는 놀라운 전과를 상세히 설명하는 반면, 순식간에 몰락한 폴란드군에 대해서는 무능한 군대로 묘사한 내용이 많다. 다음은 이와 관련해 가장 많이 알려진 대표적인 내용이다.

"독일 대 폴란드 전쟁에서 가망이 없음을 알면서도 월등히 우수한 독일 기갑부대와 맞서 싸우는 폴란드 기병대의 모습은 전쟁 장면 중에서 가장 인상적이면서도 시대가 바뀌었음을 알려주는 비극적인 장면이었다."

『제2차 세계대전』, 폴 콜리어 외, 2008

"SF영화 속의 한 장면이라면 또 모를까, 전쟁이 장난도 아니고 이게 무슨 황당한 시추에이션? 전차의 위력을 전혀 알지 못하는 기마병들은 승리를 다짐하며 큰 소리로 고함을 지르고 있다. 보나마나 지는 전쟁인 것은 너무도 자명하다. 전쟁이 아니라 일방적인 학살이라고 해야 정확한 표현이다."

『CEO의 원가 자르기 비법』, 리젠, 2007

제2차 세계대전사를 읽다 보면 이처럼 폴란드 기병대가 독일 기갑부대를 향해 창을 꼬나쥐고 돌격했다가 전멸한 이야기가 자주 인용된다. 이 이야기를 접한 사람들이라면 전쟁사에 대해 별반 관심이 없는 사람들이라도 이렇게 생각할 것이다. "무식한 것들이 용감하다"라고.

그런데 과연 그게 진실일까? 과연 그들은 창으로 전차의 장갑을 뚫을 수 있을 것이라고 확신하고 단순 무식하게 전차를 향해 돌격했을까? 폴란드인들은 후진국의 국민들이라서 전차의 존재를 까맣게 모르고 있었을까?

영광의 16세기 폴란드를 이끌었던 주역으로, 이른바 윙드 후사르Winged Hussar로 알려진 기병부대는 폴란드에서 최고 정예부대로 자랑스럽게 생각하고 있으며 현재도 의전용 기병대를 운용하고 있을 정도다. 제2차 세계대전 발발 당시에 폴란드의 기병대는 비록 시대에 뒤처졌지만 엄연한 전투병과였다. 따라서 전사를 보면 기병대가 개전 첫날부터 독일군과 격전을 벌인 사실을 종종 찾아볼 수 있다. 그러한 전투 중에서 앞에서 언급한 오해를 불러일으킨 전투는 1939년 9월 19일 불카 벵글로바Wólka Węglowa에서 벌어진 전투였다. 제9말로폴스키Malopolski 기병연대가 독일 기갑부대와 격전을 벌여 순식간에 100여 명이 전사하는 대패를 당했는데, 마침 이를 목도한 이탈리아 기자가 "바보 같은 폴란드 기병들의 돌격"이라고 기사를 작성하면서 이 같은 사실이 널

■ **윙드 후사르.** 16세기에서 18세기 동안 폴란드군(이후에는 폴란드-리투아니아 연합군)의 주력부대였다. 폴란드-리투아니아 연합왕국은 헝가리로부터 후사르 부대를 도입했다. 처음 이 부대가 도입되었을 때는 경기병(light cavalry)의 형태를 띠었으나, 나중에 가서 중기병(heavy cavalry)으로 바뀌었다. 18세기까지 폴란드 후사르 기병대는 폴란드-리투아니아 연합 왕국에서 가장 유명한 정예부대였다.

리 알려졌고, 이후 이에 대한 왜곡은 더욱 심해졌다. 이것은 결코 진실과 거리가 멀었다.

  독일에 비해 열세여서 그렇지 당시 폴란드도 엄연히 기갑부대를 보유하고 있었다. 사실 독일 전차부대의 전력이 폴란드를 앞선 것은 재군비를 선언한 이후부터이므로 불과 3~4년밖에 되지 않았다. 오히려 1935년 이전에 독일군은 공식적으로 전차를 보유하지 않았다. 따라서

■ 1939년 9월 1일 폴란드 기병대와 격돌해 승리를 이끈 독일의 명장 하인츠 구데리안은 전쟁 이후 저술한 저서에 전쟁터에서 폴란드 기병대가 보여준 용기와 신념에 대해 찬사를 남겼다.

폴란드군이 전차를 창으로 뚫을 수 있다고 생각할 만큼 바보들이라는 말은 성립이 되지 않는다. 그렇다면 이러한 사실을 뻔히 아는 폴란드 기병대는 왜 무모하게 기갑부대를 향해 돌격했을까? 당시 폴란드 기병대는 함락 위기에 빠진 수도 바르샤바Warszawa를 방어하기 위해 이동 중이었는데, 우연히 대규모 독일 전차부대와 조우하게 되었다. 진지를 구축해 방어선을 만들 겨를도 없이 허허벌판에서 순식간에 독일군 전차들에게 포위당한 그들이 살 수 있는 길은 항복밖에 없었다. 하지만 그들은 망설임 없이 돌격을 선택했다. 전차를 향해 돌격하는 행위는 정녕 무모했지만, 그들은 항복보다 영예로운 군인의 길을 선택했던 것이다.

그들은 멍청한 바보들이 아니라 당시의 상황에서 가장 군인답게 취할 수 있는 행동을 망설이지 않고 행한 영웅들이었다. 전쟁터에서 폴란드 기병대와 마주한 독일군은 그들에 대해 경외감을 가질 정도였는데, 9월 1일 폴란드 기병대와 격돌해 승리를 이끈 독일의 명장 하인츠 구데리안Heinz Guderian은 전쟁 이후 저술한 저서에서 그들이 보여준 용기와 신념에 대해 찬사를 남겼을 정도였다. 이처럼 전쟁과 관련된 이야기들이 단지 기록으로 존재한다고 해서 다 진실은 아니다. 만일 한국전쟁 당시에 침략자를 막으려고 육탄으로 전차에 돌격한 우리 국군들을 제3자가 무모한 바보들이라고 왜곡시키고 그것을 남들이 그렇게 믿고 있다면 얼마나 가슴 아픈 일일까? 기록된 모든 것이 진실일 수는 없다. 승자의 편에서 바라본 패자의 모든 행위가 왜곡되는 것은 결코 참다운 역사일 수 없다.

5
독립, 통일, 분열
그리고
다시 통합

1938년 뮌헨 회담에 의거해 주데텐란트에 진입하는 독일군을 환영하는 독일계 체코슬로바키아인들. 하지만 1945년 이들은 보복이 두려워 독일로 도망가야 했다. 이처럼 유럽 중앙에 위치한 체코슬로바키아는 여러 민족의 이해가 상충되는 지역으로 모였다가 흩어지기를 수시로 반복했고 지금도 마찬가지다.

■ 지금은 체코Czech와 슬로바키아Slovakia로 분리되어 있지만, 1991년까지 유럽 대륙의 정중앙에 체코슬로바키아Czechoslovakia라고 불리던 나라가 있었다. 나라 이름에서 알 수 있듯이 체코족과 슬로바키아족이 주류를 이룬 국가였는데, 이 민족들은 그 위치에서 유추할 수 있듯이 슬라브족과 게르만족의 중간이라고 여겨지고 있다. 혈연적으로는 체코족과 슬로바키아족이 상당히 유사하다고는 하는데, 우리에게 너무 먼 나라라서 잘 모르지만 확실히 뭔가 다르니까 민족 이름도 다르고 결국 딴 살림을 차리지 않았나 생각된다. 이들 민족이 이곳에 자리 잡은 것은 상당히 오래되었으나, 독립국가로서의 역사는 의외로 짧아 제1차 세계대전 후인 1918년 오스트리아로부터 독립했다.

이웃하고 있는 오스트리아, 프로이센, 헝가리, 폴란드, 러시아 등이 돌아가면서 간섭과 수탈을 해서 오랜 세월 국가를 이루지 못했지만, 그만큼 외세에 대한 저항의식은 상당해 결국 독립을 이루었다. 그런데 외세의 간섭이 길다 보니 주류였던 체코족과 슬로바키아족 외에 많은 민족들이 그곳에 뿌리를 내려 독립 당시에 민족 구성이 상당히 복잡했다. 체코슬로바키아는 인문 지리적으로 크게 보헤미아Bohemia, 모라비아-슐레지엔Moravia-Schlesien, 슬로바키아, 카르파티아Karpaty 지역으로 나뉘는데, 물론 그중 주류는 체코족이지만 보헤미아, 모라비아-슐레지엔에는 독일계, 슬로바키아에는 슬로바키아계 그리고 카르파티아Carpathia에는 헝가리계와 러시아계 주민들이 소수지만 모여 살던 다민족국가였다.

그러나 이웃나라인 스위스가 다언어를 사용하는 다민족국가임에도

■ 독일과 가까운 보헤미아 지역의 주데텐란트에는 많은 독일계 주민이 대대로 살고 있었는데, 그동안 지배 민족에서 체코슬로바키아 독립 후 갑자기 소수민족으로 전락하자 체코슬로바키아인들의 많은 견제와 질시를 받게 되었다. 그러자 이곳의 독일인들을 보호한다는 명분을 내세워 히틀러는 할양을 요구했고 결국 독일 땅으로 병합시키는 데 성공했다.

불구하고 국민들이 일치단결해 국가를 발전시켜 당당히 독립을 유지한 것과는 달리, 체코슬로바키아는 어렵게 독립한 신생국인데도 여러 민족 간의 반목이 심해 사분오열했다. 이런 모습은 호시탐탐 침략을 노리던 주변 강대국들에게 간섭할 좋은 구실을 제공했다. 특히 독일과 가까운 보헤미아 지역의 주데텐란트Sudetenland에는 많은 독일계 주민이 대대로 살고 있었는데, 그동안 지배 민족에서 체코슬로바키아 독립 후 갑자기 소수민족으로 전락하자 체코슬로바키아인들의 많은 견제와 질시를 받게 되었다. 그러자 이곳의 독일인들을 보호한다는 명분을 내세워 히틀러는 할양을 요구했고 만약 요구를 들어주지 않으면 무력까지 동원할 태세였다.

결국 우유부단한 영국과 프랑스는 악마와 밀약(뮌헨 협정)을 맺어 약소국의 의사와 주권을 완전히 무시하고 '우리 시대의 평화'라는 말의 성찬과 사기극으로 1938년 주데텐란트를 독일 땅으로 병합시키는 데 동의했다. 당시 입으로는 유럽을 전쟁의 참화에서 구하기 위한 불가피한 선택이었다고 주장했지만, 이것이 희대의 사기극임이 밝혀지는 데는 그리 오랜 시간이 걸리지 않았다. 주데텐란트를 제외한 나머지 보헤미아 지역 역시 독일이 완전히 점령해버리는 데 그리 많은 시간이 걸리지 않았다. 불과 1년 만에 독일은 보헤미아 지역을 독일 영토로 합병시키고 모라비아-슐레지엔 지역은 점령 지역으로, 그리고 슬로바키아는 독립시켜 친나치 괴뢰국가로 만들었다. 이로써 체코슬로바키아는 독립한 지 20년 만에 국가가 완전히 해체되는 참담한 역사를 남기게 되었다.

역사에는 제2차 세계대전이 1939년 9월 1일 독일의 폴란드 침공으로 시작된 것으로 보고 있지만, 사실 제2차 세계대전은 독일이 오스트리아와 체코슬로바키아를 외교적으로 강탈하면서부터 시작된 것과 다름없다. 때문에 만일 당시 체코슬로바키아에 대한 독일의 야욕을 영국과 프랑스가 전쟁을 불사할 결심을 갖고 적극적으로 저지했다면 이후 역사는 상당히 달라졌을지도 모른다. 하지만 20년 만에 어렵게 독립한 나라를 잃은 제1책임은 당시 체코슬로바키아의 위정자들에게 있다. 스위스처럼 다민족으로 이뤄진 국민들을 일치단결시켜 국가를 발전시킬 생각을 하지 않고 분열과 반목하는 모습을 보여줘 외세 간섭의 빌미를 스스로 제공했기 때문이다.

1945년 종전 후 재차 독립을 쟁취했지만, 그 대가로 소련에 카르파티아를 할양하고 더불어 소련의 위성국이 되겠다는 충성을 맹세한 이후에야 형식적으로 국가 유지가 가능한 참담한 역사가 되풀이되었다. 그런데 동유럽이 민주화된 이후 체코와 슬로바키아로 분리된 것을 보면 원래부터 이곳이 하나가 되기 힘든 지역이라는 생각이 들기도 하지만, 그러면서도 EU의 일원으로 통일 유럽에 함께 가담한 것을 보면 보통의 상식만으로는 이해하기 힘든 곳인 것 같다.

6
인연

한국전쟁 당시 한국에 처음 도착한 태국군의 모습. 이후 이들은 미군 이외에 한국에 가장 오랫동안 주둔한 기록을 남기고 1972년에 철군했는데, 공교롭게도 최초 부대장과 마지막 부대장이 부자관계였다.

- 1972년 6월 21일, 용산 유엔군사령부의 나이트 필드 Knight Field 에서 작은 행사가 벌어졌다. 중대급 부대의 철군식이었지만 국무총리, 유엔군사령관, 태국군 총참모장 등 VIP들이 대거 참석한 의미 있는 행사였다. 주한 태국군 23중대의 송별식이었고 지휘관 음삭 줄라짜릿 소령이 존 H. 마이켈리스 John H. Michaelis 유엔군사령관에게 신고하는 것으로 행사의 대미가 장식되었고, 이로써 음삭 소령은 주한 태국군의 마지막 지휘관이 되었다.

우리 정부는 철군을 만류했지만, 군사적 공백을 야기하기에는 거의 미미한 수준인 불과 1개 보병중대였으므로 1년 전에 벌어진 미 7사단의 철군 때와는 사뭇 분위기가 달랐다. 더불어 1개 군단 규모의 주월한국군의 철군이 조만간 완료될 예정이었다. 하지만 이런 군사적 무의미함과 표면적 조촐함과는 달리 주한 태국군의 철군이 내포하고 있는 의미는 상당히 컸다. 그것은 바로 유엔군의 실질적인 해체를 뜻하는 것이었기 때문이다. 유엔군은 1950년 6월 27일 유엔 결의에 의해 구성된 다국적군이었는데, 태국군의 철군으로 이제 유엔군의 이름으로 한국에는 미군만 남게 되었다. 참고로 현재도 주한 유엔군사령부가 있고 이곳에 연락무관을 파견하는 국가들도 있지만, 1978년 한미연합사령부에 군사와 관련한 지휘권을 넘긴 이후 주한 유엔군사령부는 정전 협정을 관리하는 임무만 담당하고 있다.

이것은 다시 말해 참전 16개국 중 미국을 제외하고 태국이 가장 오랫동안 전투부대를 주둔시킨 우방이었다는 의미이기도 하다. 유엔이 전쟁 개입을 결의하고 회원국들에게 동참을 권유하자, 1개 여단 규모인 4,000명 병력 파병을 즉각 밝혔을 만큼 태국은 가장 먼저 호의를 보였다. 그런데 본진 파병 직전이던 1950년 10월 말에 조기 종전이 예상되자 1개 대대 규모로 병력을 축소했다. 그러다 보니 10월 22일, 태국 출발 당시 태국군 대대는 한국에 도착해 오늘날의 평화유지군처럼 전후 처리 임무에만 투입될 것으로 예상되었다. 하지만 보름간의 항해 후, 11월 7일 부산에 도착했을 때는 중공군의 기습 참전으로 전쟁 상황이 완전히 바뀐 상태였다. 그들은 여독을 풀 틈도 없이 곧바로 전선으로 달려가야 했고, 그것은 앞으로 22년간 한반도에 머무르게 되는 인연의 시작점이었다.

처음에는 급박하게 변해가는 전선의 상황과 더불어 기후마저 상이한 한국의 혹독한 겨울로 말미암아 온갖 고생을 다 겪은 태국군은 1951년 중반기 이후 전선이 정체되자 서서히 그 진가를 발휘했다. 특히 1952년 11월 연천 서북방의 폭찹 고지 Porkchop Hill 전투에서 태국군과 함께 백병전으로 중공군을 물리친 미군이 그들을 리틀 타이거 Little Tiger 라는 애칭으로 불렀을 만큼 끈질긴 전투력을 선보였다.

태국군은 파병 이후 1년 주기로 병력을 교대했는데, 그때마다 부대 단대호가 바뀌었다. 최초 내한한 왕립 21연대 선발대대가 1대대가 되었고 이후 2대대, 3대대 하는 식으로 부대명이 바뀌었는데, 1972년 철군 당시 부대가 23중대(1954년 중대 규모로 감군)였으니 부대명만으로도 태국군이 22년간 한국에 주둔했음을 알 수 있다. 태국군은 총 3,650명이 참전해 129명이 전사하고, 1,139명이 부상당하는 등 우리나라를 위해 고귀한 희생을 치렀고 이후에도 든든한 우군으로 한반도 방위를 함께

해왔다.

　최초 파한 부대인 태국군 1대대를 이끌던 지휘관은 보리분 줄라짜릿 대령이었는데, 이후 그는 장군이 되어 태국 육군 참모차장까지 오른 용장이었다. 그런데 그는 22년 후 마지막 철수 부대인 23중대를 이끈 음삭 소령의 아버지이기도 했다. 아마 그가 처음 한국에 발을 내딛었을 때 20여 년 후 철수부대를 그의 아들이 지휘하게 될 줄은 꿈에도 몰랐을 것이다. 줄라짜릿 가문과 한국의 질긴 인연이라고밖에는 설명하기 힘든 일이 아닐 수 없다. 태국군이 우리나라의 평화를 위해 기꺼이 목숨을 바쳐 싸웠다는 것에 대해 아는 사람은 많지 않을 것이다. 한국전쟁 당시 유엔군으로 참전한 무명의 영웅들에게 우리는 큰 빚을 지고 있는 셈이다.

7
결코
고의가
아니었어

스위스군 기갑부대의 기동 훈련 모습. 흔히들 간과하지만 스위스의 영세 중립은 든든한 국방력을 배경으로 하고 있다.

■ 우리나라 사람들은 유럽을 여행하면 대개 여러 나라를 함께 둘러본다. 이때 한국에서 접하기 힘든 색다른 경험을 하게 된다. 바로 육지를 통해 나라와 나라 사이를 쉽게 통과하게 된다는 것이다. 즉, 국경을 넘는 것인데 대부분의 경우, 특히 서유럽 EU 국가들을 입출국할 때 국경을 넘는 느낌이 들지 않을 정도로 허무하게 나라와 나라 사이를 통과한다. 사실 우리나라는 반도 국가지만 국토가 분단되어 있어 섬나라와 다름없다. 때문에 국외로 나갈 때 CIQ Customs(세관), Immigration(출입국), Quarantine(검역) 절차를 거치는 것에 익숙해 있고 이를 당연한 절차로 알고 있다. 그래서 마치 시외버스를 타고 다른 지방으로 가는 것과 같은 유럽에서의 월경 행위를 처음 겪으면 신선한 충격을 받곤 한다.

특히 배타적 문화인 언어와 더불어 주권국가임을 뚜렷이 인식하게 만드는 지표라 할 수 있는 화폐도 유로화의 등장으로 말미암아 국가 간의 물리적인 경계를 급속하게 무너뜨렸다. 때문에 제2차 세계대전 이후 지금까지 하나의 경제 블록을 넘어 정치통합체화되어가는 유럽의 경우는 이제 국경에 대한 고전적인 개념이 희미해져가고 있는 형국이고 단일 정치통합체의 등장까지 공공연히 거론되고 있는 실정이다. 그렇지만 유럽이라는 대륙은 워낙 뿌리 깊은 국가 간, 민족 간 고유의 정체성 때문에 미국과 같은 합중국 형태로 진화하기에는 많은 난관이 있는 것이 사실이다. 비록 제2차 세계대전 이후 EU처럼 경제공동체를 기반으로 성장한 단일 공동체를 계속 지향해왔지만, 반면 1991년 이후 새로 분리·독립한 국가만도 20여 개국에 이르고 바스크 Basque 지역처럼 현재도 독립운동을 하는 지역이 있을 만큼 인위적으로 하나로 묶어두기도 힘든 곳이다.

 결국 국경은 비록 예전만큼 엄중한 모습은 아니지만, 그 실체는 아직까지 뚜렷하게 존재해 있고, 개별 국가의 주권도 통합과 별개로 분명하게 지켜지고 있다. 그렇기 때문에 명백히 국경이지만 국경으로 느끼기 어려운 단지 관념적인 선으로 말미암아 웃지 못할 일들이 유럽에서 종종 벌어지곤 한다.

"한밤중 군사훈련을 하던 스위스군 1개 중대가 길을 잃고 이웃 리히텐슈타인 영토로 진격, 양국 간에 외교 분쟁이 빚어질 뻔한 황당한 해프닝이 발생했다. 스위스 일간지 《블릭Blick》은 2일 군사훈련을 받던 스위스 170중대 소속 병사들이 1일 새벽 길을 잃고 리히텐슈타인 영내로 2킬로미터나 진격해 들어갔다가 실수를 깨닫고 스위스 영토로 복귀했다고 보도했다. 다니엘 라이스트 스위스군 대변인은 이 같은 사실을 확인하면서 그러나 리히텐슈타인 당국과의 대화를 통해 고의적인 침공이 아니었음을 해명했다면서 이 사건이 양국 간에 외교 분쟁으로 비화하지는 않을 것이라고 말했다. 스위스 내무부의 마쿠스 암만 대변인도 리히텐슈타인 측에서는 스위스군이 자국 영토로 진입했던 사실조차 알지 못하고 있었다고 말했다. 리히텐슈타인으로 진격한 스위스 군인들은 공격용 무기를 휴대하고 있었으나 실탄은 지급되지 않았던 것으로 밝혀졌다. 리히텐슈타인은 인구 3만 4,000명에 워싱턴 D.C.보다 조금 작은 소국으로 군대를 보유하고 있지 않다."

AP | 뉴시스 2007년 3월 3일, 유세진 기자

훈련 중 길을 잃고 실수로 월경한 스위스군도 그렇지만 국가 주권이 엄연히 군사적으로 침해당한 줄도 모르고 있던 리히텐슈타인도 아마 국경이라는 것은 지도 위에 그려진 형식적인 선 정도로만 평소에 생각하고 있었던 것은 아닐까? 조금 황당하고 일견 한심하기까지 하지만, 한편으로는 이웃과 그 정도 신뢰를 갖고 살고 있는 그들의 모습이 굳이 나쁘게 보이지만은 않는다.

8

한순간에
사라진
슈퍼파워

제1차 세계대전 당시 오스트리아 포병. 유럽 중앙에 위치한 소국 오스트리아는 불과 100여 년 전까지 세계 역사를 좌지우지하던 강대국이었다. 하지만 말 그대로 한순간에 몰락했는데 이런 예는 세계사에서 찾아보기 힘들다.

■ 어느 날 갑자기 유일 초강대국 미국이 한순간 50개 주로 나뉘어져 사라진다는 상상을 해본 적이 있는가? 현재 미국의 정치적·경제적·군사적 시스템 때문에 쉽게 상상이 가지 않겠지만, 역사를 돌이켜보면 영원한 제국은 없다. 하지만 그렇다고 영원하지 않지만 한순간에 거대한 제국이 갑자기 사라지는 것도 아니다. 지난 세기만 봐도 대영제국의 해가 저물었고 냉전시대 또 하나의 슈퍼파워였던 소련이 몰락했지만, 아직도 국제 사회에서 영연방 종주국으로 형식상이나마 한 자리를 차지하고 있는 영국의 저력이나 소련의 대부분을 계승하며 그 적통을 승계한 것으로 대내외적으로 인정받는 러시아의 경우를 본다면, 제국의 몰락이라는 것이 한순간에 쉽게 이뤄지지 않는다는 것을 알 수 있다.

그런데 몇백 년간 유럽의 헤게모니를 좌지우지하던 역사의 주역이 일순간 몰락한 예가 있다. 이러한 예는 당대 슈퍼파워라도 한순간에 사라질 수도 있다는 증거라고 할 수 있는데, 그것도 아주 오래전이 아니고 불과 100년도 되지 않았다.

바로 제1차 세계대전 후 허물어진 합스부르크 왕가의 오스트리아(붕괴 당시 오스트리아-헝가리 제국)가 그 예다. 근세에 들어 비록 나폴레옹에게 일시적으로 무릎을 꿇기는 했지만, 신성로마 제국의 법통을 물려받은 가톨릭 유럽의 유일 제국이었으며 20세기 초까지 유럽의 5대 강국으로 군림하던 나라가 바로 오스트리아였다. 그러나 제1차 세계대전의 패전으로 한순간 그저 그런 국가로 몰락하고, 나치 독일의 지배를 거쳐 자신들의 의사와 상관없이 패전국으로 전락해 분할 통치의 시기를

■ 오스트리아-헝가리 제국 국장

거친 뒤 영세중립국으로 간신히 독립한 오스트리아를 보면 국가도 계속적인 자기 혁신과 국민들의 편안한 삶을 위해 부단히 노력하지 않으면 존속하기 힘들다는 것을 알 수 있다.

옆에 있는 약소국 스위스가 여러 민족으로 이뤄진 국가임에도 불구하고 내부적 단결과 외침에 맞선 투쟁으로 국가를 존속시킨 데 반해, 끊임없이 스위스를 괴롭혀온 오스트리아는 몰락 후 주변 강대국들에게 구걸하다시피 해서 영세중립국으로 겨우 국가의 정체성을 유지했다. 오늘날은 그들이 평생 괴롭혀온 스위스에 비해서도 국제적 위상이 보잘것없는 그저 그런 국가가 되었다. 스위스의 영세중립은 투쟁을 통해 얻은 값비싼 승리의 표상인 데 반해, 오스트리아의 영세중립은 국가의 존속을 위해 어쩔 수 없이 선택한 굴욕의 결과이기 때문에 이런 차이가 나타난 것이다. 로마나 몽골이 세계 제국으로 군림한 시기에는 강역 내 있는 모든 민족들이 제국의 시민으로 대우를 받고 의무와 권리를 다했다.

합스부르크 왕가의 오스트리아는 이러한 시도를 게을리해 제국을 구성하고 있는 여러 민족 간에 알력과 반목이 극심했고, 결국은 제국의 종말이라는 최악의 결과에 이르렀다. 당대의 강대국도 이렇게 사라져갔는데 일반 군소 국가들의 존망은 두말할 필요가 없을 것이다.

그런데 이런 사례는 앞으로도 충분히 있을 수 있는 역사의 교훈이다. 과연 미국이나 중국 같은 새로운 제국도 언젠가 종말을 맞게 될까? 100년 전에 오스트리아-헝가리 제국이 그렇게 사라져버릴 줄은 아무도 몰랐다.

9
결코 작지 않은 은혜

훈련 중인 룩셈부르크군의 최근 모습. 룩셈부르크는 우리나라 중소도시 규모의 작은 국가지만, 한국전쟁 당시 인구 대비 참전 병력 및 전사상자 비율이 가장 높은 나라였다.

■ 한국전쟁 당시 전투병을 파병한 16개 참전 국가를 포함해 무려 40여 개국이 위기에 처한 대한민국을 위해 직·간접적인 도움을 아끼지 않았다. 우리가 어려울 때 도움을 준 국가들에 대한 고마운 마음은 두고두고 되새기고 기억해도 결코 모자람이 없을 듯하다. 이 국가들 중에는 전투병력과 무기는 물론이고 경제적으로도 가장 많은 도움을 준 미국은 물론이고 의료용 알코올과 혈청 같은 특정 물품을 보내준 쿠바처럼 생소한 나라도 있었다. 하지만 모든 것이 하나라도 아쉬웠던 당시 우리나라의 입장을 고려할 때 그때 도움을 준 나라들의 경중을 일일이 따지는 것은 무의미하다.

하지만 우리나라를 지원한 40여 개국 중 군이 참전 16개국을 자주 언급하는 것은 다른 것으로는 도저히 환산할 수 없는 고귀한 인명의 희생이 있었기 때문이다. 참전 유엔군 대부분에게 극동의 신생국 코리아는 평생 듣도 보도 못한 이역만리 타국이었다. 이처럼 생소한 곳에 와서 많은 나라의 젊은이들이 귀한 생을 마감하거나 아니면 평생을 안고 갈 부상을 당했다. 이런 너무나 고마운 16개 참전국 중에는 룩셈부르크 대공국Grand Duchy of Luxembourg도 포함되어 있다. 흔히 베네룩스 3국이라는 말로 많이 들어는 보았지만 의외로 제대로 알지는 못하는 나라가 바로 룩셈부르크다. 룩셈부르크는 유럽 중부의 프랑스, 독일, 벨기에 사이에 있는 입헌군주국으로 서울시의 네 배 정도 되는 크기에 약 45만 명의 국민이 사는 미니 국가다.

룩셈부르크는 1867년의 런던 조약으로 영세중립이 보장된 국가였다. 그러나 이웃 벨기에와 더불어 두 차례의 세계대전으로 본인들의

■ 룩셈부르크는 유럽 중부의 프랑스, 독일, 벨기에 사이에 있는 입헌군주국으로 서울시의 네 배 정도 되는 크기에 약 45만 명의 국민이 사는 미니 국가다.

의사와 상관없이 독일에 점령당해 수많은 희생자가 발생하고 국토가 황폐화되는 바람에 소극적인 중립을 포기하고 1948년 NATO 회원국이 되어 집단안보체제를 통한 국가의 안전을 담보하는 정책으로 전환하게 되었다. 중립을 포기한 룩셈부르크는 1950년 한국전쟁이 발발하자 처음에 지원자 44명으로 구성된 소대 규모의 부대를 1950년 11월 한국에 파병했고, 이후 연인원 89명이 지구 반 바퀴 건너에서 벌어지는 한국전쟁에 참전했다. 단독 작전을 펼치기에는 워낙 작은 규모라서 미 3사단 예하의 벨기에 대대에 편입되어 휴전 후까지 전선에서 활동했다.

하지만 룩셈부르크군이 소규모라고 해서 후방에서 편하게 작전을 펼쳤던 것은 아니었다. 전사자 및 실종자 7명에 21명의 용사들이 부상

당했을 정도로 전투에 적극적으로 임했다. 그리 많은 수가 아니라고 생각할지 모르겠지만, 이는 한국전쟁에 참전한 모든 참전국들 중 총인구 대비 참전 병력 비율 및 사상자 비율에서 1위를 차지할 정도로 엄청난 것이었다. 그만큼 룩셈부르크는 단순히 숫자만으로 표시할 수 없을 만큼 대한민국에 큰 도움을 준 나라다. 룩셈부르크는 냉전이 끝난 현재 안보적으로 가장 안전하다고 여겨지는 서유럽에 있으면서도 2개 대대 900명의 상비군을 운영하고 있다. 유럽 주요 국가들 사이에 있으면서도 워낙 나라가 작아 의외로 우리에게 잘 알려지지 않은 룩셈부르크는 한국전쟁 당시 이처럼 귀한 피를 바쳐가며 그 어느 나라보다 우리에게 많은 도움을 주었다. 그러나 미안하게도 이런 사실을 알고 있는 한국인들이 그리 많지 않은 것 같다. 이처럼 전쟁이 발발하면, 직접적인 전쟁 당사자들뿐만 아니라 평화를 위해 도움을 주는 나라들이 언제나 있어왔다. 우리는 그들에게 큰 빚을 졌고, 그것을 결코 잊어서는 안 될 것이다.

Chapter 01 ── 그리고 문화

마틴 윈드로, 신재호 편역, 『MEN-at-ARMS: 그림으로 보는 5,000년 제복의 역사』, 플래닛미디어, 2009
스티븐 J. 잴로거, 강경수 역, 『벌지전투 1944 (1)』, 플래닛미디어, 2007
스티븐 J. 잴로거, 강경수 역, 『벌지전투 1944 (2)』, 플래닛미디어, 2007
이보영, 『한 권으로 읽는 이야기 세계사』, 아이템북스, 2009
존 키건, 류한수 역, 『2차세계대전사』, 청어람미디어, 2007
케이트 길리버 외, 김홍래 역, 『로마 전쟁』, 플래닛미디어, 2010
휴고보스 '용기 있는 커밍아웃', 《동아일보》, 2011. 09. 23.

Ann Elizabeth Pfau, *Miss Your lovin: GIs, Gender, and Domesticity during World War II*, Columbia University Press, 2008
Brian C. Bell, *Wehrmacht Combat Helmets 1933-45*, Osprey, 2004
Charles A. Malin, *Ratings and the Evolution of Jobs in the Navy*, Navy Department, 1971
Claire Streeter, *Caught up in a classic Born in the trenches of WWI, the Burberry survives as the quintessential raincoat*, Chicago Tribune, 1989
Donald P. Ferguson Senior, *Encyclopedia of Early Christianity (2nd ed.)*, New York and London: Garland Publishing, Inc., 1998
Elisabeth Timm, *Hugo Ferdinand Boss (1885-1948) und die Firma Hugo Boss*, Metzingen Zwangsarbeit, 1999
Jean-Paul Pallud, *Ardennes, 1944: Peiper and Skorzeny*, Osprey, 1987
Peter McCarthy & Mike Syron, *Panzerkieg: The Rise and Fall of Hitler's Tank Divisions*, Carroll & Graf, 2002
Raymond Sokolov, *The Cook's Canon*, Harper Collins Publishers, 2003
The World's First Hamburger, *Texas Monthly*, August 2009
http://afrts.dodmedia.osd.mil/
http://en.wikipedia.org/wiki/Pickelhaube
http://en.wikipedia.org/wiki/Timeline_of_the_introduction_of_color_television_in_countries
http://ko.wikipedia.org/wiki/%EB%B0%B8%EB%9F%B0%ED%83%80%EC%9D%B8%EB%8D%B0%EC%9D%B4
http://news.google.com/newspapers?nid=1144&dat=19090330&id=df0aAAAAIBAJ&sjid=zEgEAAAAIBAJ&pg=4422,6359652
http://womenshistory.about.com/library/bio/blbio_toguri_iva.htm
http://www.afnkorea.net/AboutAFNKorea/tabid/71/Default.aspx

http://www.kimbawlion.com/history.htm
http://www.novareinna.com/festive/saintval.html

Chapter 02 — 그리고 올림픽

민관식, 『끝없는 언덕(집념의 2800일)』, 광명출판사, 1972
박준용, 『세상의 모든 클래식』, 마고북스, 2004
장원재, 『올림픽의 숨은 이야기』, 살림, 2004
주디스 스와들링, 김병화 역, 『올림픽 2780년의 역사』, 효형출판, 2004
피터 심킨스, 강민수 역, 『모든 전쟁을 끝내기 위한 전쟁』, 플래닛미디어, 2008
그때 그 일들 (18), 《동아일보》, 1976. 01. 24.
단장의 38선 세계를 울렸다, 《동아일보》, 1964. 10. 10.
한필화 회견, 《동아일보》, 1971. 02. 16.

Ian Buchanon, Bill Mallon, *Historical Dictionary of the Olympic Movement*, Lanham, MD: Scarecrow Press, 2006
International Olympic Committee, *Olympic Charter*, International Olympic Committee, 2007
John E. Findling, Kimberly D. Pelle, *Encyclopedia of the Modern Olympic Movement*, Greenwood Press, 2004
Trevor Slack, *Commercialization of Sport*, Routledge, 2004
Wendy J. Raschke, *The Archaeology of the Olympics: the Olympics and Other Festivals in Antiquity*, Wisconsin University Press, 1988
http://en.wikipedia.org/wiki/Marathon
http://en.wikipedia.org/wiki/Pierre_de_Coubertin
http://en.wikipedia.org/wiki/Emil_Zatopek
http://en.wikipedia.org/wiki/Vera_Caslavska
http://german.about.com/library/blgermyth10.htm
http://www.olympic.org/
http://www.universalis.fr/encyclopedie/alain-mimoun/

Chapter 03 — 그리고 문학

모리스 르블랑, 홍윤기 역, 『813의 비밀 (추리여행 5)』, 계림출판공사, 1993
아서 코난 도일, 조민영 역, 『셜록 홈즈 마지막 인사』, 동서문화사, 2003
일본 논단, 문단이 히틀러에 항의, 《동아일보》, 1933. 05. 16.

Alphonse Daudet, *Contes du lundi*, 1873
http://en.wikipedia.org/wiki/Arthur_Conan_Doyle
http://en.wikipedia.org/wiki/First_Moroccan_Crisis
http://www.battlefield.ru/kv2-5.html

Chapter 04 ─ 그리고 여자

김후, 『불멸의 여인들』, 청아출판사, 2009
달렌 R 슈틸레, 이민아 역, 『에바 페론(탐욕으로 얼룩진 아르헨티나의 성녀)』, 아이세움, 2007
도야마 군지, 박정임 역, 『측천무후』, 페이퍼로드, 2006
르네 그루쎄, 김동호 역, 『유라시아 유목제국사』, 사계절출판사, 1998
마거릿 니콜라스, 김진욱 역, 『세계의 악녀들』, 새론문화사, 1996
스테이시 시프, 정경옥 역, 『더 퀸 클레오파트라』, 21세기북스, 2011
쓰기야마 마사아키, 이진복 역, 『유목민이 본 세계사』, 학민사, 1998
이덕일, 『세상을 바꾼 여인들』, 옥당, 2009
이원복, 『21세기 먼나라 이웃나라 4(영국)』, 김영사, 2009
홍종화, 『조선최초 여성 CEO 김만덕』, 주류성, 2009

Isabel de Madariaga, *Catherine the Great: A Short History*, Yale University Press, 1990
Lynda Garland, *Byzantine empresses: women and power in Byzantium*, Routledge, 1999
Susan Doran, *Queen Elizabeth I*, British Library, 2003
http://baike.baidu.com/view/446960.htm
http://en.wikipedia.org/wiki/Jiang_Qing
http://en.wikipedia.org/wiki/Margaret_Thatcher
http://people.aks.ac.kr/front/tabCon/ppl/pplView.aks?pplId=PPL_6JOc_A1739_1_0017219
http://www.aratandculture.com
http://100.naver.com/100.nhn?docid=45595
http://100.naver.com/100.nhn?docid=149160
http://100.naver.com/100.nhn?docid=155162

Chapter 05 ─ 그리고 경제

김종현, 『경제사』, 경문사, 2010
남도현, 『2차대전의 흐름을 바꾼 결정적 순간들』, 플래닛미디어, 2011
남도현, 『히틀러의 장군들: 독일의 수호자, 세계의 적 그리고 명장』, 플래닛미디어, 2009
러셀 내피어, 권성희역, 『세계 금융위기의 역사: 베어 마켓』, 예문, 2009
이대근, 『세계경제론』, 박영사, 1998
이종욱, 『한국의 금융 외환위기와 IMF』, 경문사, 1998
폴 크루그먼, 강정모·이상규·이연호 역, 『국제경제학(이론과 정책)』, 피어슨에듀케이션코리아, 2006
재정차관 막후교섭, 《동아일보》, 1970. 09. 20.

John H. Dunning, *Economic Analysis and the Multinational Enterprise*, Routledge, 1974
Joseph Poyer, *The Model 1911 and Model 1911A1 Military and Commercial Pistols*, North Cape Publications, 2008
Michael Barnett, Martha Finnemore, *Rules for the World: International Organisations in Global Politics*, Ithaca, Cornell University Press, 2004

http://en.wikipedia.org/wiki/Daqing_Field
http://en.wikipedia.org/wiki/Robert_McNamara
http://www.imf.org
http://www.wto.org

Chapter 06 — 그리고 월드컵

마쓰오카 히로시, 이성환 역, 『월드컵의 역사』, 푸른미디어, 2001
유희락, 『월드컵 이야기』, 문학사상사, 2002
유고축구단입경, 《동아일보》, 1961. 11. 25.

BBC Sport, *World Cup History - Uruguay 1930*, BBC, 11 April 2002
Brian Glanville, *The Story of the World Cup*, Faber and Faber, 2005
http://www.fifa.com/
http://en.wikipedia.org/wiki/FIFA_World_Cup
http://en.wikipedia.org/wiki/Football_War
http://en.wikipedia.org/wiki/Matthias_Sindelar
http://www.telegraph.co.uk/news/obituaries/sport-obituaries/1534467/Ferenc-Puskas.html

Chapter 07 — 그리고 스타

김형준, 『메이저리그 레전드』, 한스컨텐츠, 2011
차범근 귀국, 《동아일보》, 1979. 01. 06.

Hitter Linn, *The Life And Turmoils of Ted Williams*, Harcourt Brace and Company, 1993
Sarah Churchwell, *The Many Lives of Marilyn Monroe*, Metropolitan Books, 2004
Steven Bach, *Marlene Dietrich: Life and Legend*, University of Minnesota Press, 2011
http://en.wikipedia.org/wiki/Lili_Marleen
http://en.wikipedia.org/wiki/Random_Harvest_(film)
http://navercast.naver.com/contents.nhn?contents_id=723
http://www.army.mil.kr/history/

Chapter 08 — 그리고 과학

이향순, 『과학사 신문 2』, 현암사, 2007
찰스 필립스, 홍정민 역, 『20세기에 우리에겐 무슨 일이 있었나?』, 좋은책만들기, 2000
토머스 J. 크로웰, 이경아 역, 『워 사이언티스트』, 플래닛미디어, 2011
세계의 名병원 ⑤ 러 일리자로프 병원, 《동아일보》, 2006. 12. 02.
테크노마트 진동 원인 규명, 《동아일보》, 2011. 07. 21.

R.E.D. Bishop, *Vibration*, Cambridge University Press, 1979
http://en.wikipedia.org/wiki/ARPANET
http://www.imdb.com/title/tt0361089/
http://www.sciencetimes.co.kr/article.do?todo=view&atidx=0000011151

Chapter 09 ── 그리고 크리스마스

남도현, 『끝나지 않은 전쟁 6·25』, 플래닛미디어, 2010
딘 E. 헤스, 이동은 역, 『신념의 조인』, 플래닛미디어, 2010
온창일 외, 『6·25전쟁 60대 전투』, 황금알, 2010

http://ba-ez.org/educatn/LC/OralHist/vincken.htm
http://en.wikipedia.org/wiki/Christmas_truce
http://forum.axishistory.com/viewtopic.php?f=34&t=20016
http://terms.naver.com/entry.nhn?docId=571743
http://www.imdb.com/title/tt0050171/

Chapter 10 ── 그리고 국가

리젠, 박성희역, 『CEO의 원가 자르기 비법』, 이스트북스, 2007
매튜 휴즈 외, 박수민 역, 『히틀러가 바꾼 세계』, 플래닛미디어, 2011
전사편찬위원회, 『한국전쟁사 제10권』, 국방부, 1979
전사편찬위원회, 『한국전쟁사 제11권』, 국방부, 1980
폴 콜리어 외, 강민수 역, 『제2차 세계대전』, 플래닛미디어, 2008
피터 심킨스, 강민수 역, 『모든 전쟁을 끝내기 위한 전쟁』, 플래닛미디어, 2008
아두 리틀 타이거, 《경향신문》, 1972. 06. 21.
혈맹 22년 석별의 정, 《경향신문》, 1972. 05. 12.
스위스군의 무단 침입, 《뉴시스》, 2007. 03. 03
대구전쟁의 파국, 《동아일보》, 1976. 02. 25.
발칸반도의 진주 알바니아, 《문화일보》, 2010. 06. 11.

Edwin E. Jacques, *The Albanians: an ethnic history from prehistoric times to the present*, McFarland, 1995
Norman Storey, *What price cod? : a tugmaster's view of the cod wars*, Hutton Press, 1992
http://en.wikipedia.org/wiki/Czechoslovakia
http://en.wikipedia.org/wiki/Druze
http://www.army.mil.kr/history/
http://100.naver.com/100.nhn?docid=44066
http://100.naver.com/100.nhn?docid=713586